泛在学习系统中认知负荷的调节及深度学习模式的构建研究

（项目批准号：21YJA880012）成果

中小学（幼儿园）教师信息技术应用：

微能力建设

付道明　王一敏　刘亚纯　著

厦门大学出版社　国家一级出版社

XIAMEN UNIVERSITY PRESS　全国百佳图书出版单位

图书在版编目（CIP）数据

中小学（幼儿园）教师信息技术应用：微能力建设 /
付道明，王一敏，刘亚纯著. -- 厦门：厦门大学出版社，
2023.12

ISBN 978-7-5615-9263-2

Ⅰ. ①中… Ⅱ. ①付… ②王… ③刘… Ⅲ. ①计算机
辅助教学-师资培养-研究 Ⅳ. ①G434

中国版本图书馆CIP数据核字(2023)第243943号

责任编辑　眭　蔚
美术编辑　李嘉彬
技术编辑　许克华

出版发行　厦门大学出版社
社　　址　厦门市软件园二期望海路 39 号
邮政编码　361008
总　　机　0592-2181111　0592-2181406(传真)
营销中心　0592-2184458　0592-2181365
网　　址　http://www.xmupress.com
邮　　箱　xmup@xmupress.com
印　　刷　厦门市竞成印刷有限公司

开本　787 mm×1 092 mm　1/16
印张　15.25
字数　380 千字
版次　2023 年 12 月第 1 版
印次　2023 年 12 月第 1 次印刷
定价　42.00 元

厦门大学出版社
微信二维码

厦门大学出版社
微博二维码

前　言

　　信息技术迅猛发展引发了数字时代下的社会变革，大数据、人工智能等技术深刻改变了教与学的方式，对教师信息素养也提出了新的要求。教育部颁布实施全国中小学教师信息技术能力提升 2.0 工程项目，全国各省区市相继制定了中小学教师信息化教学能力测评指南，广东省也结合珠三角地区和粤东西北地区教育发展不均衡的现状，提出了 28 项教师信息化教育教学能力。为了促进信息技术与教育教学的深度融合，让广大中小学教师、在校师范生提前学习并适应中小学教师信息化教学能力要求，本书通过分析和测评真实的教学情境案例，为广大师生应用信息技术微能力提供案例模板，推动他们开展自主学习、实践应用和自我反思，提高信息技术应用能力。

　　本书由四大模块组成，首先从中小学教师信息技术应用能力培养的逻辑起点出发，梳理了信息技术与学科教学深度融合的关键问题，并结合《广东省中小学教师信息化教学能力测评指南》展开论述，详细介绍了多技术融合和智慧教育模式下的 28 项微能力点。再分别从幼儿园、小学、中学三个角度介绍教师信息技术微能力应用案例，并对案例进行叙述和点评。本书所选案例覆盖了语文、数学、英语、物理、化学、生物、历史、地理、科学、美术、音乐等学科，囊括了广东省中小学教师信息化教学能力中的 28 项微能力点，展现了微能力的应用效果。

　　在编写过程中，我们尽量做到理论与实践相结合。从构思和内容上看，本书具有如下特点：

　　(1)内容丰富，学科前沿。信息技术应用能力是新时代高素质教师的核心素养。本书从学情分析、教学设计、学法指导、学业评价、融合创新五个维度详细梳理分析了各学科教师信息技术应用微能力点，体现了信息技术与学科融合的应用成果。

　　(2)情境真实，实用性强。本书以信息技术应用微能力的产生和发展为背景，进一步介绍了幼儿园、小学、中学阶段不同学科教师的微能力训练案例，通过分析和测评不同微能力的训练情况，为广大中小学教师、在校师范生提供真实的教学情境案例，让他们学习并适应中小学教师信息化教学能力要求，为专业发展奠定基础。

　　本书为 2021 年度教育部人文社会科学研究一般项目"泛在学习系统中认知负荷的调节及深度学习模式的构建研究"(项目批准号:21YJA880012)的阶段性成果。

　　本书由广东第二师范学院付道明、王一敏、刘亚纯共同撰写。广东第二师范学院与华南师范大学联合培养的硕士研究生张舒雅、梁文妍、马子珺、程宇娇等参与了本书的案例调研和分析工作，广东第二师范学院教师教育学院在读本科生高言、蔡福旭、林心怡、王诗婷、詹梓灵、赵公懿、杨家源、吴磊、林家炫等参与了部分案例资料的收集工作。

在本书的编写过程中，参考、引用了部分已获奖并公开的教师信息技术应用微能力案例，以及部分期刊中的观点，其中的主要来源已在参考文献中列出，如有遗漏，恳请原谅，并对撰写这些案例的教师表示衷心的感谢。

鉴于经验和学识所限，加上时间仓促，错误和不足在所难免，恳请读者提出宝贵意见或建议。

付道明

2023 年 10 月于广州

目　录

模块3 小学教师信息技术应用微能力训练及案例

模块 4　中学教师信息技术应用微能力训练及案例

模块 1

信息技术与学科教学深度融合——中小学教师信息技术应用能力培养的逻辑起点

2012 年 3 月 13 日,教育部发布《教育信息化十年发展规划(2011—2020 年)》(以下简称《规划》),开篇直接引用了《国家中长期教育改革和发展规划纲要(2010—2020 年)》中首次提出的重要命题——"信息技术对教育发展具有革命性影响,必须予以高度重视",并作为统领《规划》制定与实施的总纲。《规划》在引用这一"命题"之后,是关于"教育信息化的意义"和"实现教育信息化的途径与方法"的阐述。教育信息化的意义是要"以教育信息化带动教育现代化,破解制约我国教育发展的难题,促进教育的变革与创新"。以往提法是促进教育的"改革与发展",之后提升为"变革与创新",所以是"实现我国教育现代化宏伟目标不可或缺的动力与支撑"。实现教育信息化的途径与方法则是"要充分利用和发挥现代信息技术优势,实现信息技术与教育、教学的深度融合"。事实上,这也正是能够让信息技术对教育发展真正产生革命性影响的途径与方法。

《规划》指出,信息技术要与教育教学全面深度融合,以信息化引领教育理念和教育模式的创新,充分发挥教育信息化在教育改革和发展中的支撑与引领作用。信息技术应与教育教学"深度融合",这是《规划》首次提出的全新观念。在《规划》全文中,"深度融合"先后出现 10 次以上,可见其具有异乎寻常的重要性。

众所周知,国际上为实现教育信息化的目标(即通过教育信息化带动教育现代化,以达到促进各级各类教育变革与创新的目的),传统的途径与方法是实施"信息技术与课程整合"(也称"信息技术与学科教学整合")。《规划》放弃这一传统观念与做法,进而提出信息技术应与教育教学"深度融合"的全新观念,并认为这才是实现教育信息化目标的有效途径与方法。其根据何在? 这只有从"信息技术与学科教学深度融合"的内涵、实质去探寻,才有可能弄明白。

第一章　信息技术与学科教学深度融合的关键问题

第一节　信息技术与学科教学融合的含义

一、"深度融合"观念提出的背景

著名的乔布斯之问,提出了这样的问题:为什么计算机改变了几乎所有领域,却唯独对学校教育的影响小得令人吃惊? 20 世纪 90 年代以来,国际上曾有许多专家学者对上述问题进行过研究与探讨,都无功而返。只有 2010 年 11 月发布的《美国 2010 国家教育技术计划》(National Educational Technology Plan 2010,简称 NETP/2010),通过认真回顾和总结近 30 年来企业部门应用技术的经验与教训,并与教育领域应用技术的现状做对比,才发现问题的症结所在,从而引出一个全新命题,这一命题的具体表述是:"教育部门可以从企业部门学习的经验是,如果想要看到教育生产力的显著提高,就需要进行由技术支持的重大结构性变革(fundamental structural changes),而不是渐进式的修修补补(evolutionary tinkering)。"这一命题与信息技术能否对教育发展产生革命性影响密切相关。事实上,能否运用信息技术实现教育系统的重大结构性变革,正是信息技术能否对教育发展产生"革命性影响"的关键所在,所以这一命题应当引起我们的高度关注。

从历次发布的美国国家教育技术计划的内容看,它是关于教育系统中的各个领域(包括基础教育、高等教育、职业教育、远程教育)并涉及教育系统中各种组成要素的最全面、最系统的教育发展计划。这样的全国性教育发展计划,其内涵丰富、意义重大并影响深远,在我国只有《国家中长期教育改革和发展规划纲要(2010—2020 年)》能与之相比。

迄今为止,从国际范围来看,以美国为代表的西方学术界,对于信息技术在教育领域的应用,或"信息技术与学科教育的整合",历史上都是只从改变"教与学环境"或改变"教与学方式"的角度去阐述信息技术在教育领域的意义与作用,因而都未能抓住问题的本质与关键。只有 NETP/2010 通过回顾和总结 30 年来企业部门应用信息技术的经验与教训,并与教育领域应用技术的现状对比,才最终认识到,信息技术在教育领域的应用之所以成效不显,其原因主要在于:教育系统没有实现信息技术支持的重大结构性变革,只是将信息技术应用于教学手段、方法这类"渐进式的修修补补"上,或者是只关注如何运用技术去改善"教与学环境"或"教与学方式"。总之,都没有触及教育系统的结构性变革。

这正是《规划》放弃传统的"信息技术与课程整合"的观念与做法,进而倡导信息技术应与教育教学"深度融合"全新观念与做法的特定背景。希望找到一种全新的、能实现教育信息化宏伟目标的有效途径与方法,也就是能够实现"教育系统结构性变革"的途径与方法,以解决长期以来信息技术在教育领域的应用一直成效不显,即信息技术对教育发展始终未能真正产生革命性影响这一重大问题。

二、"深度融合"与"整合"的区别

既然用"深度融合"的观念与做法取代"整合"的观念与做法的目的是想要真正触及教育系统的结构性变革(而不是只用于改进教育手段、方法这类"渐进式的修修补补"),可见"深度融合"的观念与做法和传统"整合"的观念与做法的根本区别在于:"深度融合"要求实现教育系统的结构性变革,而"整合"不要求,也不关注这种变革。

三、"深度融合"的含义

从"整合"走向"融合",从"课程"聚焦"教学",在教育信息化基础建设全面优化升级背景下,信息技术与教育教学的融合被赋予新的内涵与意义,深度延伸到具体的学科教学过程当中,以达到实现教育系统的结构性变革的目的。目前,"信息技术与学科教学深度融合"还没有一个统一的概念界定。而在早期,我国学者提出"信息技术与课程深层次整合"的概念,其给出的定义具体阐述为,通过将信息技术有效地融入各学科的教学过程中,来营造一种信息化教学环境,实现一种既能充分发挥教师主导作用又能突出体现学生主体地位的以"自主、探究、合作"为特征的新型教与学方式,从而把学生的主动性、积极性、创造性较充分地发挥出来,使传统的课堂教学结构发生根本性变革——由"以教师为中心"的教学结构转变为"主导-主体相结合"的教学结构。何克抗教授认为,这个定义与"信息技术与学科教学深度融合"的内涵不谋而合,并指出该定义包含的三个基本属性,分别为营造信息化教学环境、实现新型教与学方式、变革传统的课堂教学结构。唯有紧紧抓住这三个基本属性,才有可能正确理解与把握信息技术与学科教学深度融合的内涵与实质,根本变革传统的课堂教学结构,实现学科教学质量的显著提升,从而促进教育系统的结构性变革。

在此基础上,本书对"信息技术与学科教学深度融合"所下的定义为:在先进的教学理论与学习理论指导下,运用以计算机为核心的信息技术作为教师知识传递的辅助工具和作为学生知识建构的认知与情感体验工具,把信息技术的多种技术要素有机并有效地渗透到各学科教学内容、教学对象、教学资源、教学方法、教学过程、教学评价等方面,以营造新型的信息化教学环境,彻底实现既充分发挥教师主导作用又突出体现学生主体地位的"主导-主体相结合"的教学结构,最终达到培养创新型信息化人才的目的。

第二节　信息技术与学科教学融合的四个阶段

从当前到 2035 年,综合考虑信息技术与学科教学的发展轨迹,其融合过程可以分为如

下四个阶段:

第一阶段,形式上的交叉融合。信息技术初步应用于学科教学过程中,教师利用信息技术优化学科课堂教学。这种教学模式是一种预设式、相对机械的教学模式,流程比较固定,师生按部就班地开展教学活动。这是当今中国主要的教育模式。

第二阶段,以大数据为基础的融合方式。当学生在课堂教学中使用个人教学终端时,对教师的教学过程能够及时地反馈,教师可以根据学生反馈的数据进行分析,选择合适的教学方向,此时的教学模式是教师主导的以数据为依据的随机式教学模式。这种模式正在兴起当中。

第三阶段,以资源为基础的融合模式。信息技术的发展为学生提供了充足的学习资源,有效地构建和完善了学生自主学习平台。在教师的指导下,学生可开展以教学目标为导向的自主学习和学习交流活动。但是,丰富的资源也需要教学行政部门能够开发一种有效的资源整合方式,这样才能高效地促进信息技术与学科教学的深度融合。

第四阶段,以人工智能为基础的融合方式。随着人工智能的发展,学生个性化大数据相对完善(大数据画像),教学资源足够丰富,人工智能可即时推送学生学习所需资源,此时教师可从繁重的教学工作中解放出来,教师作为思想的传道者、学习的指导者、成长的陪伴者,能够有更多的时间与学生互动交流。

第三节　信息技术与学科教学融合存在的问题

信息技术与学科教学的有效融合,就是借助信息技术这种现代化的工具和手段,来提高教育教学质量,改变传统课堂教学模式,创建以学生为主体、教师为主导的新型现代化课堂教学模式,从而达到促进教育公平均衡的目的。在这里,信息技术是工具和手段,而不是目标和目的。各地各学校根据自身基础,在探索中前进,在前进中总结,但在实践过程中,都存在着这样那样的现实问题。

一、教师认识不足

对于教育信息化,部分教师认识不足,以至于在教学过程中,认为只要在课堂上使用了现代多媒体技术,就认为是信息技术与学科教学的融合。教师教学方式和学生学习方式的变革流于表面,没有把丰富多彩的信息化教学环境和高效的学习工具应用到极致。部分教师的教育信息化教学理念没有发生根本转变,对信息技术与学科教学的融合趋势认识不到位,对传统教育教学课堂面临的挑战认识不到位。

二、技术不够硬

在实践教学中,相当一部分教师只把信息技术作为辅助教学的简单工具来使用,从本质上讲是对信息技术应用缺乏熟练驾驭的能力,更谈不上对信息资源进行合理、有效的采集、编制、应用,自身的信息技术素养不高,导致他们认为只要用了信息技术,就是有效融合了,没能真正理解融合的深刻内涵。

三、存在逃避心理

由于自身信息技术素养不高,在课堂教学中,部分教师对课堂上发生的突发性问题束手无策,对技术问题无法解决,以至于产生逃避心理,撒手不管,这就限制了信息技术在教学课堂的广泛应用。教师没有真正去寻找解决问题的办法,没有去提升自身的信息技术应用水平,缺乏学与用的无缝结合,长此以往产生畏难心理。

四、教育资源匮乏

信息技术与学科教学的融合,需要大量优质基础教学资源作为支撑。随着信息技术的日益发展,网络资源琳琅满目,而真正高质量的教学资源却少之又少。教师认为自己制作一个好的教学资源的过程复杂烦琐,导致信息技术与学科教学的有效融合停滞不前。

第四节　信息技术与学科教学融合的目标

一、培养学生终身学习的态度和能力

学习资源的全球共享,虚拟课堂、虚拟学校的出现,现代远程教育的兴起,使人们可以随时随地通过互联网进行学习,学习空间变得无界限了。教育信息化还为人们从接受一次性教育向终身学习转变提供了机遇和条件。终身学习就是要求学习者能根据社会和工作的需求,确定继续学习的目标,并有意识地自我计划、自我管理、自主努力,通过多种途径实现学习目标。要实现终身教育和终身学习,教育必须进行深刻的变革:使教学个性化、学习自主化、作业协同化,把培养学生学会学习,培养学生终身学习的态度和能力作为培养目标。

二、培养学生良好的信息素养

教育信息化为终身学习带来了机遇,但学生只有具备良好的信息素养,才能把终身学习看成是自己的责任,才能够理解信息所带来的知识并形成自己的知识结构。信息技术与课程整合正是培养学生形成所有这些必备技能和素养的有效途径。

有学者认为信息素养是指"能清楚地意识到何时需要信息,并能确定、评价、有效利用信息以及利用各种形式交流信息的能力"。我们认为,信息素养应包含以下三个最基本的要点:

(一)信息技术的应用技能

这是指利用信息技术进行信息获取、加工处理、呈现交流的技能,需要通过对学习者进行信息技术操作技能与应用实践训练来培养。

(二)信息内容的批判与理解能力

在信息收集、处理和利用的所有阶段,批判性地处理信息是信息素养的重要特征。对信息的检索策略、对所要利用的信息源、对所获得的信息内容都能进行逐一的评估;在接受信息之前,会认真思考信息的有效性、信息陈述的准确性、能够识别信息推理中的逻辑矛盾或谬误,识别信息中有根据或无根据的论断,确定论点的充分性。这些素养不仅要通过计算机技术技能训练来培养,还要通过加强科学分析思维能力的训练来培养。

(三)能够运用信息并具有融入信息社会的态度和能力

这是指信息使用者要具有强烈的社会责任心,具有良好的与他人合作共事的精神,使信息技术的应用能推动社会进步,并为社会发展做出贡献。这些素养的形成也不是通过计算机技术技能训练就能形成的,而是要通过加强思想情操教育来培养。

三、培养学生掌握信息时代的学习方式

在信息化学习环境中,人们的学习方式发生了重要的变化。学习者的学习主要不是依赖教师的讲授与课本的学习,而是利用信息化平台和数字化资源,师生之间开展协商讨论、合作学习,并通过对资源的收集利用,探究知识、发现知识、创造知识、展示知识的方式进行的。因此,通过信息技术与课程的整合,要使学生掌握以下信息时代的学习方式:

(1)利用资源进行学习;

(2)学会在数字化情境中进行自主发现学习;

(3)学会利用网络通信工具进行协商交流、合作讨论式学习;

(4)学会利用信息加工工具和创作平台,进行实践创造学习。

第五节　信息技术与学科教学融合的策略

一、运用信息技术探索新型教学模式

以在线学习、混合学习、移动学习为例。首先,在线学习(online learning)是指在非实体性教室的虚拟环境中,通过应用互联网技术、人工智能、多媒体等现代信息技术进行的个体化学习或训练活动。目前,在线学习在欧美国家发展迅猛。以美国为例,2014—2015学年,全美共有46.2万名K-12阶段学生在虚拟学校(virtual school)进行全日制在线学习,加上

非全日制在线学习,当年全美共有 220 万名 K-12 阶段学生完成了 380 万门在线课程的学习。其次,混合学习(blended learning)则是整合在线学习与传统面授的教学形式。目前,国内广为关注的慕课与翻转课堂,让学生课前浏览学习视频,课堂上围绕重难点进行汇报讨论,就是典型的混合学习。最后,移动学习(m-learning)则是通过使用移动设备在任何地点进行的个性化主题式学习活动。信息技术对教学的影响是革命性的,上述学习方式都是对传统教学模式的颠覆。

二、使用技术工具变革传统课堂生态

近年来各种技术工具层出不穷,并在课堂教学中得到了广泛运用。一是与学生学习有关的技术工具。如为增强学生个性化学习体验的影音编辑工具 Animoto,使用电子白板时的在线协作工具 Seribblar,方便学生阅读和纠正书写错误的 Flipboard,记录课程学习与活动安排的印象笔记 Evernote 等。二是帮助教师组织教学的工具。以 Edmodo 为例,全球目前已有 6500 万教师和学生使用这一学习平台,师生在此平台上共享教学内容,进行网上交流,管理课程与作业,发布相关通知,开展学业测验等,从而将这些传统教学活动转移到网络平台开展。三是网络检索工具。如一些学校正在尝试的"网络探究学习"(WebQuest)就依托互联网检索进行。四是在线交流与成果发布的工具。如班级博客可以实现班级介绍、通知公告、互动讨论、在线提交作业等功能,在线传播平台可以呈现学习结果。上述工具在教学中的有效运用,极大改变了传统教学生态,提高了教学效益。

三、运用信息技术开展教学数据分析

通过对学生历年学业成绩、课程选修、活动参与等数据的分析,可以追踪学生学业进步情况,分析不同学生的学习需求和风格,进而提供个性化学习方案。如著名学习分析公司纽顿(Knewton)开发的适应性学习分析系统,就是通过数据收集、分析及建议为学生设计个性化学习方案,全美已有上千万学生从中受益。在俄勒冈州的比弗顿学区(Beaverton),学校在获得学生休学及旷课记录,以及相关人口学信息后,设计个性化的行为训练方案,帮助学习困难学生更好地适应学校生活。除提供个性化教学方案外,信息技术与教学的融合还可以对学习困难学生进行提前干预。如芝加哥市公立学校 2007 年实施的"阻止失败"项目,通过使用 ClassDojo 等课堂行为记录与分析工具,得出学生的学业表现数据,教师再通过数据分析对那些学习遇到困难的学生进行有针对性的指导。此外,运用大数据技术即时获得学生的学习结果,基于学生社交行为数据开展团队和小组学习,都是信息技术与教学融合的有效方式。

第六节 深度融合引发教育教学的整体变革

一、教育观念创新

教育3.0时代已来,我们要清晰把握教育的时代特征:无边界、互联、共享和个性化。信息技术融入学科教学带来的不仅是教育技术变革,更是从教学思想到教学方法、教学模式等的全面重构。信息技术对教学的革命性影响,要求我们从学生的真实需求出发,调动信息技术探寻教育本质的力量,创设富有生机与活力的个性化教学方式,培养学生的创新思维能力、信息处理能力、问题解决能力、表达与合作能力等。

二、教学模式创新

打破教师中心、教室中心、教材中心,走向以生为本、师生互动、密切协同的教学,形成适应信息化条件下学习者认知规律和能力发展需求的新型教学模式,不断优化学习内容、方法、形式,打破固定学时、学科界限,根据学生个性化需求提供更为开放灵活、多样化、可选择的课程与教学安排。师生共同创造有趣、有序、有效的学习活动,充分开展自主、探究、合作学习。基于学生真实生活与实践体验,移动学习、项目学习、游戏化学习、跨学科学习等成为常态,课上、线上与生活完全贯通,学习更加自由开放,自主选择、自主安排成为现实。这样,自主学习与同伴学习共存、人工智能与学生情智共生、移动学习与固定学习并举,线上线下学习相互补充、相得益彰。

三、学习环境创新

建立系统互联互通、信息无缝流转的智慧课堂,通过互联网整合教学的物理空间、虚拟空间,给学生带来全新的沉浸式实践与体验,为教学提供无缝支持服务,营造学习时时、处处皆可发生的氛围。

四、教学内容创新

教学内容供给多元化,学校变成优质教育资源的集散地,利用互联网、云平台、互动设备等,将校内外、线上线下优质教学资源聚集起来,结合校情、生情整合优化。学生利用人工智能主动寻找学习资源,走出课堂,走进社会,享受更多优质教育资源。

五、教学评价创新

信息技术融入教学,可运用互联网、云平台、智能设备实施在线测评,建立不同学生的学习数据库,通过整理分析,清楚准确地了解学生的特点、个性、情感,对学生做出学习诊断,找到学生学习的薄弱环节和个性化需求,设计、推送个性化学习方案,以高品质的教学服务实现更高质量的教育公平。

六、技术手段创新

以智能屏幕、智能课桌、联网平板等为载体,高效开展网络互动式教学;开发多样化、互动式教学资源库,学生可便捷访问;配套硬件与技术、资源与管理,为信息技术融入学科教学提供坚实保障。

第七节　信息技术与学科教学融合的未来发展

一、关注教学主体,确立师生间双向强交互的主体地位

(一)教师教学责任的集成化与广泛化

信息技术与学科教学深度融合的关键在于教师,教师的角色不会因为技术的进步而被取代,教师教学责任既是集成的也是广泛的。在传统的教学结构中,教师是课堂教学的主宰者和知识的传授者,基本职责就是完成知识灌输的教学任务。在"主导-主体相结合"的教学结构中,教师既是课堂教学的组织者、指导者,也是学生知识意义建构的帮助者、促进者,学生良好情操的培育者,教师的教学职责不单纯是传统的知识传授,更多的教学责任担在肩上。而随着信息技术融合于学科教学的进程深入推进,时空统筹化、教学客制化、课堂社会化、学习组合化的特征愈发显著,一些教师容易形成职能依赖或放弃的错误观念,盲目依赖于信息技术,过度投靠于社会阶层,在教学中的主导地位弱化为简单的资源提供者、学习组织者、疑惑解答者和学习评价者,逐步软化教师的教学力量,使教师教学责任错误式地转嫁和推卸。

在信息技术与学科教学深度融合的过程中,教师不仅要具有深厚的学科知识、专业的教学功底,更要具备基本的技术应用技能、与技术相融合的教学设计能力、持续性的行动研究能力以及反思与改进能力等。教师的首要职责是教书育人,教师作为"教"的主体,要恰当保持"教书"与"育人"的黏性,把情操培育工作贯穿于日常的教学过程中,有效利用周围的技术与工具,进行有针对性的资源研发,发挥学习情感帮促作用,维持学生积极乐观的学习态度,渗透更多的人文关怀,保持学生对知识的欲求,促进学生人格的塑造、个性的发展,做好创造性、情感性、启发性的工作,使教师具备信息技术与学科教学深度融合的胜任力。

(二)学生学习收获的显性化与隐性化

在信息技术与学科教学深度融合的过程中,学生作为"学"的主体,其学习收获既是显

性的，也是隐性的。学生由知识灌输的对象和外部刺激的被动接受者，转变为信息加工的主体、知识意义的主动建构者和情感体验与内化的主体。在情境创设、启发思考、自主探究、协作交流、总结提高等一系列的教学过程中，学生的学习目标是多维、多元的。学生成长的多重需求是信息技术与学科教学深度融合的内在动力，教育的价值不单是基础知识与技能的掌握，还在于发展学生的潜能，激发学生的创造活力，从而提升学生的生命价值。而信息技术与学科教学深度融合对满足学生安全需要、社交需要、认知需要、尊重需要、自我实现需要具有巨大的价值。

在深度融合过程中，需紧紧围绕促进学生全面发展的中心理念，关注学生细微的学习需求，切实把信息技术与教法、学法深度融合，让学生从被动学习转变为主动学习。教师对学科教学的设计应适应学生的学习需要，充分调动学生的积极主动性，启发学生思考，为他们提供适当的教育教学服务，实现学科教学服务与学生学习需求之间的无缝对接，促使师生双方形成相互尊重、共同探讨的强交互关系，在探讨中互相启迪、教学相长，在共融中不断发展进步。

二、理解信息技术，把握各信息媒介与教学的技术融合特性

（一）对技术耐性与技术惯性的把持

技术耐性，即对某项新技术应用保持的时间忍耐度。变革教育教学呼唤技术耐性。信息技术与学科教学深度融合并不是昙花一现、一闪而过的，不能走"技术快餐化"的道路。技术应用的效益发挥最大化需要"耐性"，从事信息技术与学科教学深度融合的相关教育教学工作者需要时间去努力思考、努力磨合，改进技术应用中的不足，使技术应用常态化、成熟化。而技术耐性发展的一个方向是促使技术使用者获得技术惯性。

技术惯性，即对某项技术的使用形成一种习惯。变革教育教学需辩证对待技术惯性。技术惯性一方面促成了一种技术使用习惯，便于新技术、新媒体在教学中的常态化应用，变革学科教学与学习方式。另一方面，惯性影响下对某项旧式技术的长期依赖以及技术使用者间的社群效应，逐渐僵化人们对信息技术融入学科教学当中的应用思维与方式，比如一些教师在教学上多借助典型简单的演示型多媒体课件，对信息技术的理解与应用仍在初级层次徘徊，机械流水式地套用某一个课堂教学模式，对新技术的应用具有较强的排斥和不适应感。因此，相关教育教学工作者要做好"把关人"的角色，忌走"技术保守化"的老路，正视新技术的教育教学适应性，勇于探索并善于将新技术融入学科教学中。

（二）对技术单一与技术泛用的认知

信息技术既是辅助教师教的工具，又是支撑学生学的工具，对其融入学科教学中的有效利用，能促进学生认知、交流协作、情感体验与内化以达到教学效果的最优化。人工智能、大数据、云计算、新媒体技术等新兴的技术形态为信息技术与学科教学深度融合的实践带来强大的支撑力，容易使相关教育教学工作者对教育的本质模糊化，不知如何把技术应用到教学中，更不知应用多少技术能达到优质的教学效果，对技术的单一性应用和广泛性应用认知不足。

信息技术的发展,使得教学手段呈现多元化趋势,并相应地呈现出不同的教学形态,这无疑对教师信息技术应用能力的要求更高,教师在信息技术运用方面要有所造诣。所谓教无定法,重在用法。在信息技术与学科教学融合实施时,要充分了解某种技术的长处、短处以及在教学中如何发挥其独特性作用,找准信息技术与学科教学知识的融合点,精心设计学科课堂教学,让技术适应教学,保持信息技术与教学的黏合度,促进智慧教学发展,达到教师精准教学和学生深度学习的质性目标。无论是一种技术还是多种技术,归根到底要立足于教学需要,适度应用某种技术或多种技术,在融合过程中为学科教学提供有效的价值信息,促使教学实施张弛有度。

三、熟知学科教学,明晰技术加持下学科教学结构与特点

(一)技术加持下对学科教学的适用性

在融合过程中,学科的教学内容是最主要的,信息技术则在学科教学过程中起到辅助作用,是辅助教学的手段。我们要厘清教学与技术的主次位置,切忌本末倒置。然而在实际操作中,一些教师实行"拿来主义",机械照搬其他学科的现成融合模式,不经思索地套用到自己的学科教学上,主观认为这样就是信息技术与学科教学深度融合。那么,信息技术是否适合融入各学科的教学当中?

信息技术与学科教学之间是能够在相互渗透过程中有机协调的,技术应用是为教学服务,为提升教学效果而服务的。学科不同,课程目标不同,学科中的知识内容不同,教学目标也不同,因此,信息技术是否适合融入各个学科教学中是值得考量的。在信息技术与学科教学深度融合实施时,要对教学内容加以选择,把信息技术与学科教学最优化的内容提取出来,使信息技术发挥最大的效益,提高学科教学的效能;同时要以明确恰当的教学目标为导向,基于新课程标准要求进行教学目标的设计,并以清晰、规范、具体、易于教师进行观测和评价的表述方式呈现。总的来说,在把信息技术融入各个学科教学中时,必须立足于学科课程目标、课堂教学目标,以学生为本,结合本土教学实际,发挥教育智慧,创造性地实施应用以取得最佳的教学效果。

(二)技术加持下贯穿于学科内涵的纵深度

诚然,现代信息技术、现代信息媒体的恰当运用为课堂教学注入了新的活力。然而在实际的课堂教学中,仍存在不少教师把整节课演变成单纯的课件演示课而忽视学科教学的逻辑思维;在制作多媒体课件时过分追求形式而缺乏学科内涵,使得教学脱离学科教学大纲、脱离学科教学重心。不同学科具有不同的知识结构与特点,在信息技术与学科教学深度融合实施时,要着重回归教学本质,深入学科内涵并内化到学生的知识与情感体验中,贯彻落实学生核心素养培养,而不是停留于表面的知识灌输。

随着以培养"全面发展的人"为核心的中国学生发展核心素养以及各学科的学科核心素养的发布与落地,在信息技术加持下的学科教学中,要清晰把握学科内涵的纵深度,依据不同学科的结构与特点,选择恰当的媒体技术,把握核心素养培养的整体方向,关注对学生情感态度与价值观教育的熏陶感染和潜移默化;以世界为教材,从海量的信息资源中提取

关键资源并进行整合,拓宽资源应用的可能性以启发学生思维向高阶发展。总的来说,在明确学科教学结构与特点的基础上发挥信息技术的价值理性,为培育学生创新和合作能力服务,以促进人的发展,使学生具备现代化社会发展需要的必备品格和关键能力。

我国当前正处于信息时代与中国特色社会主义新时代的历史交汇期,信息技术与学科教学深度融合的实践之路注定是不平坦的,但随着新型信息技术的高速发展和有效驱动,以及教育信息化的顺利建设与实施,信息技术与学科教学深度融合的前景是明亮的,深度融合下的教学实践正日趋普及化与常态化。作为教育教学工作者,应深刻领会信息技术与学科教学深度融合的重大意义与深远影响,具备教育前瞻性的领航精神与理念,在推进信息技术与学科教学深度融合的过程中,发挥信息技术的独特优势,寻求创新性的融合突破点与发展思路,实现各学科的教学质量显著提升,促使信息技术与学科教学深度融合的发展上升到稳定的高度。在教育信息化持续发展的态势下,信息技术与学科教学深度融合是大势所趋,是教育现代化过程中的必然产物,信息技术与学科教学深度融合必须与教育信息化同频共振。

第二章 信息技术应用微能力的产生与发展

第一节 信息技术应用微能力的产生

信息技术的迅猛发展,引发了数字时代下的社会变革,大数据、人工智能等技术深刻改变了教与学的方式,使课堂的教学内容、教学过程、师生角色、课堂管理等方面发生了巨大的变化,对学校人才的培养提出了智能化的学习与创新要求[①]。2019 年,教育部发布《教育部关于实施全国中小学教师信息技术应用能力提升工程 2.0 的意见》,提出教师要主动适应信息化、人工智能等新技术变革,积极有效开展教育教学[②]。2020 年,广东省中小学教师信息技术应用能力提升办公室制定《广东省中小学教师信息化教学能力测评指南》,以教师信息技术应用能力为导向,制定了 28 个应用能力点,适合于多技术融合和智慧教育两种模式,从学情分析、教学设计、学法指导、学业评价、融合创新五个维度全方位考查教师的信息化教学能力。

信息技术应用能力是新时代高素质教师的核心素养,由此我国有针对性地开展了大规模的教师专业发展实践项目,信息技术应用微能力的产生蕴含在政策文件和实践项目的发展过程中,信息技术应用微能力测评体系和信息技术应用能力提升工程有着密切的联系。

一、政策引领:信息技术应用能力提升工程

(一)中小学教师信息技术能力提升工程 1.0

2013 年 10 月 25 日教育部发布《教育部关于实施全国中小学教师信息技术应用能力提升工程的意见》(简称《能力提升工程 1.0 意见》),决定实施全国中小学教师信息技术应用能力提升工程。工程计划的目标是通过建立教师信息技术应用能力标准体系,完善顶层设计;整合相关项目和资源,采取符合信息技术特点的新模式,到 2017 年底完成全国 1000 多

[①] 易素萍.中小学教师信息化教学能力评价指标建构研究[D].南京:南京师范大学,2021.

[②] 教育部办公厅.教育部关于实施全国中小学教师信息技术应用能力提升工程 2.0 的意见[EB/OL].(2019-04-27)[2022-08-01].http://www.moe.gov.cn/jyb_xwfb/s5147/201904/t20190403_376571.html.

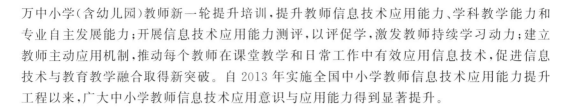

万中小学(含幼儿园)教师新一轮提升培训,提升教师信息技术应用能力、学科教学能力和专业自主发展能力;开展信息技术应用能力测评,以评促学,激发教师持续学习动力;建立教师主动应用机制,推动每个教师在课堂教学和日常工作中有效应用信息技术,促进信息技术与教育教学融合取得新突破。自2013年实施全国中小学教师信息技术应用能力提升工程以来,广大中小学教师信息技术应用意识与应用能力得到显著提升。

(二)中小学教师信息技术应用能力提升工程2.0

大数据、人工智能等新技术变革对教师信息素养提出了新要求。为推动教师主动适应信息化、人工智能等新技术变革,2019年3月20日,教育部发布《教育部关于实施全国中小学教师信息技术应用能力提升工程2.0的意见》(简称《能力提升工程2.0意见》),服务于国家"互联网+"、大数据、人工智能等重大战略,推动教师主动适应信息化、人工智能等新技术变革,充分利用云计算、大数据、虚拟现实、人工智能等新技术,积极有效开展教育教学,推进教师教育信息化教学服务平台建设和应用,推动以自主、合作、探究为主要特征的教学方式变革。《能力提升工程2.0意见》支持有条件的学校主动应用互联网、大数据、虚拟现实、人工智能等现代信息技术,探索跨学科教学、智能化教育等教育教学新模式,充分利用人工智能等新技术成果助推教师教育,提升校长、教师面向未来教育发展进行教育教学创新的能力。

《能力提升工程2.0意见》的目标任务是:构建以校为本、基于课堂、应用驱动、注重创新、精准测评的教师信息素养发展新机制,通过示范项目带动各地开展教师信息技术应用能力培训(每人5年不少于50学时,其中实践应用学时不少于50%),基本实现"三提升一全面"的总体发展目标:校长信息化领导力、教师信息化教学能力、培训团队信息化指导能力显著提升,全面促进信息技术与教育教学融合创新发展。其主要的特点如下:一是基于课堂,强调工作场所的学习。二是开展基于任务的学习。三是精准测评,包括过程测评和成果测评。四是考核对象包括教师和学校。教师层面,诊断和评价教师信息化教学能力,掌握教师微能力测评标准和操作方法;学校层面,评估"整校推进"培训和实践给学校带来的变化,研制出"整校推进"评价标准,明确评估方式。

中小学教师信息技术应用能力提升工程从1.0到2.0的过程中,关注主体从信息素养转换为信息技术应用能力,如何转换,如何实现精准测评?可参考如下过程:

信息素养—教师信息化教学能力—微能力;

信息素养测评—信息化教学能力测评—微能力测评。

二、能力测评:教师专业发展微认证

从未来教师发展的视角而言,构建中小学教师信息化教学能力测评体系能够有针对性地提高教师在真实教学情境中应用信息化教学的能力,建构具体、明确且相对独立的微能力点,能够有效推动教师开展自主学习、实践应用和自我反思。师范生作为教师行业的后备力量,应当在学习过程中主动增强学习意识,提前学习并适应中小学教师信息化教学能力要求,为教师专业发展奠定基础。

相比《能力提升工程1.0意见》,《能力提升工程2.0意见》最大的特点是变革了测评方式,充分利用新技术开展教师研修伴随式数据采集与过程性评价,提高测评助学的精准性。在培训评价上打破了以往以知识测试或网络自测等形式的培训评价模式,采用了微能力测评。这一评价方式重视教师真实工作场景中的能力表现,对教师立足日常教学的主动学习、积极实践和自我反思具有重要推动作用。

微能力测评又称为微认证,其聚焦工作场景与实践能力的发展性评估理念,契合了教师学习的复杂实践性、自我反思性等内在特质,其核心在于将意欲认证的能力进行科学精准的能力分解,进而开发简洁有效的认证规范来引领认证实践。微认证是一个面向培训迁移的评估方法。这是一种基于能力评估和证据导向的教学能力微认证机制,可依据独立、具体、明确的原则,把一项能力分解成若干微能力。它使得大规模个性化的能力提升成为可能。微认证的参与过程包括选择—学习—实践—收集与提交—分享。

信息技术应用微能力测评是成果导向的能力测评系统,支持教师"做中学",将信息技术应用能力分解为具体的微能力,教师可以通过提交相应的实践证据,证明自己具有某种微能力。

第二节　信息技术应用微能力的实践导向

《全国中小学教师信息技术应用能力提升工程2.0校本应用考核》中有关教师信息技术应用微能力的表述是:教师信息技术应用微能力是信息技术深度融入教育教学的集中体现,在全国实施的微能力培训、微能力训练与微能力实践过程中,需要融入新的实践导向,即能力导向、实践导向、测评导向、差异导向。

一、能力导向

微能力训练以师范生在真实教育教学情境中的行为表现为考核依据,重在提升和发展师范生信息技术应用实践教学能力。师范生实践应结合具体的学段、学科和单元知识进行训练,有针对性地进行微格教学,实施专项微能力训练。

二、实践导向

微能力训练应以采集和提交教学实践证据的方式,推动师范生基于课堂或模拟课堂教学开展自主学习、自主实践和自主反思。力求在未来教学中,能够结合具体情境顺利开展教学实践,发挥各微能力的独特作用与优势。

三、测评导向

微能力训练将师范生的信息化教学能力分解为若干具体、明确且相对独立的应用能力点,通过对不同维度能力点的训练,可以促进教师准确理解各能力维度的发展水平,精准提

升微能力,实现能力水平的快速发展。

四、差异导向

微能力训练区分了在不一样的教学环境和教学环节下的信息技术应用要求,师范生可以根据实际的训练环境和个人发展需求进行自主选择,体现个体发展的差异性和训练的针对性。

第三节　信息技术微能力的应用模式

信息技术应用微能力训练主要基于三种教学环境。

一、多媒体学习环境

多媒体学习环境主要是指融入了多媒体设备的学习环境,辅助学习者在视听觉方面开展学习,具体表现为视觉演示、听觉辅助、计算机辅助教学等,该类学习环境实施范围最广、实施程度最高,借助各类信息技术手段融入多媒体学习环境中,开展多技术融合应用、融合创新,能够为微能力训练打下较好的实践基础。

二、混合学习环境

混合学习环境主要是指线上线下相混合的学习环境,在线下教学场室之外,一般为师范生提供了线上训练平台,具体表现为线上教学平台、线上教研平台、线上资源平台、线上管理平台,在该类环境中可以开展线上线下混合学习、资源开发与共享、小组协同学习等能力维度的训练。

三、智慧学习环境

智慧学习环境是在云计算、大数据、智能性辅助技术和智能分析技术支撑下所构建形成的学习环境,具体表现为智慧校园的相关功能场室、智慧教室、智能训练室等。在该类场景中可以开展智慧教学、智慧评价、智慧教研和智慧管理等能力维度的训练。

第四节　信息技术应用微能力的实践任务

依据微能力要求,教师需根据要求提交所有的测评证据,证据形式可能是教学设计、实

中小学(幼儿园)教师信息技术应用:微能力建设

升微能力,实现能力水平的快速发展。

四、差异导向

微能力训练区分了在不一样的教学环境和教学环节下的信息技术应用要求,师范生可以根据实际的训练环境和个人发展需求进行自主选择,体现个体发展的差异性和训练的针对性。

第三节　信息技术微能力的应用模式

信息技术应用微能力训练主要基于三种教学环境。

一、多媒体学习环境

多媒体学习环境主要是指融入了多媒体设备的学习环境,辅助学习者在视听觉方面开展学习,具体表现为视觉演示、听觉辅助、计算机辅助教学等,该类学习环境实施范围最广、实施程度最高,借助各类信息技术手段融入多媒体学习环境中,开展多技术融合应用、融合创新,能够为微能力训练打下较好的实践基础。

二、混合学习环境

混合学习环境主要是指线上线下相混合的学习环境,在线下教学场室之外,一般为师范生提供了线上训练平台,具体表现为线上教学平台、线上教研平台、线上资源平台、线上管理平台,在该类环境中可以开展线上线下混合学习、资源开发与共享、小组协同学习等能力维度的训练。

三、智慧学习环境

智慧学习环境是在云计算、大数据、智能性辅助技术和智能分析技术支撑下所构建形成的学习环境,具体表现为智慧校园的相关功能场室、智慧教室、智能训练室等。在该类场景中可以开展智慧教学、智慧评价、智慧教研和智慧管理等能力维度的训练。

第四节　信息技术应用微能力的实践任务

依据微能力要求,教师需根据要求提交所有的测评证据,证据形式可能是教学设计、实

施计划、课堂实录片段、教学资源、案例描述、教学反思、学生体会等，依据评审规范中的规定评定等级。

一、实践证据

根据微能力点的能力描述，师范生可以提交多类别的证据以表现其在该能力点上的训练水平和提高程度，如教案、教学设计细节、课堂实录片段、教学辅助资源、设备使用情况、线上平台教学痕迹、智慧系统数据、教学案例、教师教学反思、学生学习体会等。

二、实践水平

根据微能力的实践水平，一般可以分为奇数项评价等级，如三级（优秀—不合格）、五级（优秀—不合格）、七级（非常优秀—非常不合格）；另外，也可以融入智能性评价手段进行无痕检测、分析与评价。

三、实践考核

应用微能力点的考核结果都按照同一维度等级进行设计，所有证据的评价等级均为同一水平，该项应用能力的考核测评等级结果才能定为该水平，若证据中任何一项不合格，则最终考核测评结果为不合格。

第三章 信息技术应用微能力介绍 (以广东省为例)

信息技术应用微能力是教育部科技司 2018—2019 年教育信息化项目"面向中小学教师的信息技术应用能力发展测评指标研究"的部分研究成果,主要依据《中小学教师信息技术应用能力标准(试用)》研制,包括 3 种环境、4 个维度、30 个微能力点,侧重考查教师利用信息技术进行学情分析、教学设计、学法指导和学业评价 4 个教学行为维度的 30 项微能力。这些微能力适用于多媒体教学环境、混合学习环境、智慧学习环境,如图 1-1 所示。

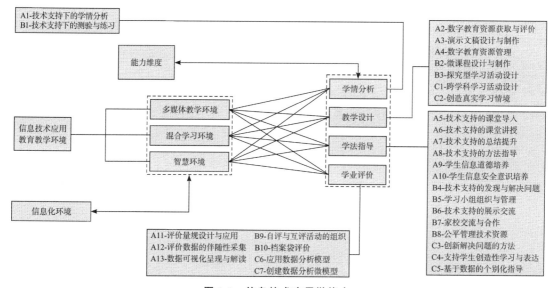

图 1-1 信息技术应用微能力

广东省教育厅从 2018 年开始部署推进能力提升工程 2.0 项目,按照教育部《能力提升工程 2.0 意见》要求,根据教育部教师工作司印发的《全国中小学教师信息技术应用能力提升工程 2.0 校本应用考核指南》中提出的 30 项教师信息化教育教学能力,结合珠三角地区和粤东、粤西北地区教育发展不均衡的现状,提出"智慧教育"和"多技术融合"两种应用模式,并将"融合创新"作为广东省教师信息化发展的重要维度,科学制定《广东省中小学教师信息技术应用能力提升工程 2.0 实施指南(试行)》等一系列政策文件,明确了实施路径、各级职责、研修内容、测评考核要求、绩效评估等内容,为项目开展提供了政策支持,最终搭建了广东省中小学教师信息化教学能力测评体系。结合广东省实际情况,微能力测评调整为 2 种应用模式、5 个维度、28 个应用能力点。

第一节 多技术融合模式下的信息技术应用微能力点

一、学情分析维度

A1 技术支持的测验与练习

1. 实践问题

(1)借助信息技术的支持,我们能够开展什么形式的测验与练习活动?

(2)利用信息技术开展测验与练习活动时需要提前考虑哪些问题?

2. 能力描述

利用信息技术在课堂中或课堂外开展测验与练习活动,从而丰富测验与练习的活动形式,提高测验与练习活动的评价反馈效率,及时诊断学习掌握情况,为教学策略调整和差异化学习支持提供依据,提高学生参与活动的兴趣和积极性,通过积累形成测验与练习的资源库(表1-1)。信息化手段支持形式多样的测试与练习,如选择题、填空题、匹配题、问答题等,能够提高统计效率与反馈速度,同时也能及时获得可视化结果,优化评价方式与评价成效。

表 1-1 A1 技术支持的测验与练习能力描述

一级指标	二级指标	分值
丰富测验与练习的活动形式	1. 能够在教学设计中增加测验与练习活动,并做到及时反馈; 2. 能够借助信息化工具丰富测验与练习的形式,如即练即有等。	
提高测验与练习活动的评价反馈效率	1. 能够在发布测验与练习活动前做好教学准备; 2. 能够及时发布练习与测验活动,确保学生都能正常加入测验活动; 3. 能够及时收集学生的练习与测验数据,方便后续进行教学调整。	
及时诊断学习掌握情况,为教学策略调整和差异化学习支持提供依据	1. 能够针对不同学生的测验数据,展开教学策略的调整; 2. 能够根据测验与练习的数据进行差异化分组,开展差异化教学。	
提高学生参与活动的兴趣和积极性	1. 能够利用不同的信息化工具展开测验与练习,激发学生的学习兴趣; 2. 能够丰富测验的形式,展开竞赛等教学活动,提高学生的积极性。	
通过积累形成测验与练习的资源库	能够收集每次课程的测验与练习题目,形成资源库,为日后的教学积累活动经验。	

中小学(幼儿园)教师信息技术应用:微能力建设

3. 实践任务

(1)工具介绍:选择一种你常用的测验与练习工具,介绍其基本功能及特点,同时结合自身的教育教学实践分析其应用情境与使用策略。建议结合图文进行呈现。

(2)实施方案:请描述测验/练习实施过程,包括实施时机、实施条件、教师准备、学生准备等,以视频形式提交。需出现教师个人形象,原则上不超过5分钟。

(3)学生体会:两名学生对活动参与过程进行回顾,说明他们在该活动中的体验与感受。以音频或视频形式呈现,每个学生的回顾时间不超过2分钟。

二、教学设计维度

(一)A2 数字教育资源管理

1. 实践问题

(1)有序管理信息化教学资源有哪些技巧方法?

(2)如何提高信息化教学资源的检索效率?

(3)如何对获取的信息化教学资源进行加工与处理?

2. 能力描述

A2 数字教育资源管理能力描述见表 1-2。

表 1-2　A2 数字教育资源管理能力描述

一级指标	二级指标	分值
有序管理信息化教学资源	能够按照教学需要和使用习惯,根据一定的规则命名、有序分类存储教学资源。	
形成属性和特征丰富的信息化资源库	在管理教育资源时,能够尽可能详细地标注信息化教学资源的属性,如课件资源命名需体现课件的教学范围等。	
提高资源检索和利用效率	能够借助电脑文件夹、云笔记、网盘等工具进行数字教育资源管理,提高资源管理效率和使用效率。	
依据教学目标有效整合多种信息资源	能够根据内容、面向对象、任务等维度整理教育资源,将课程标准、教材、教案、制作和收集的数字教育资源等进行有机的结合。	

3. 实践任务

(1)成果展示

①展示你日常所用的两个资源管理文件夹(电脑本机或网络存储均可)截图,每个文件夹资源的呈现至少包括三级,且呈现资源丰富,分类合理,命名采用了一定的规则,管理系统有序。

②分享和展示一至两种信息化教学资源处理的方法和技巧,包括此类资源加工处理所用到的工具,采用何种方法实现,将其加工处理成恰当的信息化教学资源并能进行实践和应用。

（2）方法介绍

①以视频形式记录一种资源管理工具（如网盘、云笔记等）的使用过程，描述时需同步介绍具体操作，必要时说明操作缘由。视频需出现教师个人形象，时间不超过 10 分钟。

②以现场操作或文字形式记录某一类信息化教学资源的加工处理过程，要求操作思路清晰，采用的处理办法恰当且合理。

（二）A3 微课程设计与制作

微课程设计与制作应用于多技术融合模式下的教学设计方向，主要目的是借助各类信息技术手段，设计并制作微课程，实现信息技术与教育教学的融合创新。在利用信息技术工具设计并制作微课程的过程中，学生需要明确微课程的用途是什么，哪些知识内容适合做微课程，且哪种软件适合制作微课程。同时，也要把握微课程设计与制作的要点，如微课程的内容只有一个知识点，时间一般不超过 10 分钟，要提供完整的讲解或文字过程，突出重点、难点等。学生需要利用微课程展开对教学过程的创新应用，丰富课堂教学模式，满足个性化学习需要。

1. 实践问题

（1）制作微课程时需考虑哪些关键问题？

（2）微课程的设计与制作是否需要考虑其教学应用情境？为什么？

（3）如何利用微课程支持学生自主学习？

2. 能力描述

学会设计并制作微课程后，还应利用微课程达到以下目标（表 1-3）。

表 1-3 A3 微课程设计与制作能力描述

一级指标	二级指标	分值
呈现关键信息，解决教学中的重难点问题	1. 能够选用教学中的难点或兴趣点进行制作，或选择易错、易混淆知识点； 2. 能够主动标明知识体系，呈现解题思路，解决学生的困惑； 3. 能够在课件中加入一些引导性的文字或图形，呈现关键信息，引导学生形成解决问题的方法。	
丰富教学资源和教学活动形式	1. 能够积极引入微视频、学习任务单等教学资源开展教学； 2. 能够主动创新教学手段，开展翻转课堂等多种教学应用活动； 3. 能够丰富教学的组织形式，利用小组讨论等多种形式提高学生解决问题的能力。	
丰富课堂教学模式，支持学生自主学习	1. 能够以学习者为中心，积极开展项目式、问题式学习探索，为学生创设真实问题情境，营造轻松的课堂氛围，激发学生的学习兴趣； 2. 能够设置合理的问题引导，借助生动、有趣的问题，调动学生的学习思维，提高课堂教学的效果。	

续表

一级指标	二级指标	分值
满足个性化学习需要	1. 能够层层推进预习任务,培养学生主动获取信息、分析与处理信息的能力,促进学生个性化学习能力的形成; 2. 能够依据微课中提出的能力要求完成相关教学任务,提高学生解决问题的能力,满足个性化学习的需要。	

3. 实践任务

微课程能够丰富教育教学的内容和形式,可在课前、课中或课后灵活使用。日常教学中,教师可以根据教学需要选用成熟的微课程,也可以设计、制作或修改微课程。如需自主开发,教师应掌握拍摄、录屏、PPT合成等必要的微课程制作方法和技术工具,根据内容特点及应用目的选用不同的制作方法。

微课程设计与制作微能力点的实践训练包含三项内容:一份微课程设计方案、一个微视频、一份学生谈体会的录音或视频。

(1)微课程设计方案:教师自主选择一个知识点或技能点,撰写微课程设计方案,包括微课程的基本信息、教学目标、教学过程、教学媒体以及实施思路。

(2)微视频:依据上述方案利用多媒体软件开发并提交微视频,视频长度不超过10分钟。

(3)学生体会:设计并制作完微课后,请学生谈一谈使用微课程进行学习的感想和体会,以录音或视频形式提交,学生如实表达自己的感受即可。

(三)A4 探究型学习活动设计

1. 实践问题

(1)典型的探究型学习活动设计模式有哪些?

(2)如何利用技术有效整合与分享学习资源?

(3)如何利用技术促进学生交流与协作?

2. 能力描述

探究型学习是通过学生解决问题来获取知识、提升能力与综合素养的学习方式,强调对所学知识、技能的实际运用,注重学习的过程和学生的实践与体验。探究型学习活动的实施过程一般包括确定课题、组织分工、收集信息、整理分析信息、创建答案/解决方案、评价与展示作品等几个步骤。在具体设计探究型学习活动时,可借鉴研究性学习模式、WebQuest模式、MiniQuest模式、英特尔未来教育模式、追求理解的教学设计等设计框架。具体描述见表1-4。

表 1-4　A4 探究型学习活动设计能力描述

一级指标	二级指标	分值
整合学校、家庭、社会等多方资源，拓展学生学习空间	1. 能够拓展学习的场所和时间，将探究活动贯穿教学前后； 2. 能够提供学校、社会、家庭的学习资源，延伸探究活动的内容。	
为学生开展合作学习、过程记录提供交流和协作的工具或平台	1. 能够提供平台对学生的探究过程进行跟踪和记录，并及时反馈与干预； 2. 能够提供信息技术工具展示学生的探究成果。	
为教师过程跟踪、行为分析与及时干预提供支持	1. 能够及时干预学生的探究过程，给予适当的帮助； 2. 能够利用信息技术工具分析学生的探究活动数据。	
提升学生利用网络资源和技术工具开展学习的能力	能够布置适当的探究性学习任务，提高学生解决问题的能力。	

3. 实践任务

（1）活动设计：提供一份探究型学习活动设计，需包括学习主题与目标、学生情况、探究任务、活动过程、学习资源和评价要求等。

（2）技术应用计划：介绍本活动设计中的技术/资源的应用设想和目的，以视频方式提交。需出现教师个人形象，原则上不超过 5 分钟。

三、学法指导维度

（一）A5 技术支持的课堂讲授

1. 实践问题

（1）除了演示文稿，支持课堂讲授的技术工具还有哪些？

（2）如何利用信息技术应对学生的不同认知风格和起点差异？

2. 能力描述

技术支持的课堂讲授，应用于多技术融合模式下的学法指导能力维度，是指教师借助合适的信息技术手段设计与优化讲解、启发、示范、指导、评价等课堂讲授活动，应对学生的不同认知风格和起点差异，继而帮助学生理解和吸收学习内容中的重点和难点，同时有助于开展知识建构，引发高阶思维活动。课堂讲授活动类型主要分为知识讲解型、推理演算型、技能训练型、实验操作型、情感感悟型，最终都指向学生能力的培养。在利用信息技术工具优化课堂讲授活动的过程中，教师需要了解讲授活动类型，哪些信息技术适合支持哪一类型讲授活动，从而为学生认知和思维的发展提供丰富的学习支持，帮助学生系统建构知识，满足不同学生的差异化学习需求，推动课堂教学活动高效、高质量开展。具体描述见表 1-5。

表 1-5　A5 技术支持的课堂讲授能力描述

一级指标	二级指标	分值
有助于知识和技能的形象化和直观化	1. 能够运用可视化的方式呈现教学内容; 2. 能够再现或创造学习场景,让学生在真实情境中开展知识与技能的训练。	
通过多种方式建立知识之间的关联	1. 能够唤醒旧知,引发认知冲突,促使学生关注知识之间的关联; 2. 能够通过绘制概念图等方式,帮助学生梳理知识点之间的逻辑关系,建立系统的知识体系。	
有助于学生理解重点和关键问题	1. 技术工具的运用能够体现出学科特点和学生认知规律,使抽象问题具体化; 2. 能够运用启发、模仿、示范等活动,深入浅出地帮助学生理解教学重点与难点。	
为学生参与知识理解和建构提供丰富的学习支持	1. 能够提供多样化的学习支架,使得不同起点的学生均能参与到课堂活动中; 2. 能够提供具有交互性的学习资源,增强体验感和互动性; 3. 能够运用信息技术创设学习情境,引导学生积极主动参与; 4. 能够采用探究、发现等方式组织学习活动,帮助学生在情境中建构知识。	
关注学生的不同需要	1. 能为不同学习风格的学生提供不同类型的内容呈现方式; 2. 能够根据不同个体和群体学生的差异化特征,设计有针对性的讲授活动。	
引发学生的感知、记忆、想象、创造等思维活动	1. 技术媒体的呈现与学生思维活动过程相配合; 2. 提供思维训练支架,指向问题解决,启发学生思考,培养学生的高阶思维能力。	

3. 实践任务

(1)教学设计:请提交一份课堂讲授环节的教学设计,需包括教学主题、教学内容及分析、教学对象及特点、教学目标、教学过程、所选技术以及技术使用的目的等。

(2)课堂实录:依据上述教学设计,选取课堂代表性实录片段(需同时出现教师和学生),视频原则上不超过 10 分钟。

(3)教学反思:该讲授活动实施效果如何?信息技术的作用是否不可替代?是否存在值得改进的地方?请就教学设计与实施情况进行总结反思。

24

(二)A6 技术支持的总结提升

1. 实践问题

(1)有哪些技术工具可用于课堂中的总结提升环节?怎么用?

(2)如何利用信息技术促进学生形成整体性的知识理解?

2. 能力描述

技术支持的总结提升,应用于多技术融合模式下的学法指导能力维度,是指教师合理应用信息技术资源或工具开展课堂总结与提升活动,通过联系、总结、归纳与拓展等方式帮助学生深化对教学内容的理解,巩固所学知识。总结提升是课堂教学中的重要组成部分,包括课堂讲授中的内容提升、课堂结尾的内容小结以及单元或学期末的总结梳理等。在利用信息技术工具优化总结提升活动的过程中,教师明确哪些技术工具可用于课堂中的总结提升环节,如何开展技术支持的总结提升活动等问题,从而促进学生形成对知识的整体性理解和建构,形成个人知识地图,强化对知识的应用与理解,促使知识向智慧的生成与转变。具体描述见表1-6。

表 1-6 A6 技术支持的总结提升能力描述

一级指标	二级指标	分值
提升知识巩固的效果	1. 能够利用即时反馈、在线测试等工具提升复习巩固效率; 2. 重点知识和结论有足够长的停留时间,必要时可进行多种表现方式的重复,以便加深理解和记忆; 3. 能够适当布置作业,如练习、阅读、实验、调查等,使学生在运用知识的过程中巩固知识与训练技能。	
促进学生对所学知识和技能的整体理解和应用	1. 能够运用时间线、流程图和层次结构等提炼学习内容,让学生积极主动参与到学习内容的总结提炼过程中; 2. 能够提炼出重点知识和重点内容,直观与抽象相结合,让学生掌握完整的知识,培养抽象思维能力。	
帮助学生更为直观地理解和发现知识之间的关联	1. 利用思维导图等方式对课堂学习内容进行结构化和可视化梳理; 2. 通过对比等方式让学生感受知识之间的内在联系; 3. 通过对知识进行归并重构,帮助学生独立或协同建构课堂知识。	
帮助教师发现教学活动中存在的问题并进行针对性指导	1. 通过对个人知识图谱的展示,促进学生之间思维的交流,发现问题和不足; 2. 能够及时发现学生的创意点和闪光点,并进行有针对性的强化。	
有助于学生在活动中体验和掌握联系、归纳、对比等总结方法	1. 能够联系学生实际和现实生活实际,使基础知识和学生的直接经验相结合; 2. 能够根据不同的总结活动设计出不同的评价量规,让学生掌握活动目标及要求。	

3. 实践任务

这个微能力点考查教师在课堂教学过程中运用信息技术工具进行教学,进而提升教学效果的能力。该能力点在测评考核时,要关注信息技术资源的运用及运用的效果。教师合理应用信息技术资源或工具开展课堂总结与提升活动,从而提升知识巩固的效果,促进学生对所学知识和技能的整体理解与应用,帮助学生更为直观地理解和发现知识之间的关联,有助于学生在活动中体验和掌握联系、归纳、对比等总结方法。

技术支持的总结提升要完成的测评材料有三项:

(1)教学设计:请提交一份课堂讲授环节的教学设计,需包括教学主题、教学内容及分析、教学对象及特点、教学目标、教学过程、所选技术以及技术使用的目的等。

(2)课堂实录片段:依据上述教学设计,选取课堂代表性实录片段(需同时出现教师和学生),原则上不超过10分钟。

(3)教学反思:该方法指导活动实施效果如何?信息技术的作用是否不可替代?是否存在值得改进的地方?请就教学设计与实施情况进行总结反思。

(三)A7 技术支持的方法指导

1. 实践问题

(1)哪些技术或资源能够支持技能学习与方法习得类的学习活动?

(2)哪些技术工具及技术使用方式有助于清晰、准确地进行方法示范和指导?

(3)如何利用技术工具丰富学习情境、促进方法练习和迁移?

2. 能力描述

技术支持的方法指导,应用于多技术融合模式下的学法指导能力维度,是指教师应用信息技术手段或资源支持写作表达、推理演算、调研分析等方法的教学,帮助学生触类旁通,融会贯通,提高学习成效并成长为自主学习者。方法指导指教师在一定的条件下,通过一定的途径和方法对学生进行方法的传授、渗透、指导、训练,以达到提升学生学习能力,完善学生心智模型,促进学生主动学习、有效学习等目标的实践活动。简言之,学习方法指导就是教会学生学会学习,这也顺应了学科核心素养的发展要求。在具体学科教学中,技术支持的方法指导表现为阅读方法指导、写作方法指导、听说方法指导、原理分析方法指导、规律探究方法指导等。在利用信息技术工具优化方法指导的过程中,教师需要同时考虑学科特点、学生学情以及方法示范的要求,帮助学生实现对方法的应用和迁移,提高学习质量。具体描述见表1-7。

表1-7　A7 技术支持的方法指导能力描述

一级指标	二级指标	分值
清晰、准确地进行方法示范和指导	1. 能够提供丰富的学习资源和学习工具; 2. 能够对过程与方法进行准确示范并提供可行的操作步骤或操作指南。	

续表

一级指标	二级指标	分值
创设更为丰富、适切的方法体验、习得和迁移的情景	1. 能够有意识地创设学生能够参与方法探究的情境; 2. 能够提供探究支架,引导学生在情境中主动习得和建构方法; 3. 能够联系生活实际,创设方法练习与运用的真实情境,帮助学生举一反三、触类旁通,实现知识迁移运用。	
有助于检验学生方法掌握的情况	能够运用在线测试平台或工具即时检测学生方法习得的情况。	
提高教师反馈与指导效果	能够在学生的方法运用和迁移的过程中提供适时反馈和有针对性的指导。	

3. 实践任务

(1)教学设计:请提交一份用信息技术对学生进行方法指导的教学设计,需包括主题、教学对象及特点、教学目标、教学过程、所选技术以及技术使用的目的。

(2)课堂实录:依据上述教学设计,选取课堂代表性实录片段(需同时出现教师和学生),原则上不超过 10 分钟。

(3)教学反思:该方法指导活动实施效果如何? 信息技术的作用是否不可替代? 是否存在值得改进的地方? 请就教学设计与实施情况进行总结反思。

(四)A8 学生信息素养培养

1. 实践问题

(1)信息技术和人工智能时代对学生的信息素养提出了哪些新的要求?

(2)日常教学中应培养学生哪些信息素养?

(3)如何有效培养学生的信息素养?

2. 能力描述

学生信息素养培养,应用于多技术融合模式下的学法指导能力维度,是指教师在日常教学中注重对学生信息意识、计算思维、数字化学习与创新能力及信息社会责任的培养。在学生信息素养的培养过程中,教师应该明确新时代对学生的信息素养提出了哪些新要求,日常教学中如何渗透学生信息素养的培养等问题,培养学生的科学精神和科技伦理意识,促使学生树立正确价值观,遵守信息社会法律法规,提升数字素养和技能水平。具体描述见表1-8。

表 1-8 A8 学生信息素养培养能力描述

一级指标	二级指标	分值
在学习和生活中合理合法地使用数字工具和资源	1. 能够根据学习需求,利用技术工具获取、加工、管理、评价、交流学习资源,开展自主学习和合作探究; 2. 能够选用合适的数字设备、平台和资源,有效地管理学习过程和学习资源,开展探究性学习,创造性地解决问题。	

续表

一级指标	二级指标	分值
在数字资源使用过程中保护知识产权，识别和抵制不良信息	1. 能够根据解决问题的需要，评估信息来源，辨别信息的可靠性和时效性，具有较强的信息安全意识； 2. 具有一定的信息感知力，能够合理利用数字资源，进行真诚友善的表达； 3. 能够帮助他人开展信息活动，负责任地共享数字平台和资源，尊重他人知识产权。	
养成良好的网络社交行为礼仪	1. 能够自觉遵守信息科技领域的价值观念、道德准则和行为准则，遵照网络法律法规和伦理道德规范使用互联网； 2. 能够自觉抵制违反信息法律和道德准则的行为，针对不良网络行为，知道运用法律方式解决问题； 3. 能够按照法律法规与信息伦理道德进行自我约束，积极维护信息社会秩序，养成在信息社会中学习、生活的良好习惯，能安全、自信、积极、主动融入信息社会。	
判断网络环境的安全性，正确认识和对待网络游戏，恰当处理虚拟时空和现实世界的关系	1. 对于信息技术创新所产生的新观念和新事物，具有积极学习的态度、理性判断能力和负责的行为能力； 2. 能够合理分配网络游戏时间； 3. 能够正确认识现实社会身份、虚拟社会身份之间的关系，合理使用虚拟社会身份开展信息活动。	

3. 实践任务

（1）活动设计：提交一份针对学生信息素养培养的活动设计方案，包括主题、目标与内容、对象、活动形式、环境等。

（2）活动简报：提交与上述方案相对应的活动简报，要求有真实的活动照片，图文并茂，完整展现活动过程。

（3）活动视频：提交活动视频，需包含教师本人对活动设计的说明片段以及两名学生课后的感受，不超过5分钟。

（五）A9 技术支持的发现与解决问题

1. 实践问题

（1）在你所任教的学科领域，有哪些技术工具有助于创设发现和解决问题的环境？

（2）支持学生用技术解决问题的过程中，教师和学生的合理角色应该是什么？

2. 能力描述

鼓励和帮助学生借助技术来发现与解决问题，从而创设发现和解决问题的技术环境；帮助学生掌握用技术解决问题的策略；促进学生主动探究与应用知识；持续跟踪与实时记录问题解决过程；尝试将问题解决过程可视化；帮助学生发展逻辑推理能力、批判思考能力以及自主构建能力。具体描述见表1-9。

表 1-9　A9 技术支持的发现与解决问题能力描述

一级指标	二级指标	分值
创设发现和解决问题的技术环境	1. 能够通过技术创设有意义的真实世界问题和情境； 2. 能够将学生视作发现与解决问题的主体，通过技术支持学生探索解决问题的方法与路径。	
帮助学生掌握用技术解决问题的策略	1. 能够帮助学生掌握选择合适的技术工具解决问题的方法； 2. 能够帮助学生掌握用技术解决问题的必要策略。	
促进学生主动探究与应用知识	1. 能够通过技术支持促进学生主动发现学习生活中的真实问题； 2. 能够通过技术支持的问题解决活动促进学生主动探究问题解决的方法； 3. 能够引导学生将技术工具及策略应用到日常解决问题的过程中。	
持续跟踪与实时记录问题解决过程	1. 能够通过技术手段记录学生问题解决的过程数据，让问题解决活动过程更清晰； 2. 能够通过技术手段进一步分析、挖掘学生问题解决过程的数据，为问题解决活动的调整完善提供依据。	
尝试将问题解决过程可视化	1. 能够通过技术帮助学生将问题解决的过程描述清晰、完整； 2. 能够通过技术帮助学生将问题解决的过程用图、表等不同的形式呈现出来。	
帮助学生发展逻辑推理能力、批判思考能力以及自主构建能力	1. 能够帮助学生逻辑清晰地开展并描述完整解决问题的过程； 2. 能够通过技术支持的问题解决活动促进学生对问题进行批判性思考； 3. 能够帮助学生掌握运用恰当的工具发现并解决学习生活中问题的方法。	

3. 实践任务

（1）活动案例：请提交一份在教师支持下学生用技术发现与解决问题的案例描述，案例中需要包括问题情境、学生解决问题的过程、学习成果、教师的支持以及信息技术的作用。建议用图文结合的方式进行呈现。

（2）学生反思：请两位学生分别回顾发现与解决问题的过程和成果，并描述技术在此过程中发挥的作用。以视频形式提交，不少于 2 分钟。

（六）A10 学习小组组织与管理

1. 实践问题

（1）技术环境下，学习小组的产生方式有哪些？
（2）利用技术促进小组成员及时交流与深度互动时，有哪些有效策略与方法？

2. 能力描述

学习小组的组织与管理需要根据学习内容,形成详细的合作学习计划,有效指导小组成员有序地开展合作活动。在开展小组活动的同时,通过新技术的融合促进分组可靠、交流及时、协同工作等多个方面,有效提高学生自主学习效率。同时教师还可以通过信息技术工具对学生的合作过程进行实时监督,及时给予有效的干预和支持。多样化的信息技术工具为小组学习创造了新的发展空间,如通过 Groove、石墨文档、有道云笔记等文本编辑软件实现小组成员实时、非实时的文档协同编辑,快速整合集体智慧,实现小组讨论和资源共享;利用微信、QQ、腾讯视频等社交工具,实现小组成员随时随地即时互动交流。借助信息技术可促进更为灵活多样、科学的小组学习,通过学生间的交流配合帮助学生提高自身能力。具体描述见表 1-10。

表 1-10　A10 学习小组组织与管理能力描述

一级指标	二级指标	分值
制定小组计划,有效进行小组管理	1. 能够形成完整的小组学习计划,设计合理,结构清晰; 2. 能够通过学习计划有效达成学习目标; 3. 能够根据计划要求有效进行小组管理。	
合理利用技术,促进科学分组	1. 能够综合学生能力、学习风格、人际关系等多种因素,通过智能工具进行科学分组; 2. 能够借助信息技术干预小组前期工作,辅助小组成员明确小组角色和职责分工; 3. 能够实现科学分组、公平分组。	
借助软件工具,优化小组学习活动	1. 能够积极使用在线协同编辑工具,整合小组集体智慧,实现小组资源共享; 2. 能够通过社交工具,有效提高小组成员之间的交互水平,促进小组内产生深度交互; 3. 能够借助信息技术手段,创新小组合作形式,提高小组学习效率。	
应用技术,优化教师指导工作	1. 能够采用智能工具实时采集学生合作过程数据,更全面准确地了解学生当前的学习情况; 2. 能够在教学过程中实时监控学生合作过程,及时进行干预指导,促进学习小组良性发展。	

3. 实践任务

(1)实施计划:提交一份利用技术支持学习小组组织与管理的实施计划,至少需要包括学生基本情况、学习活动目标与任务、活动计划(时间、分组策略等)、过程监控举措、学习成效评价、技术环境设计等。

(2)技术使用记录:用照片或截图的方式呈现技术使用的过程或重要环节,建议配上必要的文字说明(如活动环节、任务等)。

(3)学生反思:请两位学生分别回顾小组合作学习的过程,并描述技术在此过程中发挥的作用。以视频形式提交,不少于 2 分钟。

(七)A11 技术支持的展示交流

1. 实践问题

(1)课堂教学环境中,有哪些技术工具能够支持学生进行展示交流?

(2)如何提高展示交流环节学生的参与度?

2. 能力描述

技术支持的展示交流,应用于多技术融合环境下的学情分析,主要目的是利用信息技术手段支持课堂内外的讨论、辩论、成果展示等活动,从而提升学生的参与度与积极性;拓展展示与交流的时间和空间;实时展示与分享过程性学习成果;实现基于成果的批判性思考和深度互动;推动过程性成果的沉淀与积累。具体描述见表 1-11。

表 1-11 A11 技术支持的展示交流能力描述

一级指标	二级指标	分值
提升学生的参与度与积极性	1. 能够利用信息技术促进学生对学习成果的思考; 2. 能够利用信息技术便于学生记录交流讨论过程; 3. 能够使用信息技术吸引学生学习注意力。	
拓展展示与交流的时间和空间	1. 能够利用信息技术提高展示交流的效率; 2. 能够利用信息技术优化展示交流的形式(如线上)。	
实时展示与分享过程性学习成果	1. 能够利用信息技术实现课堂交流与反馈信息; 2. 能够利用信息技术实现学习伙伴的实时分享与协同创造。	
实现基于成果的批判性思考和深度互动	1. 能够利用信息技术进行在线讨论,实现深度互动; 2. 能够利用信息技术进行自评和互评。	
推动过程性成果的沉淀与积累	1. 能够留存学生交流过程产生的各项数据; 2. 能够利用技术工具管理学生的行为交流数据; 3. 能够使用可视化工具呈现学生不同方面的交流数据。	

3. 实践任务

(1)活动设计:提交一份运用技术手段支持学生展示与交流分享的活动设计,包括活动主题与目标、对象分析、活动过程、所用的技术工具以及技术工具使用的目的。

(2)展示交流过程描述:描述展示交流的过程,包括展示内容、交流展示方式、活动实施效果以及技术的使用过程等。以视频形式提交,需出现教师个人形象,原则上不超过 5 分钟。

(八)A12 家校交流与合作

1. 实践问题

(1)日常教育教学中,你经常使用哪些技术工具开展及时、深度的家校沟通?

(2)利用技术工具可以开展哪些形式的家庭教育指导?

2. 能力描述

要求教师利用信息技术开展家校交流与合作,搭建家校及时沟通的平台,及时向家长传递学校信息;搭建及时调研家庭需求的平台,促进家校双方深度了解;搭建指导家长树立正确教育理念的平台,转变家长教育理念等;拓展家长参与学校教育的机会,提高家长的参与积极性,对家长实施及时、有效的家庭教育指导。具体描述见表1-12。

表1-12 A12家校交流与合作能力描述

一级指标	二级指标	分值
技术支持的信息传递	1. 能够利用信息技术及时向家长传递学校信息; 2. 能够利用信息技术及时获知学生情况。	
利用技术促进家校沟通,全面了解学生	1. 能够利用技术调查分析家长需求; 2. 能够利用技术快速了解分析学生学习情况,引导家长参与教育。	
利用技术拓展家长参与学校教育的机会	1. 能够推送班级各种活动让家长了解学校教育; 2. 能够邀请家长线上参与作品评选等活动,使家长参与学校教育。	
帮助家长理解教育理念,实施家庭教育指导	1. 能够定时推送文章或其他相关资源,向家长输送科学理念; 2. 能够定时答疑解惑,指导正确行为。	

3. 实践任务

(1)工具介绍:选择一种你常用的与家长进行沟通的技术工具,介绍其基本功能及特点,同时结合你的教育教学实践分析其应用情境与应用策略。建议结合图文进行呈现。

(2)活动描述:分享一次你所实施的家校交流与合作活动,包括活动形式、家长参与方式、所选工具及其作用、活动效果、教师反思等。用视频形式提交,需出现教师个人形象,时间不超过10分钟。

四、学业评价维度

(一)A13 评价量规设计与应用

评价量规设计与应用微能力属于多媒体教学环境中学业评价的环节。该项能力点主要针对教学评价工具的设计展开,目标是引导学生明确教学评价设计,促进教师和学生进行教学反思,丰富评价主题和形式,提高评价的科学性,提高学生参与度和积极性。

1. 实践问题

(1)使用评价量规有哪些好处?

(2)量规使用的一般步骤是什么?

(3)量规使用过程中,如何提高学生的参与度和积极性?

【设计要点】

(1)在一定的理论支撑下,进行比较和分析,感知量规的特点与优势。

(2)融合理论知识和实践,明确量规的一般设计和使用步骤,并且应用于实际评价中。

(3)提高学生的参与度和积极性,引导学生参与量规的设计与开发,丰富评价机制和评价主体。

2. 能力描述

量规是一种结构性的量化评价工具,它从与评价目标相关的多个方面详细规定评级指标,具有操作性好、准确度高的特点。基于人工智能等多类新兴技术,在实际教学中设计并应用评价量规,从而实现以下能力(表 1-13)。

表 1-13 A13 评价量规设计与应用能力描述

一级指标	二级指标	分值
提升对教学目标和过程的精细化设计水平	能够结合评价目标,从多个方面详细规定评级指标,并清晰描述评价目标要求,引导学生学习。	
帮助学生准确理解学习目标和评价要求	1. 能够选择重要的内容作为评价指标,设定评价级别; 2. 能够用清晰的语言描述每个指标每个级别的要求。	
适时引导学生调整学习过程和学习策略	学习开始前公布量规的细则,引导学生向量规的要求方向开展活动。	
促进学生对学习过程和学习成果进行反思	让学生参与设计量规并讨论量规的应用方法,活动之后依据量规对活动过程和学习内容进行反思和总结。	
支持学生开展自评和互评活动	在使用量规时,应该提前公布量规,与学生一起学习量规,这样学生能够更准确地理解学习评价要求。	
保持评价标准一致性,提升评价科学性	在描述评价标准时,应使用具体的、可操作的描述语言,而避免使用抽象的、概念性的语言。	
提高学生在学习过程中的参与度和积极性	在自评和互评活动中使用量规,提高学生的参与度。	

3. 实践任务

(1)量规:提交一份量规,要素至少要包括评价指标、评价等级、指标的分级描述。

(2)量规的设计与应用思路:结合教学主题、评价目标和应用对象,讲解量规设计的依据、设计过程以及应用计划。以视频方式提交,需出现教师个人形象,时间不超过 10 分钟。

(3)教师/学生反思:提交教师或者学生针对该评价量规使用过程与效果的总结与反思,用视频或音频方式提交,每份反思不少于 2 分钟。

【设计要点】

(1)在解说过程中需要讲解量规设计的依据、设计过程及在教学中的应用。设计步骤一般为:选择重要的内容作为评价指标,设定评价级别,用清晰的语言描述每个指标每个级别的要求,若有必要可为指标设计不同的权重。在描述评价标准时,应使用具体的、可操作的描述语言,而避免使用抽象的、概念性的语言。

(2)要求清晰地说明量规使用过程与效果的总结反思(如量规设计的科学性及使用时学生的接受能力等)。

(二)A14 自评与互评活动的组织

1. 实践问题

(1)能够支持学生开展自评与互评的评价工具有哪些?

(2)利用评价工具开展自评与互评活动需要关注哪些问题?

(3)开展自评与互评活动有助于培养学生哪些能力?

2. 能力描述

自评与互评是有益的学习体验,是学会学习的重要内容,可以帮助学习者不断调整学习过程与学习策略,提高学习能力,也是落实过程性评价理念的重要载体。支持开展自评与互评的工具可以是学习契约、量规、档案袋、概念图、评估表、观察记录表等。在开展自评与互评活动的过程中,教师应选择恰当的评价工具,运用合适的评价方法,采用科学的评价步骤,关注学生学习过程和学习结果的评价,将定量评价与定性评价相结合,全面反映出学生的学习状况,以实现以人为本的综合评价。具体描述见表1-14。

表 1-14 A14 自评与互评活动的组织能力描述

一级指标	二级指标	分值
推动自评和互评活动有序开展	1. 明确评价标准的实施步骤、评价方法和评价过程中的注意事项; 2. 让学生有机会参与到评价标准制定,有助于学生建立对评价标准的统一理解; 3. 能够针对评价过程中可能出现的问题做相应的预案,保证活动顺利进行。	
扩大学生之间相互学习与交流的范围,加深交流的深度,提升学生参与积极性	1. 评价工具使用方法明确,规则清晰,简明易懂,符合学生特点,能够提高学生的参与积极性; 2. 能够利用多样化的在线协作工具开展自评与互评。	
持续跟踪和记录自评和互评的活动过程	1. 评价工具能够持续记录学生的学习过程和学习结果,并及时进行跟踪反馈; 2. 能够及时对学生评价过程进行组织干预和督促支持。	
为学生创造自我反思与自我认知的机会,提升学生的评价能力	1. 能够对评价过程进行回顾和总结,引导学生充分表达自身观点; 2. 评价结果能够引起学生对学习过程和学习结果进行深度反思,并提出改进措施。	
鼓励学生在活动中学会欣赏和学习他人的长处	能够引导学生在评价过程中发现他人的闪光点,学会用欣赏的眼光看待一切事物。	

3. 实践任务

(1)评价工具及说明:提交一份工具及说明,包括如下两项:

①选择/设计的自评或互评工具(结合学习目标、学习环境、学生情况、活动过程等)；

②描述该工具将如何支持学生开展自评或互评。

(2)学生活动案例：请用视频方式记录 2 名学生或一个小组应用该工具开展自评或互评的过程，或由 2 名学生描述应用评价工具的过程，原则上不超过 10 分钟。

(3)教师反思：请回顾你所开展的自评或互评活动实施过程，是否出现过一些你意想不到的状况？ 技术在实施中发挥了什么作用，还存在哪些问题？

五、融合创新维度

(一)G1 多技术融合教学的方法与策略

1.实践问题

(1)什么是多技术融合教学？

(2)多技术融合教学的基本模式有哪些？ 如何选择？

(3)多技术融合教学的主要目标与策略是什么？

2.能力描述

在多技术环境下，合理使用多种教学工具，充分利用现有教学资源，有目的、有计划地开展教学，从而根据前期教学数据进行学情分析，做好教学设计；根据学生的学习情况，及时反馈学习评价与指导信息；根据学生学习情况，合理调整教学内容，推动学生认知发展；记录学生学习过程数据，推动教学大数据的沉淀和挖掘。具体描述见表 1-15。

表 1-15　G1 多技术融合教学的方法与策略能力描述

一级指标	二级指标	分值
根据前期教学数据进行学情分析，做好教学设计	1. 能够根据前期教学数据对学习者进行学情分析，为课堂教学活动做好预设； 2. 能够结合前期的学情分析做好教学设计，根据学生的不同情况开展相应的教学活动。	
根据学生的学习情况，及时反馈学习评价与指导信息	1. 能够在课堂中结合信息技术手段即时了解并分析学生的学习情况； 2. 能够根据学习情况对学生及时反馈学习评价与指导信息。	
根据学生学习情况，合理调整教学内容，推动学生认知发展	1. 能够根据课堂上学生的学习情况，及时调整教学进度和教学安排； 2. 能够根据学生的认知情况，灵活调整教学活动，推动学生认知发展； 3. 能够在课后结合信息技术手段对学生课堂学习情况做更进一步的分析，调整并完善下一节课的教学内容和教学设计。	

续表

一级指标	二级指标	分值
记录学生学习过程数据,推动教学大数据的沉淀和挖掘	1. 能够通过信息技术手段记录学生学习过程数据,让教与学更加有效、更加高效; 2. 能够通过信息技术手段进一步分析、挖掘学生学习过程数据,实现信息技术融合课堂,形成教学成果。	

3. 实践任务

(1)工具介绍:选择一种你常用的教学工具,介绍其基本功能以及特点,并结合教育教学实践分析其应用情境与使用策略。建议结合图文进行呈现。

(2)线上教学视频:截取部分教学视频片段(需出现教师本人形象和有关授课过程、讲义或资源),原则上不超过 10 分钟。

(3)学生体会:2 名学生对课程过程进行回顾,说明他们在该课程中的体验与感受。以音频或视频形式呈现,每个学生的回顾时间不超过 2 分钟。

(二)G2 多技术融合环境下教研活动组织或参与

1. 实践问题

(1)多技术融合环境下教学中有哪些问题值得研究?

(2)信息技术能为教研活动组织提供哪些便利?

(3)怎样使用技术工具提高教师教研活动的内驱力和能力?

2. 能力描述

在多技术融合环境下,合理利用信息技术全方位开展基层教研工作,从而在教研过程中充分发挥信息技术不可或缺的作用;明确实践当中具有研究价值的"真"问题;在一定的理论或思想指导下,采用合适的研究方法开展教研;能够熟练应用问卷法、访谈法收集数据;有意识地积累教学过程中师生使用的材料、资源以及过程中的图片、视频、录音等实物证据;找到解决问题的办法,发现教学规律,促进理论与实践相结合;能够将以上教研探索活动形成文字,撰写论文。具体描述见表 1-16。

表 1-16　G2 多技术融合环境下教研活动组织或参与能力描述

一级指标	二级指标	分值
在教研过程中充分发挥信息技术不可或缺的作用	1. 能够通过技术手段开展跨时空的教研活动,形成多校甚至多地区参与的教研共同体; 2. 能够通过信息技术手段记录的课堂教学过程数据,开展教研活动,让教研活动更客观。	
明确实践当中具有研究价值的"真"问题	1. 能够在多技术融合环境下通过交流讨论,明确实践当中具有研究价值的"真"问题; 2. 能够围绕实践中具有研究价值的"真"问题开展教研活动。	

续表

一级指标	二级指标	分值
在一定的理论或思想指导下，采用合适的研究方法开展教研	1. 能够通过信息技术资源学习相关的教学研究理论或思想； 2. 能够在教学研究理论或思想的指导下，采用合适的研究方法开展教研。	
能够熟练应用问卷法、访谈法收集数据	1. 能够在教学研究理论或思想的指导下，根据研究问题编制问卷及访谈问题； 2. 能够结合信息技术手段发放、回收问卷并对教学研究对象进行访谈； 3. 能够通过信息技术手段对回收的问卷数据及访谈数据进行研究分析。	
有意识地积累教学过程中师生使用的材料、资源以及过程中的图片、视频、录音等实物证据	1. 能够形成记录课堂教学活动数据的习惯，并记录、保存好课堂教学资源以及学生在学习过程中的生成性资源； 2. 能够树立通过实物证据开展教研活动的意识，让教研活动更有依据、更客观。	
找到解决问题的办法，发现教学规律，促进理论与实践相结合	1. 能够结合信息技术手段及时发现课堂中出现的教学问题，并找到解决问题的办法； 2. 能够在教学理论的指导下，通过课堂教学过程数据，发现课堂教学规律； 3. 能够通过教学理论指导教学实践，完善教学设计，开展教学活动； 4. 能够通过教学实践促进对教学理论的理解和深化，进一步发展教学理论。	
能够将以上教研探索活动形成文字，撰写论文	1. 能够通过信息技术手段将教研数据形成图文、表格，并进行相应的描述性分析； 2. 能够将教研活动形成相应的文字成果，撰写论文。	

3. 实践任务

（1）教研活动方案：以本校实际教研活动实践为例，提供多技术融合环境下的教研活动方案，需说明教研主题、教研目标、教研形式，以及信息技术教研工具的应用过程与方法。

（2）教研活动总结：请回顾你所开展的教研活动实施过程，使用了什么研究方法、工具或技术？在哪些地方体现了智慧教育的理念？是否取得了预期的效果？解决了什么实际问题？还存在哪些问题？以视频形式提交，需出现教师个人形象，时间不超过 10 分钟。

（3）教研论文：根据上述的教研活动撰写论文，要求 3000～5000 字。

（三）G3 多技术融合环境下教学模式创新

1. 实践问题

（1）信息技术支持的教学模式主要有哪些？

(2)创新性的教学模式应该具有哪些特点?

(3)如何根据学科特点实现教学模式的创新应用?

【设计要点】

(1)通过学习信息技术支持的教学模式,能够将已有模式应用于实际教学中。

(2)能够在一定理论支撑下,进行理论模式的创新;教学模式的创新性体现在创新性地应用信息技术及创新性地解决现实教学问题。

(3)教学模式的创新体现在具体学科、具体知识的融入。

2. 能力描述

多技术融合环境下教学模式创新微能力属于智慧学习环境中融合创新环节的能力点,该项能力点主要针对多技术融合环境下教学模式的创新设计与实践,旨在将信息技术融入学科教学过程中,凝练出理论模式。具体描述见表1-17。

表1-17　G3 多技术融合环境下教学模式创新能力描述

一级指标	二级指标	分值
构建具有可操作性和稳定性且适用于多技术融合环境的教学模式	1. 能够根据特有的学科特征构建创新性教学模式; 2. 能够在各种教学情境下应用创新性教学模式; 3. 能够对学生学习成绩进行分析,实施双组对比实验,对创新性教学模式进行评价。	
创建更加真实的学习情境,实现课堂教学多样化、趣味化	1. 能够在教学过程中融入信息技术支撑的教学模式,创建更加真实的学习情境; 2. 能够通过信息技术支撑的教学模式促进课堂多样化、趣味化。	
充分发挥教师在教学中的主导作用和学生的主体性	1. 能够在教学过程中融入理论模式,体现教师的主导作用; 2. 能够结合课程内容和学习者特征发布多样的学习; 3. 能够通过学生活动设计使学生较好地完成教师布置的任务,体现学生的主体作用。	
提高学生的合作交流、问题解决和实践创新能力	1. 能够将创新教学模式应用于学生学习活动中,包括线上活动和线下活动两个维度; 2. 小组成员能够较好地进行小组合作与交流; 3. 小组成员能够较好地进行小组问题解决; 4. 小组成员能够较好地进行小组创新实践。	
实现信息技术与学科教学的深度融合	1. 能够创新教学模式,开展群体研修活动,示范优秀理论成果; 2. 能够完善理论模式,应用于教学实践中并进行推广,提高教学效果。	

3. 实践任务

(1)学习活动方案:以自己开展过的跨学科学习实践为例,提供跨学科设计活动方案,需说明主题、学习目标、学习对象、活动流程、学习资源、技术工具及应用策略、学习评价等。

(2)学生成果及点评:请提交两份学生的跨学科学习成果,并分别进行点评。

(3)教师反思:结合上述方案和学生成果,总结开展跨学科学习的过程及效果,并回顾活动实施中遇到了哪些问题。你是如何去应对这些问题的?技术在实施过程中发挥了什么作用?以视频形式提交,需出现教师个人形象,时间不超过 5 分钟。

【设计要点】

已经构建的教学模式,既体现在具体的学科教案中,也存在于具体的教学过程中,需要对教师和学生进行多维度的数据采集、数据收集及主观评价。具体指标见表 1-18。

表 1-18 能力指标的实践方式和评价维度

评价指标	实践任务	评价维度
构建模式 (G3_1)	构建模式:构建创新性教学模式。	教师评价:教师能够根据特有的学科特征构建创新性教学模式(七维量表,非常同意至非常不同意)。
	应用模式:应用创新性教学模式。	数据收集:(1)教学模式在各种教学情境下的应用(标签:学段数据、学科数据、其他数据);(2)教学模式的理论凝练数据(标签:专著数据、论文数据、教学成果数据、获奖数据、其他数据等)。
	评价模式:评价创新性教学模式。	成绩分析:对学生学习成绩进行分析,实施双组对比实验(标签:平均值、标准差、效应量)。
创建情境 (G3_2)	创建情境:通过信息技术支撑的教学模式,创建更加真实的学习情境。	教师自评、互评:在教学过程中融入理论模式,能够创建真实学习情境(七维量表,非常同意至非常不同意)。
	课堂活动:通过信息技术支撑的教学模式,使得课堂教学更加多样化、趣味化。	教师自评、互评:在教学过程中融入理论模式,能够促进课堂多样化、趣味化(七维量表,非常同意至非常不同意)。 学生评价:教师的创新教学实践,使得课堂变得更加多样、具有趣味性(七维量表,非常同意至非常不同意)。
教师主导 学生主体 (G3_3)	教案设计:通过教师活动设计体现创新教学模式思路。	数据采集:教师发布任务类别与数量(标签:任务类别、任务数量、任务完成度)。 教师自评、互评:在教学过程中融入理论模式,体现了教师的主导作用(七维量表,非常同意至非常不同意)。
	教案设计:通过学生活动设计体现创新教学模式思路。	数据采集:学生完成教师任务数量(完成任务类别、完成任务数量、任务完成度)。 教师自评、互评:在教学过程中融入理论模式,体现了学生的主体作用(七维量表,非常同意至非常不同意)。

续表

评价指标	实践任务	评价维度
提高能力 （G3_4）	学生活动：将模式应用于学生学习活动中，包括线上活动和线下活动两个维度。	线上数据采集：(1)学生交流数据（交流频次、交流数量、交流网络等）；(2)学生问题解决数据（问题解决数量）；(3)学生实践创新数据（作品数量、作品形成时长、作品分工情况、作品评分）； 线下数据收集：学生进行小组讨论与协同的基本数据（完成任务数量、任务形成时长、任务分工情况、任务评分）。
	学生活动：小组合作交流活动。	学生自评与他评：小组成员能够较好地进行小组合作与交流（七维量表，非常同意至非常不同意）。
	学生活动：小组问题解决活动。	学生自评与他评：小组成员能够较好地进行小组问题解决（七维量表，非常同意至非常不同意）。
	学生活动：小组实践创新活动。	学生自评与他评：小组成员能够较好地进行小组创新实践（七维量表，非常同意至非常不同意）。
深度融合 （G3_5）	群体研修活动：创新教学模式，开展群体研修活动，示范优秀理论成果。	教师评价：通过理论学习，能够基本理解该教学模式的内涵（七维量表，非常同意至非常不同意）； 教师评价：通过理论学习，能够应用该教学模式于实践中（七维量表，非常同意至非常不同意）； 教师评价：通过理论学习，能够在该教学模式基础上实现部分创新（七维量表，非常同意至非常不同意）。
	实践共同体活动：基于教学模式推广，组建实践共同体，扩大应用规模。	实践共同体评价：以实践共同体指标进行共同体评价（七维量表，信息化指标、教学应用指标、共同体指标，非常同意至非常不同意）； 数据收集：实践共同体的成员数量（学校数量、教师数量、学生数量、其他数量等）。
	示范推广活动：完善理论模式，应用于待改善学校，提高教学效果。	数据采集：理论模式的应用成效数据（标签：学校获奖数、教师获奖数、学生获奖数；获奖级别：国家级、省级、市级、区级）； 指标评价：该模式取得较好的应用推广成效（七维量表，非常同意至非常不同意）。

4. 能力点实践与评价指引

对能力指标进行概括，精准描述上述能力点在具体的环境、学段、学科、内容中的实施要点。如该能力点的 5 个指标可以概括为"提供情境""拓展经验""知识联系""深度学习""学生培养"。

第二节　智慧教育模式下的信息技术应用微能力点

一、学情分析维度

(一) G4 基于数据分析的学情诊断

1. 实践问题

(1) 有哪些统计技术可以用于数据统计分析？

(2) 哪些技术工具能够将学生的学习行为数据可视化？

(3) 应用数据分析可以了解哪些学情？

2. 能力描述

基于数据分析的学情诊断，应用于智慧教育模式下的学情分析方向，主要目的是掌握学生学习行为数据获取和分析的方法，从而多渠道搜集学生学习行为数据；合理选择某种统计技术对学生的行为进行假设和验证；能够多角度分析与解读数据，包括学生学习偏好、学习进度、学习努力程度、学习掌握情况、学习成绩在班级所处的位置等；能够根据学情诊断结果动态调整教学内容和方法。同时，也要把握学情分析诊断的要点，如需要提交学情诊断方案、数据与可视化结果和学情诊断报告；提交的学情诊断方案需要包括学情诊断目的、内容、方法以及数据收集与分析工具；数据可视化结果需要有学生学习行为数据。学情诊断报告则是对以上的解读，时间不超过 5 分钟。具体描述见表 1-19。

表 1-19　G4 基于数据分析的学情诊断能力描述

一级指标	二级指标	分值
多渠道搜集学生学习行为数据	1. 能够掌握多种采集学生行为数据的方法； 2. 能够有意识留存学生学习过程中产生的各项数据； 3. 能够利用技术工具管理学生的学习行为数据。	
合理选择某种统计技术对学生的行为进行假设和验证	1. 能够对学生经常产生的学习行为进行合理假设； 2. 能够选择适配的技术对学生学习行为进行验证。	
能够多角度分析与解读数据，包括学生学习偏好、学习进度、学习努力程度、学习掌握情况、学习成绩在班级所处的位置等	1. 能够使用不同数据分析方式呈现学生的学习数据； 2. 能够使用数据分析方式呈现学生不同方面的学习数据； 3. 能够根据学习数据报告对班级学生的学习情况进行解读； 4. 能够根据学生学习数据了解学生的学习偏好、学习进度等。	

41

续表

一级指标	二级指标	分值
能够根据学情诊断结果动态调整教学内容和方法	1. 能够根据学生的学习偏好、学习进度、努力程度等数据制定个性化的教学策略; 2. 能够根据学生的学习行为数据调整教学内容和教学进度。	

3. 实践任务

(1)学情诊断方案:提交一份针对某一教学主题的基于数据分析的学情诊断方案,包括学情诊断目的、内容、方法以及数据收集与分析工具。

(2)数据与可视化结果:提交一份学生学习行为数据及数据可视化结果。

(3)学情诊断报告:提交一份针对上述方案的学情诊断报告和解读视频,说明诊断时机、工具应用过程与方法、结果呈现与改进结果等,视频时间不超过 5 分钟。

(二)G5 基于智能反馈的学情分析

1. 实践问题

(1)智慧环境下的教学智能反馈包括哪些方面?

(2)如何通过智能反馈结果分析学生的学习情况?

2. 能力描述

基于智能反馈的学情分析,应用于智慧教育模式下的学情分析方向,主要目的是根据智慧教学环境中师生使用平台课程资源、功能模块使用数据等生成的智能反馈,从而了解学生学习过程中的薄弱点和易错点,帮助教师及时调整教学,优化教学策略;挖掘教学行为数据与学习成绩间的关联,为师生提供教学建议和学习建议。同时,也要把握学情分析的要点,如需要提交学情分析方案和学情分析报告。学情分析方案需要针对某一教学主题或者某一阶段,内容包括分析目的、内容、方法和工具。学情分析报告则是针对上述方案的说明,时间不超过 5 分钟。具体描述见表 1-20。

表 1-20 G5 基于智能反馈的学情分析能力描述

一级指标	二级指标	分值
了解学生学习过程中的薄弱点和易错点,帮助教师及时调整教学,优化教学策略	1. 能够对平台生成的智能反馈报告进行解读,掌握学生的学习情况; 2. 能够根据学生的学习报告,分析学生产生学习问题的原因; 3. 能够根据学生学习过程中出现的问题及时修正和改进教学设计。	
挖掘教学行为数据与学习成绩间的关联,为师生提供教学建议和学习建议	1. 能够对智能教学环境中产生的行为数据和学习成绩进行分析,厘清影响学生学习成绩的因素; 2. 能够根据学情分析结果,对自身教学和学习提出针对性的建议; 3. 能够使用信息技术手段改进课堂教学,增加师生互动。	

3. 实践任务

(1)学情分析方案:提交一份针对某一教学主题或某一阶段的基于智能反馈的学情分析方案,包括分析目的、内容、方法和工具等。

(2)学情分析报告:提交一份针对上述方案的学情分析报告(含数据图表),说明分析对象、工具应用过程与方法、结果呈现与分析建议等,视频时间不超过 5 分钟。

二、教学设计维度

(一)B1 跨学科学习活动设计

1. 实践问题

(1)跨学科学习与 STEM 学习有哪些异同之处?

(2)技术工具可以为跨学科学习活动设计提供哪些便利?

【设计要点】

基于跨学科与 STEM 的理论内涵,可以指出跨学科学习活动的独特优势,并将独特优势融入学习活动中;寻找可以促进跨学科意识、思维、能力的信息化工具,如 VR、3D 打印、开源硬件等。

2. 能力描述

跨学科学习活动设计微能力属于智慧学习环境中教学设计环节的能力点,主要针对跨学科学习的活动设计展开,旨在融入跨学科理念,实践学科教学活动。而跨学科学习是发现、提出、分析、解决"靠单门学科不足以解决的复杂问题"的进程,以学科为依托,以整合见解、构建更全面认识为目的。具体描述见表 1-21。

表 1-21 B1 跨学科学习活动设计能力描述

一级指标	二级指标	分值
提供情境	1. 能够为复杂现实问题的解决提供情境和资源; 2. 能够设计与教学内容联系密切的情境案例与支撑资源。	
拓展经验	1. 能够使学生在教学过程中拓展关于实际生活的经验; 2. 能够使学生找到与所学知识点相联系的其他知识点。	
知识联系	1. 能够融合多个学科来阐述知识点; 2. 能够设计案例来加强不同学科间的知识联系。	
深度学习	1. 能够设计与主题相关的探究性活动; 2. 能够推进融合性与探究性为一体的深度学习方式。	
学生培养	1. 能够利用多学科资源针对学生的跨学科意识进行培养; 2. 能够利用小组作品制作等方式培养学生的跨学科思维与能力。	

【设计要点】

跨学科学习活动的上述能力其实质是跨学科学习活动的设计要点或显著优势,根据能力描述进行跨学科设计。

3. 实践任务

(1)学习活动方案:以自己开展过的跨学科学习实践为例,提供跨学科设计活动方案,需说明主题、学习目标、学习对象、活动流程、学习资源、技术工具及应用策略、学习评价等。

(2)学生成果及点评:请提交两份学生的跨学科学习成果,并分别进行点评。

(3)教师反思:结合上述方案和学生成果,总结开展跨学科学习的过程及效果,并回顾活动实施中遇到了哪些问题。你是如何去应对这些问题的?技术在实施过程中发挥了什么作用?以视频形式提交,需出现教师个人形象,时间不超过 5 分钟。

【设计要点】

在教案中体现跨学科性;通过组织学生制作作品、开展游戏化学习活动展示学生学习成果;师范生需要通过教研、模拟教学进行深度反思。

4. 能力点实践与评价指引

对能力指标进行概括,精准描述上述能力点在具体的环境、学段、学科、内容中的实施要点。如该能力点的 5 个指标可以概括为"提供情境""拓展经验""知识联系""深度学习""学生培养"。具体每项指标的实践方式和评价维度见表1-22。

表 1-22　能力指标的实践方式和评价维度

评价指标	实践任务	评价维度
提供情境 (B1_1)	设计教案:设计与教学内容联系密切的情境案例。	教师自评、互评:教师设计的案例能够为学习者提供较好的学习情境(七维量表,非常同意至非常不同意)。
	设计教案:设计与教学内容联系密切的支撑资源。	数据采集:根据不同资源类型采集各类型资源数量(标签:类型、数量、应用阶段——课前＋课中＋课后)。
		教师自评:能够找到与本节课内容相关的资源数量(单选,A 1 项、B 2 项、C 3 项、D 更多)。
		教师自评:能够找到与本节课内容相关的支撑资源类型(多选,A 视频、B 音频、C 动画、D 程序、E 其他)。
拓展经验 (B1_2)	学生活动:组织小组,找到与该知识点相联系的其他知识点,并用思维导图的形式进行体现。	学生评价:能够找到与本节课内容相关的知识点(单选,A 1 个、B 2 个、C 3 个、D 更多)。
		学生自评:教学过程能够较好地拓展实际生活的经验(七维量表,非常同意至非常不同意)。
知识联系 (B1_3)	教案设计:为教学主题设计多学科知识,可以按照 STEAM 维度或者按照本学段具有深度联系的学科内容,但需注明学科所选用教材版本与章节。	教师自评、互评:教师设计的案例能够加强不同学科间的知识联系(七维量表,非常同意至非常不同意)。
		教师评价:跨学科知识点的融合学科数量(单选,A 1 个、B 2 个、C 3 个、D 更多)。

续表

评价指标	实践任务	评价维度
深度学习 (B1_4)	学生活动:设计与主题相关的探究性活动,如游戏活动、作品制作、小组讨论、头脑风暴等。	活动评价:能够很好地沉浸在学习活动中(七维量表,非常同意至非常不同意)。 数据收集:活动实践水平数据(活动时长、活动参与人数、活动中心率数据、活动中步数数据)。
学生培养 (B1_5)	学生活动:针对学生跨学科意识培养,组织学生进行小组作品制作。	能力评价:以 E-CLASS 科学学习态度调查进行意识水平分析(七维量表,个人兴趣、努力程度、真实世界关联性、概念的关联、概念的应用、解决问题的信心、解决一般问题、解决复杂问题,非常同意至非常不同意)。
	学生活动:针对学生跨学科能力思维,组织学生进行小组作品制作。	能力评价:以计算思维调查进行思维水平分析(七维量表,算法、编程、数据、硬件、通信、信息,非常同意至非常不同意)。
	学生活动:针对学生跨学科能力培养,组织学生进行小组作品制作。	数据采集:根据不同作品资源类型采集各类型资源数量(标签:类型、数量)。 能力评价:以 STEAM 维度评价学生作品,进行能力水平评价(七维量表,非常同意至非常不同意)。

(二)B2 创造真实学习情境

1. 实践问题

(1)你了解哪些有助于创设真实学习情境的技术工具?

(2)用技术工具创设真实学习情境时,需要重点关注哪些方面的问题?

2. 能力描述

随着人工智能时代的到来,学习越来越呈现出实践性、情境性的特征,单靠死记硬背就可以掌握的能力逐渐失去价值。教师必须更加重视学生的参与和体验,鼓励他们在做事中学会做事,在解决问题中学会解决问题。

创造真实学习情境的内涵是从整体角度考虑教与学的和谐发展。通过不同途径,使用各种方式,唤起学生已有的知识经验、生活经验,积极营造出有利于学生主动参与、主动发展、主动体验的氛围。在教学中根据不同内容、不同的情致来设计不同的情境,从而达到良好的教学效果,提升课堂实效。具体描述见表 1-23。

表 1-23　B2 创造真实学习情境能力描述

一级指标	二级指标	分值
关联内容与现实	1. 能够利用技术创造真实学习情境,将学习内容与现实环境进行有意义的关联; 2. 能够促进学生对知识的深层次理解。	
整合资源	1. 能够突破时空限制,整合多类型资源; 2. 能够有效利用多种资源丰富学生学习体验,促进意义建构。	
提供情境	1. 能够为学生经历和完成复杂的、挑战性的任务提供情境; 2. 能够为学生创设真实情境。	
自我导向学习	1. 能够增强学生学习动机与学习投入; 2. 能够在真实学习情境下促进学生自我导向的学习。	
扩大交流,发展技能	1. 能够扩大学生学习交流范围,丰富交流对象; 2. 能够帮助学生发展社会基本技能。	

3. 实践任务

（1）技术环境介绍:介绍一种你认为可以为学生创造真实学习体验的技术环境（工具/软件/平台等）,包括功能和特点,并结合实践归纳适用主题和情境,建议以图文呈现。

（2）方案设计:基于上述工具/软件/平台设计学习方案,突出学生真实学习体验。方案需包括主题、面向对象、目标、任务、过程、评价、工具/软件/平台的使用策略等内容。

（3）学生感受:请 2 名学生分别描述工具/软件/平台体验的过程。以视频形式提交,时间不少于 2 分钟。

三、学法指导维度

（一）B3 创新解决问题的方法

1. 实践问题

（1）创新的问题解决方法可能包含哪些要素?

（2）信息技术能够在问题解决方法创新中发挥什么作用?

2. 能力描述

创新解决问题的方法强调教师要能够促使学生从多个角度看待问题,通过掌握问题的多元分析方法、综合运用多领域的知识与技能的方式来分析并解决问题。这其中也强调及时交流与呈现问题解决方法、过程、结果的三个阶段,以此来培养学生多向思维的习惯与创新能力。具体描述见表 1-24。

表 1-24 B3 创新解决问题的方法能力描述

一级指标	二级指标	分值
拓展思维,多角度分析	1. 能够利用多种途径使学生在学习中拓展思维空间,发散思维; 2. 能够启发学生探索思考,使学生从多个角度厘清和界定问题。	
多元化学习	1. 能够使学生掌握问题分析的多元方法并且提高问题分析的能力; 2. 能够使学生学会综合运用多个领域的知识与技能解决问题。	
及时交流,步骤详尽	1. 能够使学生在各个阶段及时与相关师生交流; 2. 能够使学生及时呈现问题解决的方法、过程和结果。	
多向思维与创新能力	1. 能够促使学生主动培养多向思维的习惯; 2. 能够使学生在解决问题的过程中锻炼创新能力。	

3. 实践任务

(1)案例分享:选择一个学习活动,描述利用技术帮助学生发现问题和创新解决问题的过程。以视频形式提交,需出现教师个人形象,时间不超过 5 分钟。

(2)学生案例:依据上述活动,提交 2 份学生或小组对学习过程的描述,以视频形式提交,每份时间不超过 5 分钟。

(二)B4 支持学生创造性学习与表达

1. 实践问题

(1)智慧学习环境下的学习方式可能有哪些变化?

(2)智慧学习环境下的学习成果可能有哪些表达方式?

2. 能力描述

支持学生创造性学习与表达,要求教师采取合适的信息技术支持学生创造性学习、表达与交流展示,从而鼓励和引导学生主体观察和体验,表达内心的真实感受,用多种方式捕捉生活的精彩瞬间;优化成果的表现方式;帮助学生以多种形式外化自己的思考;创造多样化的学生表达与分享的机会;发展学生创造性思维等。强调教师要发挥学生的主体地位,强化创造性学习意识,培养学生的学习方法,为其构建创造性学习空间,重视创设问题情境,培养学生的创造性学习能力。具体描述见表 1-25。

表 1-25 B4 支持学生创造性学习与表达能力描述

一级指标	二级指标	分值
技术观察体验学习	1. 能够采取合适的信息技术的学习方式,鼓励并引导学生主体观察与体验; 2. 能够在技术的支持下促进学生用多种方式捕捉生活的精彩瞬间。	

续表

一级指标	二级指标	分值
技术支持的价值引领	1. 能够促进学生表达内心的真实感受； 2. 能够引领学生养成正确的价值观。	
技术外化思考	1. 能够帮助学生以多种形式外化自己的思考； 2. 能够引领学生利用工具将抽象的思考转化为可视化的分析，优化成果的表现方式。	
设计思维协同创造	1. 能够创造多样化的学生表达与分享的机会； 2. 能够提高学生协作学习、人机协同的能力。	
深度学习创造性表达	1. 能够发展学生的创造性思维，激活创造潜能； 2. 能够促使学生建立新旧知识、概念、能力的关联，寻找学习模式的潜在原理。	

3. 实践任务

(1)情景描述：请简要描述为什么要支持学生进行创造性学习与表达？技术在这些活动中可能有哪些作用？不少于 200 字。

(2)学生创造性学习与表达案例：以自己曾经指导过的学生创造性学习与表达教学实践为例，呈现与阐释学生的创造性学习与表达过程，需说明面向对象、主题、活动环节设计与支持资源等。

(3)学生创造性学习与表达的作品与反思：请提交 3 份学生的创造性学习与表达作品。

(4)教学反思：请回顾自己指导学生进行创造性学习与表达的实践经历，并对实践效果进行反思和总结。反思中需要说明创造性学习与表达活动对于学生成长有何意义，实践中遇到了哪些问题，以及你是如何去解决这些问题的。不少于 300 字。

四、学业评价维度

(一)B5 基于数据的个别化指导

1. 实践问题

(1)对学生进行个别化指导的依据是什么？

(2)信息化环境下，数据能够在个别化指导中发挥什么作用？

2. 能力描述

基于数据的个别化指导，应用于智慧教育模式下的学业评价方向，主要目的是利用信息技术采集和分析数据，针对问题/需求/兴趣实施针对性、差异化的指导，从而培养学生的学习兴趣，满足学习需要；跟踪学生的学习进程，适应学生的发展变化，灵活调整指导方案；增加自主学习机会，激发学生潜能，促进学生充分发展；结合指导方案分析个别化指导结果，并提出改进计划。同时，也要把握个别化指导的要点，需要提交情境描述、案例和学生心得体会。情景描述的内容包括对象、硬件环境、软件设施、活动设计等。案例以教师出镜的视频形式提交，时间不超过 10 分钟。学生体会需要有两名学生以音频或者视频方式提交,时间不超过 2 分钟。具体描述见表 1-26。

表 1-26 B5 基于数据的个别化指导能力描述

一级指标	二级指标	分值
培养学生的学习兴趣,满足学习需要	1. 能够使用信息技术手段吸引学生学习注意力; 2. 能够利用信息技术手段采集学生数据,对学生需求进行针对性的指导。	
跟踪学生的学习进程,适应学生的发展变化,灵活调整指导方案	1. 清晰、完整地呈现从发现问题到实施指导的整个过程; 2. 能够围绕问题和假设从多个渠道收集多种数据,数据来源可靠、合理; 3. 能够基于学生个体表现及其他相关数据对学生学习进行综合评价和详细分析,考虑可能影响的多种因素。	
增加自主学习机会,激发学生潜能,促进学生充分发展	1. 能够为学生提供自主学习的环境; 2. 能够提供丰富的学习资源帮助学生自主学习; 3. 能够为学生寻求帮助和辅导提供充分的渠道(如教师、网络等)。	
结合指导方案分析个别化指导结果,并提出改进计划	1. 能够根据现有学习数据和期望结果之间存在的差距进行支架的建构; 2. 能够对不同学生存在的问题和学习需求进行个别化的指导; 3. 能够根据实施的个别化指导结果,提出相对应的改进计划,帮助下一轮学习的改善。	

3. 实践任务

(1)情景描述:简要描述基于数据的个别化指导活动发生的情境,包括对象、硬件环境、软件设施、活动设计等。对象可为个体,也可以针对某个特定学生群体。

(2)案例展示:基于上述情境,请描述发现问题、分析问题、实施个别化指导等过程及成效反思。以视频形式提交,需出现教师个人形象,时间不超过 10 分钟。

(3)学生体会:请 2 名学生回顾上述学习过程和学习体会,以音频或视频方式提交,时间不超过 2 分钟。

(二)B6 应用或创建数据分析模型

1. 实践问题

(1)教学中的不同行为之间是否存在一定的逻辑关系?

(2)行为之间的逻辑关系是否可以抽象为一个数学模型?

(3)应用数据分析模型是否可以实现精准的教学评价?

2. 能力描述

应用或创建数据分析模型,应用于智慧教育模式下的学业评价方向,主要目的是基于真实的教学问题,创建数据分析模型,并掌握数据分析模型的应用和评价方法,从而掌握基本的教育数据统计分析技术,如描述性统计分析;了解复杂的分析技术,如 t 检验、相关分析、聚类分析、回归分析等;能够感知和预测数据之间的潜在关联;能够使用不同统计技术验证以上这种关联是否存在,恰当分析其间的关系,提升对数据的分析与解释能力;使用数据分析模型改进教育教学实践。同时,也要把握创建和应用模型的要点,对模型的应用和创建进行二选一考核。如选取应用模型考核方式,需要提交模型的介绍和应用案例的分析,模型的介绍需要结合图文进行呈现,应用案例以教师出镜的视频形式提交,时间不超过10分钟。如选取创建模型考核方式,需要提交问题描述、模型构建的过程以及应用案例分析。问题描述需为教育教学中的真实普遍问题,模型构建建议使用图示化方式呈现,应用案例以教师出镜的视频形式提交,时间不超过10分钟。具体描述见表1-27。

表 1-27　B6 应用或创建数据分析模型能力描述

一级指标	二级指标	分值
掌握基本的教育数据统计分析技术,如描述性统计分析	1. 能够掌握描述性统计分析技术,如统计均值、最大值、最小值、标准差等。 2. 能够掌握 Excel 表格统计技术,如筛选、排序、数据透视表等操作; 3. 能够根据教学问题的属性,使用恰当的数据分析技术。	
了解复杂的分析技术,如 t 检验、相关分析、聚类分析、回归分析等	1. 能够掌握复杂的统计分析操作,如 t 检验、相关分析、聚类分析和回归分析等; 2. 能够了解不同的统计分析技术的特征、使用条件和对应案例; 3. 根据遇到的实际教学问题,能够采用合适的统计分析技术解决。	
能够感知和预测数据之间的潜在关联	1. 能够根据学生学习数据进行分析,厘清影响学生学习行为发生的因素; 2. 能够厘清学生连续学习行为之间存在的关联; 3. 结合应用情境对模型应用结果进行详细分析,分析过程有助于理解教育教学问题和现象; 4. 模型在采集数据以及分析数据的过程中较为自动化,结果导出与应用便捷。	
能够使用不同统计技术验证以上这种关联是否存在,恰当分析其间的关系,提升对数据的分析与解释能力	1. 能够根据问题属性,恰当地选择一种或多种统计分析技术验证数据之间的潜在关联; 2. 能够分析学生行为和动机或意愿之间的关系,帮助规避学习风险; 3. 能够根据关系分析结果,建立新的或改进原有教学模型,提升数据解释能力。	
使用数据分析模型改进教育教学实践	1. 能够使用数据分析模型预测判断学生未来学习趋势; 2. 能够根据学生学习存在的问题对教学策略和教学方法进行改进,对教学内容进行调整; 3. 能够根据数据分析模型,创新教学模式。	

3. 实践任务

(1)应用数据分析模型

①模型介绍:选择一种数据分析模型,介绍其适用的教学情境、适用对象以及应用方法等,建议结合图文进行呈现。

②应用案例分析:展示一个上述模型的应用案例,需要呈现模型应用过程以及模型应用结果,并结合教育教学实践对结果进行分析。以视频形式提交,需出现教师个人形象,时间原则上不超过 10 分钟。

(2)创建数据分析模型

①问题描述:说明本模型关注的教育教学现象及问题。模型所关注的问题是教育教学中的真实问题或复杂现象,且具有普遍意义;对问题或现象的分析深刻、清晰。

②模型构建:基于上述问题构建模型,并对模型构建的依据、结构要素以及要素间的关系进行清晰阐释;对可能用到的统计技术进行说明。建议用图示化的方式呈现模型的要素及关系。

③应用案例分析:展示上述模型的应用案例,包括应用过程以及应用结果,并结合实践对结果进行分析。以视频形式提交,需出现教师个人形象,时间原则上不超过 10 分钟。

五、融合创新维度

(一)G6 智慧教学的方法与环境

1. 实践问题

(1)智慧教育有什么基本特征?

(2)智慧课堂教学方法有哪些?

(3)智慧教学对设备环境的要求有哪些?

2. 能力描述

智慧教学环境需综合考虑不同学习情境,个性化、情境化的智慧教育生态以及智慧学习环境应用的特征,合理配置技术及资源,为学习者提供个性化的教学策略并进行科学的学习绩效评测。智慧教学环境下,教师教学方法也应适时地进行改变,教师应在智能化设备的支持下,引导和帮助学生主动思考,促进学生养成主动学习的习惯,同时也可以实时记录学生的学习数据,掌握学生的学习进度,更好地为学生提供帮助。智能环境支持教师收集学生学习过程中的多源数据,建立教育大数据,推进教育大数据挖掘,针对学生个体能够实现及时准确的教学诊断,并通过智能工具实现个性化推送、个性化指导等,实现智慧环境下的个性化学习理念。具体描述见表 1-28。

3. 实践任务

(1)教学设计:提交一份针对某一主题的智慧教育环境下课堂教学设计,需包括教学主题、教学内容及分析、教学对象及特点、教学环境分析、教学目标、教学过程、教学方法、所选资源和技术等。

(2)教学视频:截取部分教学视频片段(需出现教师本人形象和有关授课过程、讲义或资源),原则上不超过 10 分钟。

表 1-28　G6 智慧教学的方法与环境能力描述

一级指标	二级指标	分值
开发智慧教学环境,优化教学设计	1. 能够充分利用智能教学环境的优势,灵活利用教学工具和教学资源,开展多样化的教学; 2. 能够积极主动使用智能技术与工具,组织学生开展教学活动。	
充分利用智能教学工具,实现个性化教学	1. 能够及时关注学生个体学习进展,进行针对性的学情诊断,提出相应的学习建议,积极开展个性化教学; 2. 能够主动采用智能教学平台,针对学生个性化的学习需求,完成教学资源的个性化推荐; 3. 能够丰富教学互动方式,利用线上线下交流平台,与学生进行交流互动,实现个性化指导。	
动态调整教学内容,推动学生认知发展	1. 能够积极关注学生学习过程中的数据变化,及时进行学情诊断,掌握学生动态变化,提供阶段性的帮助和指导; 2. 能够动态观察学生认知发展情况,适时调整教学内容、教学活动开展方式等,推动学生认知发展。	
记录学生过程性数据,推动教学大数据挖掘	1. 能够采用智能工具实时采集学生成长过程中学习数据、生理数据、情感数据等多元数据,更全面准确地了解学生; 2. 能够在教学过程中主动使用教育大数据了解学情,自主通过智能工具使用教育大数据进行学情分析。	

(3)学生体会:2 名学生对课程学习过程进行回顾,说明他们在该课程学习中的体验与感受。以音频或视频形式呈现,每个学生的回顾时间不超过 2 分钟。

(二)G7 智慧教育背景下教研活动组织或参与

1. 实践问题

(1)智慧教育背景下教研活动的开展与常规教研有什么不同?
(2)智慧教育背景下的教学有哪些问题值得研究?
(3)智慧教育环境能为教研活动组织提供哪些便利?

2. 能力描述

智能教学背景下的教研活动,呈现出开放、协同、数据、融合等创新性特征。

发挥新技术对教师教研结构、教研服务模式的变革作用,引导教师积极参与相关教研活动,有效促进教师高质量发展。通过相关智能技术丰富信息化教研路径,满足不同类型、层次教师高质量发展需求,吸引教师积极参加,持续高质量地完成定期开展的教研活动。创新教师教研活动模式与方法,提升教师信息素养和解决教学实践问题的能力。具体描述见表 1-29。

表 1-29 G7 智慧教育背景下教研活动组织或参与能力描述

一级指标	二级指标	分值
主动参与智慧教师教研活动	1. 能够积极主动地参与当前开展的多种形式的教师教研活动; 2. 能够在教研过程中充分发挥信息技术不可或缺的作用; 3. 能够有意识地主动获取智慧教研相关途径和培训机会。	
充分利用智能工具,完成教师教研任务	1. 能够在一定理论或思想指导下,采用合适的研究方法开展教研活动,出色地完成教研任务; 2. 能够积极探索新型的智慧教学资源和工具,主动尝试融合相关信息技术工具开展教学活动。	
提高自身信息素养,发现教学规律	1. 能够有意识地积累教学过程中师生使用的材料、资源以及图片、视频、录音等实物证据; 2. 能够找到解决问题的办法,发现教学规律,促进理论与实践相结合; 3. 能够熟练应用问卷法、访谈法收集数据。	
自主参与教研探索活动,形成教研成果	1. 能够主动参与相关教研探索活动,并积极承担相应的教学研究工作; 2. 能够将参与的教研活动以及相关教学研究成果形成文字,具有撰写论文的能力。	

3. 实践任务

(1)教研活动方案:以本校教研活动实践为例,提供智慧教育环境下的教研活动方案,需说明教研主题、教研目标、教研形式,以及智慧教研工具的应用过程与方法。

(2)教研活动总结:请回顾你所开展的教研活动实施过程,使用了什么研究方法、工具或技术?在哪些地方体现了智慧教育的理念?是否取得了预期的效果?解决了哪些实际问题?还存在哪些问题?以视频形式提交,需出现教师个人形象,时间不超过 10 分钟。

(3)教研论文:根据教研活动撰写论文,要求 3000～5000 字。

(三)G8 智慧教育环境下教学模式创新

1. 实践问题

(1)智慧环境下教学模式包含哪些要素?

(2)智慧环境下新型的教学模式有哪些?

(3)如何根据学科特点实现智慧教育环境下的教学模式创新应用?

2. 能力描述

以人工智能、大数据、物联网等新兴技术为基础,推动教育模式变革与生态重构,探索智慧课堂建设,改进智慧教学模式。智慧教学模式的创新应突出体现智慧教育的核心价值,促进学习者主动学习、智慧发展。智慧教育环境背景下,从教学指导思想、教学目标、教学对象、技术工具以及应用策略等方面创新教学模式,促进核心素养落地,培养学习者的高阶思维,有助于提升他们的问题解决能力、协作参与积极性,促进批判性思维发展。合理利用智慧教育环境中的智能硬件工具,主动开发丰富的智能学习资源,积极创新智慧教学模式。具体描述见表1-30。

表 1-30　智慧教育环境下教学模式创新能力描述

一级指标	二级指标	分值
合理利用智慧教学工具,开展智慧教学	1. 能够合理利用智慧教学工具,将信息技术融入课前备课、课上互动、课后互动等多个教学环节中; 2. 能够主动应用智慧教学环境丰富的学习资源,开展智慧教学,提高学生核心素养。	
积极使用智慧学习资源,主动探索相应资源的完善与开发	1. 了解智慧教学环境中的硬件资源,并熟练掌握相关资源的使用方法; 2. 能够主动寻找和分享优质的学习资源,灵活地使用学习资源,丰富教学内容; 3. 能够结合学科内容优化并自主开发微课、学习平台、虚拟实验室等优质学习资源。	
创新适合智慧教育环境的教学模式	1. 动态检测学生学习状况,发现学习存在的问题,更加灵活全面地掌握学生的学习情况; 2. 能够构建具有可操作性和稳定性且适用于智慧教育环境的教学模式。	

3. 实践任务

（1）模式介绍:选择一种智慧教育环境下的创新型教学模式,介绍该模式的教学指导思想、教学目标、教学对象、适用学科内容、适用环境、操作程序、使用的技术工具以及应用策略等,建议以图文形式呈现。

（2）教学案例视频:针对一个主题,基于上述模式,选取课堂代表性的实录片段(需出现教师和学生),体现该模式的主要特点和流程,视频原则上不超过10分钟。

（3）学生体会:2名学生对课程学习过程进行回顾,说明他们在该课程学习中的体验与感受。以音频或视频形式呈现,每个学生的回顾时间不超过2分钟。

模块 2

幼儿园教师信息技术应用微能力训练及典型案例

第一章　幼儿园教师信息技术应用微能力的产生背景

第一节　3～6 岁儿童学习与发展指南

2015 年,为深入贯彻《国务院关于当前发展学前教育的若干意见》(国发〔2010〕41 号),促进幼儿身心全面和谐发展,教育部颁布《3～6 岁儿童学习与发展指南》[①],以幼儿后继学习和终身发展奠定良好素质基础为目标,以促进幼儿体、智、德、美各方面的协调发展为核心,通过提出 3～6 岁幼儿学习与发展的基本规律和特点及相应的教育建议,帮助幼儿园教师和家长了解 3～6 岁幼儿学习与发展的基本规律和特点,让他们建立对幼儿发展的合理期望并实施科学的保育和教育。指南从健康、语言、社会、科学、艺术 5 个领域描述幼儿的学习与发展(图 2-1)。每个领域按照幼儿学习与发展最基本、最重要的内容划分为若干方面。

健康是指人在身体、心理和社会适应方面的良好状态。幼儿阶段是儿童身体发育和机能发展极为迅速的时期,也是形成安全感和乐观态度的重要阶段,发育良好的身体、愉快的情绪、强健的体魄、协调的动作、良好的生活习惯和基本生活能力是幼儿身心健康的重要标志,同时也是其他领域学习与发展的基础。具体体现在身心状态、动作发展、生活习惯与生活能力 3 个方面(图 2-2)。

语言是交流和思维的工具。幼儿期是语言发展,特别是口语发展的重要时期。幼儿语言的发展对其他领域的学习与发展有着重要的影响。幼儿在运用语言进行交流的同时,也

---

① 中华人民共和国教育部.《3～6 岁儿童学习与发展指南》[EB/OL].(2015-05-27)[2023-05-02]. http://www.moe.gov.cn/jyb_xwfb/xw_zt/moe_357/jyzt_2015nztzl/xueqianjiaoyu/yaowen/202104/t20210416_526630.html.

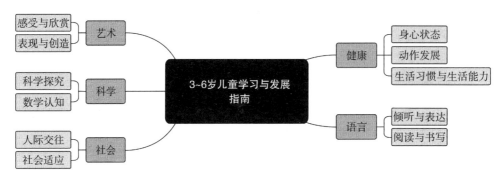

图 2-1　3～6 岁幼儿五大领域发展要求总览

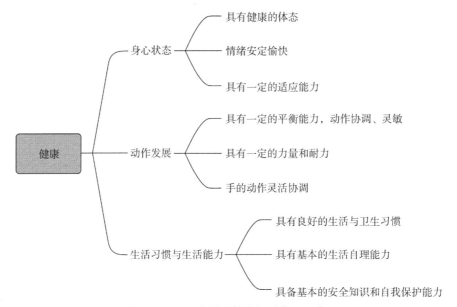

图 2-2　3～6 岁幼儿健康领域发展要求

在发展着人际交往能力、理解他人和判断交往情境的能力、组织自己思想的能力、通过语言获取信息的能力,幼儿的学习逐步超越个体的直接感知。应通过多种活动扩展幼儿的生活经验,丰富语言内容,增强理解和表达能力。具体包括倾听与表达、阅读与书写准备两个方面(图 2-3)。

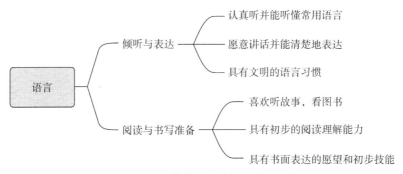

图 2-3　3～6 岁幼儿语言领域发展要求

幼儿社会领域的学习与发展过程是其社会性不断完善并奠定健全人格基础的过程。人际交往和社会适应是幼儿社会学习的主要内容,也是其社会性发展的基本途径。幼儿在与成人和同伴交往过程中,不仅学习如何与人友好相处,也在学习如何看待自己、对待他人,不断发展适应社会生活的能力。良好的社会性发展对幼儿身心健康和其他各方面的发展都具有重要影响。具体包括人际交往和社会适应两个方面(图 2-4)。

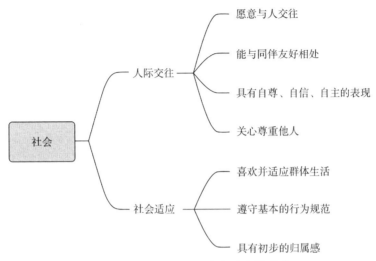

图 2-4　3～6 岁幼儿社会领域发展要求

幼儿的科学学习是在探究具体事物和解决实际问题中,尝试发现事物间的异同和联系的过程。幼儿在对自然事物的探究和运用数学解决时间问题的过程中,不仅获得丰富的感性经验,充分发展形象思维,而且初步尝试归类、排序、判断、推理,逐步发展逻辑思维能力,为其他领域的深入学习奠定基础。由于幼儿的思维是以具体形象思维为主,应注重引导幼儿通过直接感知、亲身体验和实际操作进行科学学习,不应为追求知识和技能的掌握,对幼儿进行灌输和强化训练。具体包括科学探究、数学认知两个方面(图 2-5)。

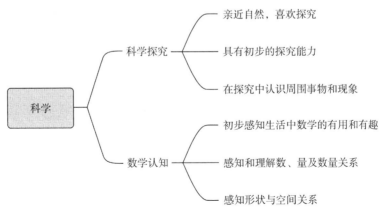

图 2-5　3～6 岁幼儿科学领域发展要求

艺术是人类感受美、表现美和创造美的重要形式,也是表达自己对周围世界的认识和情绪态度的独特方式。由于幼儿表达自己的认识和情感的方式有别于成人,因此成人不应扼杀幼儿想象与创造的萌芽。具体包括感受与欣赏和表现与创造两个方面(图 2-6)。

图 2-6　3～6 岁幼儿艺术领域发展要求

　　《3～6 岁儿童学习与发展指南》为幼儿的培养提供了规范的标准和建议,帮助幼师了解 3～6 岁幼儿学习与发展的基本规律和特点,从而为实施科学的保育和教育奠定基础。

第二节　幼儿园教师信息技术应用能力测评规范指南

　　为落实《能力提升工程 2.0 意见》的相关要求,有效指导幼儿园教师信息技术应用能力测评工作的开展,华东师范大学开放教育学院研制了《幼儿园教师信息技术应用能力测评规范指南》。

　　指南主要研制依据为《中小学教师信息技术应用能力标准》《幼儿园教师专业标准（试行）》《3～6 岁儿童学习与发展指南》以及《全国中小学教师信息技术应用能力提升工程校本应用考核指南（征求意见稿）》等,旨在指导各地开展幼儿园教师信息技术应用能力考核,促进教师能力提升。依据幼儿园信息技术应用的客观需求,测评能力点包括活动优化、家园共育、发展评价、专业成长情境下应用信息技术开展一日活动、家园沟通与合作、幼儿评价、教师专业发展等 18 项,其中多情境适用能力 4 项,幼儿园及教师可根据实际需求选择(图 2-7)。

图 2-7　幼儿教师信息技术应用微能力结构

一、研制思路

(1)能力导向:以教师在真实教育教学情境中的行为表现为考核依据,重在提升和发展教师信息技术应用能力。

(2)面向实践:以采集和提交教学实践证据的方式,推动教师基于日常教育教学开展自主学习、实践应用和自我反思。

(3)精准测评:将教师的信息技术应用能力分解为若干具体、明确且相对独立的微能力,促进教师准确理解、精准提升和快速发展。

(4)尊重需求:以幼儿成长为关切点,准确把握幼儿园信息技术应用的科学定位,以优化幼儿体验与提升管理效率为关注重点。

(5)关注差异:区分不同应用情景下的信息技术应用要求,体现园所和教师发展差异。

二、应用情景

(1)活动优化:指教师在幼儿园一日活动,特别是集体教学活动中利用信息技术优化活动设计和活动组织。

(2)家园共育:指教师利用信息技术促进有效的家园沟通与合作。

(3)发展评价:指教师利用信息技术采集、分析幼儿行为数据,及时、全面、客观地了解幼儿发展情况。

(4)专业成长:指教师借助信息技术开展自主学习、教育反思、教研交流等专业成长活动,有效提升教育教学能力。

三、实践任务

实践任务重在说明教师参与该项微能力考核时需要完成的实践探索任务、达到的要求以及需要提交的证据形式。

(1)根据微能力差异,证据形式可能是活动方案、实施计划、活动实录、教学资源、过程说明、数据分析、教师反思等。

(2)证据的评价等级分为优秀、合格和不合格。

(3)每项微能力的考核结果都分为优秀、合格和不合格 3 个等级。所有证据的评价等级均为优秀,则该项微能力的考核测评等级结果才为优秀;若证据中有任何一项不合格,则最终考核测评结果为不合格。

第二章　幼儿园教师信息技术应用微能力介绍

第一节　活动优化维度

一、H1 技术支持的情境创设

(一)实践问题

(1)可使用哪些信息技术方式或资源创设活动情境?

(2)如何利用信息技术激发幼儿的学习兴趣?

(3)如何利用信息技术建立所学内容与幼儿已有经验间的关联?

(二)能力描述

教师合理利用信息技术手段创设活动环境,从而达到以下目的:

(1)引起幼儿兴趣,激发幼儿学习动机;

(2)营造良好的学习氛围;

(3)建立所学内容与幼儿已有经验和现实世界间的关联。

(三)提交指南与评价标准

1. 主题说明

自选活动主题,描述其活动目标、活动内容、活动对象,以及借助信息技术创设该主题下活动情境的必要性。以 PDF 形式提交。

2. 活动情境创设与应用说明视频

针对上述主题,以视频形式说明情境创设依据和目的、活动情境、技术在情境创设中的作用,并描述情境应用的过程和使用效果。以 PDF 形式提交。

3. 评价标准

H1 技术支持的情境评价标准见表 2-1。

表 2-1 H1 技术支持的情境评价标准

优秀	合格
1. 要素完整,表述清晰; 2. 情境创设依据合理,目的明确,充分关注学习目标、幼儿特点与发展需要; 3. 活动情境契合活动主题,营造了良好的学习氛围,有助于目标达成; 4. 信息技术选择恰当,应用合理,有效支持活动情境创设; 5. 技术的选用具有一定的创新性,有学习与借鉴价值。	1. 要素完整,表述清晰; 2. 分析了情境创设的依据和目的,考虑了学习目标、幼儿特点与幼儿发展需要; 3. 活动情境适合活动主题,学习氛围积极; 4. 选用的信息技术能够支持活动环境的创设。

（四）实践建议

情境可以对幼儿产生直接的刺激作用,创设富有感情色彩的活动情境能刺激幼儿的感官,引起学习注意,激发学习动机,从而提高学习的有效性。信息技术能够提供文本、图形、动画、音频、视频等多种媒体资源,增强情境的趣味性和可感知度。比如播放冬天美丽的雪景和儿童在雪景中玩耍的动画视频,让幼儿在动听的音乐和美丽的画面中感受《冬爷爷的礼物》这首儿歌所蕴含的快乐情感。利用 PPT、电子白板、虚拟现实、增强现实等技术可以创设交互环境,打破时空限制,让幼儿置身于主题情境中开展交流和互动。例如通过增强现实技术呈现微观世界,幼儿通过触觉、动觉、听觉等多感官与场景进行互动,身临其境地感受大自然的奥秘,突破认知界限。

教师要结合《3～6 岁儿童学习与发展指南》精神、活动目标、幼儿认知特点和原有经验、活动内容、技术条件等因素进行综合分析,选择恰当的信息技术工具或资源为幼儿营造契合主题的、积极的学习氛围,以提高学习的有效性,促进幼儿发展。

二、H2 技术支持的重难点突破

（一）实践问题

(1)哪些技术工具或资源有助于重难点突破?
(2)如何利用信息技术适应幼儿的认知特点,突破重难点问题,实现活动目标?

（二）能力描述

教师借助合适的信息技术手段设计与优化教学内容,突破重难点,从而达到以下目的:
(1)有助于将抽象的问题形象化与直观化;
(2)通过多种方式建立活动内容和幼儿经验之间的关联;
(3)有助于幼儿认识和理解重难点内容,拓展核心经验;
(4)为幼儿的知识理解和建构提供丰富的学习支持;
(5)关注幼儿的不同需要;

(6)激发幼儿感知、记忆、想象、创造等思维活动。

(三)提交指南与评价标准

1. 活动方案

请提交一份应用技术突破重难点的集体活动设计方案,包括活动主题、所属领域、内容分析、对象特点、目标、过程、技术和技术使用目的等。以 PDF 形式提交。

H2 技术支持的重难点突破活动方案标准见表 2-2。

表 2-2　H2 技术支持的重难点突破活动方案标准

优秀	合格
1. 活动设计要素完备,表述清晰,设计科学合理,活动序列具有高度的连贯性; 2. 结合主题、内容以及幼儿特点清晰地阐明了技术工具选用的目的; 3. 技术工具的使用体现了领域教学特点和幼儿认知规律,帮助幼儿丰富核心经验; 4. 为幼儿认知和思维发展提供丰富的学习支持; 5. 针对不同个体和群体的幼儿有差异化的考虑; 6. 技术工具选用具有创新性,值得学习与借鉴。	1. 活动设计要素完备,表述清晰,设计合理,活动序列较为连贯; 2. 结合主题、内容以及幼儿特点阐明了技术工具选用的目的; 3. 技术工具的选用体现了领域教学特点和幼儿认知规律; 4. 为幼儿认知和思维发展提供了支持。

2. 活动实录

依据上述活动方案,选取活动中具有代表性的实录片段(需同时出现教师和幼儿),视频原则上不超过 10 分钟。

H2 技术支持的重难点突破活动实录标准见表 2-3。

表 2-3　H2 技术支持的重难点突破活动实录标准

优秀	合格
1. 教师讲解准确生动、深入浅出; 2. 技术使用激发了幼儿的学习兴趣; 3. 用形象化和直观化方式表达活动内容或建立知识经验关联,有效突破了重难点; 4. 具备不同经验的幼儿均能参与到活动中; 5. 教师信息技术应用娴熟,工具使用的方法具有学习与借鉴价值。	1. 教师讲解准确生动; 2. 技术使用激发了幼儿的学习兴趣; 3. 用形象化和直观化的方式表达活动内容,促进了幼儿对重难点内容的理解; 4. 教师信息技术应用较为熟练,应用过程比较流畅。

3. 活动反思

该讲解活动实施效果如何?信息技术的作用是否不可替代?是否存在值得改进的地方?请就活动设计与实施情况进行总结反思。以 PDF 形式提交。

(四)实践建议

所谓重点是指在达成活动目标过程中基础性、关键性的内容,是学习的主要线索;而难点是从实际水平出发,幼儿难以理解或领会的内容。信息技术有助于丰富学习内容的表现形式,建立活动内容与幼儿经验之间的关联,继而破解幼儿认识和理解活动内容中的重点和难点,同时有助于幼儿丰富学习认知,拓展核心经验。

例如通过呈现花儿开放的慢镜头视频、烟花绽放视频、折纸过程的动态视频等,让幼儿直观地感知某个事物或事物变化的过程;利用图片创设故事情境,引导幼儿思考其中的重要知识内容;利用电子白板的媒体存储与播放功能和聚光灯、放大镜、遮罩等功能让绘本"动"起来,吸引幼儿的注意力,激发好奇心。

三、H3 技术支持的幼儿参与

(一)实践问题

(1)哪些工具能够在集体活动中有效支持幼儿参与?
(2)利用信息技术支持幼儿活动参与时,有哪些策略能够提升幼儿的学习兴趣,增强学习效果?

(二)能力描述

教师借助合适的信息技术手段支持幼儿参与,从而达到以下目的:
(1)为幼儿创设观察、操作和亲身体验的情境;
(2)激发幼儿的学习兴趣,鼓励幼儿大胆探索和挑战;
(3)发挥幼儿的主动性,促进对活动内容的认识和理解;
(4)细致全面地观察幼儿参与和思考的方式,并进行有效引导;
(5)根据幼儿反馈情况,灵活调整教学方法。

(三)提交指南与评价标准

1. 活动设计

请提交一份技术支持幼儿参与的活动设计,需包括活动主题、活动内容及分析、活动对象及特点、活动目标、活动过程、所选技术以及技术使用的目的等。以 PDF 形式提交。

H3 技术支持的幼儿参与活动设计标准见表 2-4。

表 2-4　H3 技术支持的幼儿参与活动设计标准

优秀	合格
1. 活动设计要素完备,表述清晰,设计科学合理,活动过程具有高度的连贯性和流畅性; 2. 结合主题、内容以及幼儿特点清晰地阐明了技术工具选用的目的; 3. 技术工具的使用为幼儿参与活动过程提供了充分的机会,并让幼儿可以进行探索; 4. 针对幼儿的不同反应有全面细致的考虑,并制定预案; 5. 技术工具选用有创新性,值得学习与借鉴。	1. 活动设计要素完备,表述清晰,设计合理,活动过程连贯; 2. 结合主题、内容以及幼儿特点介绍了技术工具选用的目的; 3. 技术工具的使用为幼儿参与活动过程提供了充分的机会; 4. 针对幼儿的反应有一定的考虑。

2. 活动实录

依据上述活动设计,选取活动中具有代表性的实录片段(需出现幼儿),视频原则上不超过 10 分钟。

H3 技术支持的幼儿参与活动实录标准见表 2-5。

表 2-5　H3 技术支持的幼儿参与活动实录标准

优秀	合格
1. 技术工具的使用极大地激发了幼儿的兴趣和好奇心,学习氛围活跃; 2. 教师循循善诱,鼓励幼儿参与和探索发现; 3. 技术工具的使用有效支持了活动目标的达成; 4. 教师信息技术应用娴熟,工具使用的方法具有学习与借鉴价值。	1. 技术工具的使用激发了幼儿的兴趣; 2. 教师鼓励并引导幼儿探索发现; 3. 技术工具的使用促进了活动目标的达成; 4. 教师信息技术应用较为熟练。

3. 活动反思

该活动实施效果如何？信息技术的作用是否不可替代？是否存在值得改进的地方？请就活动设计与实施情况进行总结反思。以 PDF 形式提交。

（四）实践建议

《3～6 岁儿童学习与发展指南》指出"幼儿的学习是以直接经验为基础",应"最大限度地支持和满足幼儿通过直接感知、实际操作和亲身体验获取经验的需要"。在集体活动中有效应用信息技术能够激发幼儿学习探索的兴趣,提高学习专注力;信息技术应用还可以丰富师幼互动方式,发挥幼儿的学习主动性,促进对重要活动内容的理解。例如让幼儿通过操作电子白板展示齿轮转动的过程,从而探索发现齿轮转动的规律;利用交互课件,让幼儿操作钟表,发现钟表的奥秘。

第二节　家园共育维度

一、J1 技术支持的学情分析

（一）实践问题

（1）应用信息技术有助于了解哪些学情？
（2）哪些技术手段有助于了解学情？
（3）如何直观呈现并合理应用学情分析结果？

（二）能力描述

合理利用信息技术手段辅助分析学情,从而达到以下目的:

（1）从多个方面分析学情，包括幼儿已有经验、能力发展水平以及学习条件等；

（2）准确制定教学活动的适切目标；

（3）为教学策略的选择和教学活动的设计与实施提供科学依据；

（4）为活动中灵活跟进活动内容提供参考。

（三）提交指南和评价标准

1. 学情分析方案

提交一份针对某一活动主题或某一活动对象的学情分析方案，包括学情分析目的、学情分析内容（活动主题、对象、情境等）、学情分析方法和工具。以 PDF 形式提交。

J1 技术支持的学情分析方案评价标准见表 2-6。

表 2-6　J1 技术支持的学情分析方案评价标准

优秀	合格
1. 方案要素完整，表述清晰； 2. 方案能够有效支持学情分析目的达成； 3. 工具设计/选用科学合理，有助于获得相应学情的准确数据； 4. 工具操作便捷，容易采集数据、分析数据以及导出结果； 5. 技术支持方式富有创新性，有学习与借鉴价值。	1. 方案要素完整，表述清晰； 2. 方案能够支持学情分析目的达成； 3. 工具设计/选用合理，操作便捷。

2. 学情分析报告

提交一份针对上述方案的学情分析报告的解读视频，说明分析对象、工具应用过程与方法，结果呈现与分析等报告主要内容。视频需出现教师个人形象，时间不超过 5 分钟。

J1 技术支持的学情分析报告评价标准见表 2-7。

表 2-7　J1 技术支持的学情分析报告评价标准

优秀	合格
1. 讲解内容完备，逻辑清晰，对工具应用过程有完整描述； 2. 应用图表呈现了分析结果，可读性强； 3. 对结果分析客观、合理、有逻辑，有助于确定活动目标和突破活动重难点； 4. 视频清晰流畅，画面稳定，无冗余信息。	1. 讲解内容完备，逻辑清晰； 2. 对工具应用过程有完整描述，对结果的分析客观、合理； 3. 视频清晰流畅，画面稳定。

（四）实践建议

在利用信息技术开展学情分析时，要做好信息管控和隐私保护，对家长做好理念引导，避免增加家长的焦虑，同时注意分析幼儿学情，"一个也不能少"。

二、J2 技术支持的家园共育活动组织

(一)实践问题

(1)你经常使用哪些技术工具开展家园合作活动?
(2)利用技术工具开展家园活动时需注意哪些事项?

(二)能力描述

利用信息技术支持家园活动的开展,从而达到以下目的:
(1)有效推动家园活动的顺利开展;
(2)促进家园双方及时、深度沟通,全面了解幼儿情况;
(3)提高家长参与幼儿教育的积极性。

(三)提交指南和评价标准

1. 工具介绍

选择一种用于支持家园活动开展的工具,介绍其基本功能以及特点,同时结合教育实践分析其应用情境与应用策略。建议以图文形式呈现,若为文本,以 PDF 形式提交。

J2 技术支持的家园共育活动组织评价标准见表 2-8。

表 2-8　J2 技术支持的家园共育活动组织评价标准

优秀	合格
1. 清晰、完整地说明了工具的基本功能和特点; 2. 结合教育实践对工具的应用情境做了全面分析,并分享了有效的应用策略; 3. 工具的应用具有创新性,值得学习和借鉴; 4. 图文并茂,可读性强。	1. 说明工具的基本功能和特点; 2. 结合教育实践对工具的应用情境和应用策略做了简要分析; 3. 图文并茂,可读性强。

2. 活动描述

分享一次使用上述工具开展的家园活动,包括活动形式、家长参与方式、所选工具及作用、活动效果、教师反思等。用视频形式提交,需出现教师个人形象,时间不超过 10 分钟。

J2 技术支持的家园共育活动描述标准见表 2-9。

表 2-9　J2 技术支持的家园共育活动描述标准

优秀	合格
1. 要素完整,清晰呈现了活动全貌; 2. 教师从技术应用的视角,分析了活动的设计、组织与成效,体现了教师对技术支持家园活动的深刻理解; 3. 技术应用有效推动了活动的开展; 4. 技术应用促进了家长的深度参与; 5. 技术选择和应用有新意,具有学习和借鉴价值; 6. 视频清晰流畅,画面稳定,解说明确到位,无冗余信息。	1. 要素完整,基本呈现了活动全貌; 2. 教师从技术应用的视角,分析了活动的设计、组织与成效。 3. 技术应用支持了活动的开展; 4. 技术应用为家长参与提供了机会; 5. 视频清晰流畅,画面稳定。

(四)实践建议

家园活动包括幼儿家长会、家委会、亲子活动、主题活动、社会实践活动、育儿经验交流活动等。信息技术的发展,使得家长参与幼儿教育、幼儿园指导家庭教育的双向活动更为及时、科学、有效,因而教师需要具备与新时代相匹配的媒体素养,能够应用新媒体技术与家长进行良性沟通、有效合作。

例如,在活动前通过问卷等工具征集家长意见或了解家长参与活动的情况;借助技术工具邀请家长参与家园活动的设计与组织;利用即时沟通工具及时反馈活动情况;利用信息技术创造家长参与幼儿园活动的机会,如线上家长会、云端家庭教育指导等,深化家园交流,促进家园活动的有效开展。

三、J3 技术支持的展示交流

(一)实践问题

(1)有哪些技术工具能够支持活动内容的展示交流?
(2)如何通过技术支持的展示交流活动形成良好的家园共育氛围?
(3)利用技术工具展示幼儿成长情况时如何做到安全、规范、合理?

(二)能力描述

利用信息技手段支持家园共育中的展示交流活动,从而达到以下目的:
(1)直观地呈现幼儿成长情况;
(2)向家长及时反馈幼儿在园表现及发展变化,丰富家园共育的形式;
(3)促进家园及时有效沟通;
(4)促进幼儿发展过程性信息的积累。

(三)提交指南与评价标准

1. 活动设计

提交一份运用技术手段支持家园共育展示与交流分享的活动设计,包括活动主题、活动目的、展示交流内容和方式、活动过程、所用的技术工具,以及技术工具或资源使用的目的。以 PDF 形式提交,直观地呈现幼儿成长情况。

J3 技术支持的展示交流活动设计评价标准见表 2-10。

表 2-10　J3 技术支持的展示交流活动设计评价标准

优秀	合格
1. 要素完整,表述清晰,逻辑条理清楚; 2. 设计合理,可操作性强; 3. 技术工具或资源选用合理,使用便捷,有助于展示交流活动的开展; 4. 技术工具或资源能够较好地体现展示和交流内容的特点; 5. 对技术应用过程中可能出现的问题做了周全考虑,并制定了应对方案; 6. 技术选择和使用方式新颖,具有学习与借鉴价值。	1. 要素完整,表述较为清晰; 2. 设计合理,有一定的操作性; 3. 技术工具或资源选用较为合理,有助于展示交流活动的开展; 4. 对技术应用过程中可能出现的问题做了部分考虑和预案。

2. 展示交流过程描述

描述展示交流的过程,包括展示内容、展示交流方式、活动实施效果、技术的使用过程、活动反思等。以视频形式提交,需出现教师个人形象,原则上不超过 5 分钟。

J3 技术支持的展示交流过程评价标准见表 2-11。

表 2-11　J3 技术支持的展示交流过程评价标准

优秀	合格
1. 讲解内容全面、逻辑清晰,对展示交流的内容、方式及效果做了详细的分析;	1. 讲解内容全面、逻辑清晰,完整描述了展示交流的内容、方式及效果;
2. 技术应用准确恰当,促进了高效的家园沟通;	2. 技术应用准确恰当;
3. 视频清晰流畅,画面稳定。	3. 视频清晰流畅,画面稳定。

(四)实践建议

通过家长交流会、家园交流平台等方式向家长准确、及时反馈幼儿在园情况与发展近况,确保家园沟通顺畅,让家长全面了解幼儿的营养、情绪、安全等情况。比如在家长交流会上组织多种形式的素材呈现幼儿行为表现,直观展现幼儿成长情况;通过家园交流平台及时向家长传达幼儿在园情况,促进家园及时交流;由家长通过家园交流平台向园方反馈幼儿发展情况,根据幼儿具体情况进行针对性沟通;通过荔枝电台等社会化交流平台,在家长的支持下开展语言类、艺术类等展示活动,拓展交流活动。借助信息技术进行家园共育的展示交流时应注意:一是展示交流平台上信息公开的内容要适当,避免家长焦虑攀比;二是做好信息分类,突出幼儿营养、情绪、安全等;三是基于平台的展示交流频率要适当,避免增加老师和家长的负担。

第三节　发展评价维度

一、F1 评价量规设计与应用

(一)实践问题

(1)评价量规的作用有哪些?

(2)量规使用的一般步骤是什么?

(3)如何让幼儿更多参与量规的使用?

(二)能力描述

在活动中设计并应用评价量规,从而达到以下目的:

(1)提升对活动目标和过程的精细化设计水平;

（2）帮助使用对象准确理解活动目标和评价要求；

（3）提高使用对象在学习过程中的参与度和积极性；

（4）适时引导使用对象调整活动过程和活动策略；

（5）促进幼儿对活动过程和活动成果进行反思；

（6）支持幼儿开展自评和互评活动；

（7）提升使用对象评价的规范性和专业性。

（三）提交指南与评价标准

1. 量规

提交一份量规，要素至少要包括评价指标、评价等级、指标的分级描述。以 PDF 形式提交。

F1 评价量规设计评价标准见表 2-12。

表 2-12 F1 评价量规设计评价标准

优秀	合格
1. 量规要素完整，格式规范美观，容易理解； 2. 符合幼儿年龄特点和发展水平； 3. 指标设计体现了活动重点和评价要点； 4. 分级描述具体、准确、区分度高，可操作性强； 5. 能发挥对使用对象参与活动的启发和引导作用。	1. 量规要素完整，格式规范； 2. 指标设计体现了活动重点； 3. 分级描述全面、合理，具有可操作性。

2. 量规设计与应用思路

结合活动主题、评价目标、评价对象与使用情境，讲解量规设计或选用依据以及应用计划。以视频方式提交，需出现教师个人形象，时间不超过 10 分钟。

F1 评价量规应用评价标准见表 2-13。

表 2-13 F1 评价量规应用评价标准

优秀	合格
1. 量规设计依据和过程科学合理； 2. 充分关注活动目标达成与幼儿发展需要； 3. 应用计划设计合理，流程清晰； 4. 量规使用贯穿始终，注重引导使用对象理解活动目标，调整活动参与策略，评价和反思活动成果； 5. 应用计划考虑周全，对应用环境、资源条件、使用对象情况做了充分考虑，并预见了应用过程中可能出现的问题，制定应对方案； 6. 视频清晰流畅，画面稳定，解说明确到位，无冗余信息。	1. 量规设计依据和过程清晰； 2. 关注活动目标达成与幼儿发展需要； 3. 应用计划设计合理； 4. 视频清晰流畅，画面稳定。

3. 教师反思

请教师提交针对该评价量规使用过程与效果的总结与反思，用视频或音频格式提交，每份反思不少于 2 分钟。

（四）实践建议

量规是一种结构性的量化评价工具,它从与评价目标相关的多个方面详细规定评级指标,具有操作性好、准确度高的特点,有助于更为清晰、准确地引导使用对象参与活动。在幼儿教育活动中,量规的使用对象包括教师、幼儿、家长以及相关人群。例如在家校共育活动中为家长提供评价量规,引导家长亲自开展指导;教师(特别是新教师)在观察幼儿活动时使用评价量规,能够更加准确记录和分析儿童行为。

量规一般包括评价指标、等级、指标等级描述等要素。设计步骤一般为:选择重要的内容作为评价指标,设定评价级别,用清晰的语言描述每个指标每个级别的要求,若有必要为指标设计不同的权重。在评价标准描述时,应使用具体的、可操作性的描述语言,而避免使用抽象的、概念性的语言。

在使用量规时,应该提前公布量规,采用集体学习、量规解读、设计使用说明等方式帮助使用对象学习量规,使使用对象能够更准确地理解活动评价要求;要发挥评价工具的指导作用;量规的表现形式应比较简洁直观,便于理解;活动之后教师应依据量规对活动过程和活动内容进行反思和总结。当设计的量规是供幼儿使用时,要考虑幼儿身心发展特征,在内容、形式上让幼儿容易理解和使用(比如利用不同数量的小星星代表等级,采用图示化的形式表示指标等),同时注重引导幼儿进行自评和互评,有意识发展幼儿基于标准的评价意识。

二、F2 技术支持的幼儿行为观察与分析

（一）实践问题

(1)哪些信息技术工具有助于对幼儿行为进行观察与分析?

(2)如何应用技术工具对幼儿的活动行为等进行科学有效的观察、记录与分析?

（二）能力描述

利用技术工具记录与分析幼儿行为,从而达到以下目的:

(1)从多种渠道收集幼儿活动表现,全面反映活动过程;

(2)能够实时、有序记录活动过程和幼儿行为,丰富对幼儿的认识;

(3)有助于及时发现活动问题,实施针对性干预;

(4)为幼儿发展评价提供丰富的数据支持;

(5)能够对幼儿行为做出科学、合理的分析和评价。

（三）提交指南与评价标准

1. 教学工具

请提交一个对幼儿行为进行观察与分析的信息采集工具,工具应可借助信息技术进行信息采集或汇总。若为文档,请以 PDF 形式提交。

F2 技术支持的幼儿行为观察与分析教学工具评价标准见表 2-14。

表 2-14　F2 技术支持的幼儿行为观察与分析教学工具评价标准

优秀	合格
1. 工具设计合理、科学，操作性强； 2. 采集的行为数据维度丰富，能够全面、真实反映幼儿活动过程，支持对幼儿发展的持续关注； 3. 采集工作操作简便易行，适应即时性采集需要； 4. 采集工具有原创性，具有借鉴价值。	1. 工具设计合理，有一定操作性； 2. 采集的行为数据能够全面反映幼儿活动过程。

2. 工具设计说明

请结合评价目标和评价对象介绍工具设计过程或选用依据以及应用计划等。以视频形式提交，需出现教师个人形象，原则上不超过 10 分钟。

F2 技术支持的幼儿行为观察与分析教学工具设计评价标准见表 2-15。

表 2-15　F2 技术支持的幼儿行为观察与分析教学工具设计评价标准

优秀	合格
1. 讲解内容全面、逻辑清晰，准确说明了设计过程或选用依据； 2. 工具应用计划考虑周全，对应用环境、资源条件做了充分考虑，制定了问题应对方案； 3. 工具的应用借助了信息技术，操作便捷，能够有效提升采集和分析的效率与质量； 4. 兼顾了数据综合分析的需要； 5. 视频清晰流畅，画面稳定，无冗余信息。	1. 讲解内容全面，准确说明了设计过程或选用依据； 2. 考虑了工具应用的环境条件要求； 3. 工具的应用借助了信息技术，操作便捷，能够有效提升采集和分析的效率与质量； 4. 视频清晰流畅，画面稳定。

3. 采集案例

请提交一份应用工具采集到的幼儿真实行为案例，如记录完整的幼儿活动过程观察记录表及分析结论。若为文本，请以 PDF 形式提交。

(四)实践建议

为了及时把握幼儿活动情况并提供有效的支持和干预，也为了更为全面评价幼儿活动行为，教师需要在活动过程中及时观察和记录幼儿的行为，采集过程性信息。

为达到上述目的，教师需要精心设计行为记录工具，例如记录单、观察表等。教师可以根据评价目标、评价对象借鉴一些较为成熟的工具，也可以自主开发，同时还应当考虑数据和信息采集、汇聚的可操作性，以及将来信息处理与分析工作的可行性。建议在实践中设计清晰的数据收集行动计划。在利用信息技术手段观察与记录幼儿行为的过程中，还应注意数据类型，例如数字、图片或视频等。对于描述性评价资料，教师可以利用手机拍摄幼儿活动瞬间，利用云笔记随时记录对幼儿行为的观察等。这些质性记录资料既可以作为教师评价幼儿行为和活动的重要依据，又能帮助老师对幼儿行为做出科学分析与指导，同时也能成为幼儿成长档案的重要内容。随着技术的发展，有条件的教师可充分利用物联网、人工智能、儿童可穿戴设备、数字化玩教具等，基于自动化记录数据观察分析幼儿在生活、运动、游戏、学习等各类活动中的发展情况，为教学过程、管理过程的优化提供数据支撑。

三、F3 电子档案袋评价

(一)实践问题

(1)电子档案袋评价设计时需要注意哪些问题?

(2)档案袋评价的参与主体有哪些技术工具?可以提供哪些便利?

(二)能力描述

借助信息技术建立幼儿成长档案袋,从而达到以下目的:

(1)丰富活动记录证据的形式,真实全面展示幼儿的活动过程与活动成果;

(2)提高活动记录和素材存储、检索与整合的效率;

(3)为家长、同伴等相关人员参与评价过程提供机会;

(4)为全面客观地开展幼儿综合素质评价提供证据支持;

(5)使评价成为活动过程的一部分。

(三)提交指南和评价标准

1. 电子档案袋设计方案

提交一份针对幼儿评价的电子档案袋设计方案,包括档案袋评价的背景和目的、档案袋评价内容及形式(如文本、图片、音频、视频等)、档案袋实施计划(包括基本流程,时间安排,参与人员、参与方式、参与规则等相关人员参与机制,评价标准,选用的技术工具及应用策略等)。以 PDF 形式提交。

F3 电子档案评价设计评价标准见表 2-16。

表 2-16　F3 电子档案评价设计评价标准

优秀	合格
1. 要素完整,表述清晰、有条理; 2. 评价内容科学完整,反映评价目标及核心经验评价的要义; 3. 评价内容及逻辑关系清晰,评价数据或证据呈现形式多样化; 4. 实施思路明确,流程安排合理,操作性强; 5. 相关人员参与机制合理明确; 6. 技术工具选用合理,操作便捷,有助于多方数据的采集、汇总与管理。	1. 要素完整,表述清晰、有条理; 2. 评价内容规划完整,基本反映评价目标; 3. 评价内容结构清晰; 4. 实施思路明确,流程安排合理,操作性强; 5. 具体说明相关人员参与机制; 6. 技术工具选用合理,操作便捷。

2. 教师反思

结合上述方案回顾自己开展档案袋评价的过程,分析采集的档案袋成果,并对本次档案袋评价实施成效进行反思和总结,包括运用档案袋开展评价的作用和意义、技术发挥的作用、存在的问题等。以视频形式提交,视频需出现教师个人形象,时间不超过 10 分钟。

F3 教师反思评价标准见表 2-17。

表 2-17　F3 教师反思评价标准

优秀	合格
1. 讲解内容全面,逻辑清晰; 2. 详细说明了档案袋评价的过程和成果; 3. 档案袋成果形式丰富,能够全面有效支持评价目的; 4. 结合评价过程和成果对档案袋评价实施成效做了全面深入的反思; 5. 技术在档案袋评价过程中发挥了重要作用; 6. 视频清晰流畅,画面稳定。	1. 讲解内容全面,逻辑清晰; 2. 详细说明档案袋评价的过程和成果; 3. 档案袋成果能够支持评价目的; 4. 对实施成效做了全面的反思; 5. 技术在档案袋评价过程中发挥了一定的作用; 6. 视频清晰流畅,画面稳定。

(四)实践建议

无论是纸质档案袋还是电子档案袋都旨在记录幼儿活动过程中的成长、进步、努力或成就等,在利用信息技术建立档案袋时需要仔细规划,一般步骤为:

(1)明确评价目标。档案袋评价的目标是什么? 为什么要采用档案袋评价的方法?

(2)确定档案袋中所包含的内容。依据评价目标,明确要放入档案袋中的内容及具体要求,例如,档案袋中的作品是否要注明完成及放入的时间,主要应用什么软件来实施评价等。

(3)制定档案袋的评价标准。说明档案袋中的每一份材料如何评价,可以用评价量规的形式呈现。建议评价标准制定要定期进行讨论,并以书面形式记录讨论结果。

(4)向园所领导和家长解释评价标准、实施办法等。

(5)收集资料,实施评价。

四、F4 数据可视化呈现与解读

(一)实践问题

(1)如何形象直观地呈现教育数据?

(2)对数据的解读有哪些基本要求?

(二)能力描述

借助信息技术工具进行数据的呈现与解读,从而达到以下目的:

(1)借助图像、图表等可视化形式直观地呈现数据;

(2)选择合适的图形、图像对数据进行合理解读;

(3)挖掘数据间的潜在联系;

(4)为准确、多角度、深入分析与解读数据提供支持;

(5)为合理使用数据分析结果奠定基础。

（三）提交指南与评价标准

1. 数据及呈现结果

提交一份幼儿（或相关）数据及其可视化呈现结果。若为文本，请以 PDF 形式提交。

F4 数据可视化呈现与解读评价标准见表 2-18。

表 2-18　F4 数据可视化呈现与解读评价标准

优秀	合格
1. 数据条理清晰，存储规则一致，是真实的教育教学成果； 2. 应用恰当方式直观呈现数据分析结果，结果清晰直观，可读性强； 3. 所选择的图表形式准确传达关键信息，有助于挖掘隐含的有价值的问题。	1. 数据条理清晰，存储规则一致，是真实的教育教学成果； 2. 应用恰当方式直观呈现数据分析结果，结果清晰直观，可读性强。

2. 数据分析视频

针对上述数据，以视频形式讲述数据分析的目的和内容、数据可视化呈现结果生成过程，并对分析结果做进一步解释。视频需出现教师个人形象，时间不超过 5 分钟。

F4 数据分析视频评价标准见表 2-19。

表 2-19　F4 数据分析视频评价标准

优秀	合格
1. 数据分析目的和内容描述清晰，提出了教育教学中的真实问题； 2. 清晰描述了数据可视化呈现结果生成过程，数据可视化方式（过程和结果）能够解释提出的问题； 3. 对产生该结果的原因做了深入分析，并考虑如何利用分析结果改进教育教学； 4. 视频清晰流畅，画面稳定，解说明确到位，无冗余信息。	1. 数据分析目的和内容描述清晰； 2. 描述了数据可视化呈现结果生成过程，解释了数据分析结果； 3. 对产生该结果的原因做了简要分析； 4. 视频清晰流畅，画面稳定。

（四）实践建议

幼儿相关数据包括幼儿在园一日活动数据、幼儿园外活动监测数据、家庭调查数据等。幼儿在园一日活动监测数据如学习活动、游戏活动、生活活动、运动活动等数据，幼儿园外活动监测数据如社会实践活动等数据，家庭调查数据如幼儿基本情况调查数据、主题活动征求意见数据等。

借助信息技术工具可以对数据进行快速整理、分析并呈现结果，使得数据分析更为快捷，内容呈现更加直观、清晰。信息技术工具能够将数据转换成图形或图像在屏幕上显示，继而帮助读者看清问题和结论。教师要注意分析数据之间潜在的、多维度的关联，为发现问题、寻找依据提供方向和思路。在解读数据过程中，首先需要保持客观性，即依据数据进行分析推导；其次要有逻辑性，基于发现问题→分析问题的思路，尤其要结合幼儿发展阶段及特征进行分析，同时考虑如何利用数据分析结果改进活动的组织与实施。

第四节　专业成长维度

一、Z1 技术支持的专业自主学习

(一)实践问题

(1)教师可以通过哪些信息化途径开展专业自主学习?

(2)当前利用信息化手段开展专业自主学习为什么很有必要?

(二)能力描述

掌握专业发展所需的技术手段和方法,提升信息技术环境下的自主学习能力,从而达到以下目的:

(1)根据学习需求选择恰当的学习工具和学习渠道;

(2)持续跟踪和关注专业兴趣相关内容和相关研究;

(3)保持与专业社群的交流,参与本地或全球的学习网络;

(4)多方面整合资源,更新个人知识体系;

(5)实时开展学习过程的总结和反思。

(三)提交指南与评价标准

1. 目标描述

在以往自主学习经历中,请选择一次信息技术支持的学习经历进行回顾。简要描述学习问题或主题、学习目标,以及拟定的学习评价指标。以 PDF 形式提交。

2. 学习过程描述

结合学习过程记录,用视频的形式详细描述利用信息技术开展自主学习的经历,包括时间安排、学习计划、学习方式、学习过程、学习收获等,同时需要说明自己是如何评价学习成果的。建议结合图示进行演示,视频需出现教师个人形象,原则上不超过 10 分钟。

Z1 技术支持的专业自主学习过程评价标准见表 2-20。

表 2-20　Z1 技术支持的专业自主学习过程评价标准

优秀	合格
1. 学习活动围绕确定的主题展开,目标明确; 2. 自主学习方式与过程科学合理,结合过程性文档进行演示,有代表性和借鉴意义; 3. 信息技术在自主学习过程中发挥的作用非常明显; 4. 学习过程中嵌入了自我反思与评价; 5. 教师学习收获明显,可信度非常高; 6. 视频清晰流畅,画面稳定,解说明确到位,无冗余信息。	1. 学习活动围绕确定的主题展开,目标较为明确; 2. 自主学习方式与过程科学合理,结合过程性文档进行演示; 3. 信息技术在自主学习过程中发挥的作用较为明显; 4. 教师学习收获明显,有一定可信度; 5. 视频清晰流畅,画面稳定。

3. 教师反思

对自主学习过程进行总结和反思,同时针对信息技术支持进行分析,总结值得分享的经验以及还需要改进的不足之处。以 PDF 形式提交。

(四)实践建议

在现代社会中,教师应当理解信息技术对教师专业发展的作用,具备主动运用信息技术促进自我反思与发展的意识,同时掌握专业发展所需的技术手段和方法,提升信息技术环境下的自主学习能力,成为终身学习的典范。

在制定自主学习计划时,一般需要考虑六个核心问题:为什么学、如何学、学什么、与谁一起学,以及何时学、在哪里学。因而一个高质量的自主学习者应能够自我分析不足,确定学习目标,设计学习路径和方式,评估与反思自己的学习情况。在信息化环境中,针对教学中的问题以及自我成长的需要,教师可下载主题资源了解相关内容,利用在线公开课丰富知识,参与网络主题社区持续关注改进幼儿发展评价的研究等。信息技术大大扩展了教师开展自主学习的渠道,同时提升了教师自主学习的效果。

在学习过程中,教师还需要及时反思与总结自主学习成果,不断改进学习过程,提升学习成效。同时,教师还应当创造机会主动参与本地乃至全球的学习网络,追求专业价值和持续性高质量的专业发展。

二、Z2 技术支持的教育反思

(一)实践问题

(1)哪些技术工具可用于记录和呈现专业学习过程中即时性的所思所感?
(2)如何利用技术工具将问题、反思、数据等可视化,以便深入分析?

(二)能力描述

利用信息技术记录和呈现关于教育教学实践的思考,从而达到以下目的:
(1)实时记录教学实践、课堂观察、专业学习中的所思所想;
(2)丰富教育思考的记录与表达形式;
(3)对学习、反思、研讨内容进行可视化、结构化梳理;
(4)有意识地积累素材进而提炼为成果。

(三)提交指南与评价标准

1. 工具介绍

简要介绍你使用过的一个能够记录日常观察与思考的技术工具,包括功能、使用方法等。建议图文结合,不少于 300 字,以 PDF 形式提交。

2. 案例描述

结合具体情境和案例,用视频形式详细描述利用技术工具记录和呈现教育思考的经历,结合过程性记录进行解释说明。视频需出现教师个人形象,时间不超过 10 分钟。

Z2 技术支持的教育反思案例评价标准见表 2-21。

表 2-21 Z2 技术支持的教育反思案例评价标准

优秀	合格
1. 准确、客观地描述了教师在日常教育实践中应用技术工具记录和呈现教育思考的过程； 2. 信息技术在记录与外化教育反思过程中发挥的作用非常明显，且切实加深了思考的深度； 3. 对教育反思记录过程及成效的分析比较深刻； 4. 运用技术记录和呈现教育思考的方式具有示范与学习价值； 5. 视频清晰流畅，画面稳定。	1. 描述了教师在日常教育实践中应用技术工具记录和呈现教育思考的过程； 2. 信息技术在记录与外化教育反思过程中发挥了积极的作用； 3. 对教育反思过程及成效进行了分析； 4. 视频清晰流畅，画面稳定。

3. 应用反思

你认为利用该技术工具记录和呈现教育反思的优势是什么？还有哪些不足？可以从哪些方面改进？不少于 300 字，建议用图文结合的方式呈现。

(四)实践建议

基于教育实践、教学观察以及专业学习中发现的问题对教育教学进行思考，并有意识地沉淀思考成果是推动教师成为理性实践者和研究者的重要方式。

信息技术手段为积累反思素材、汇聚反思资源、丰富反思形式、可视化与结构化梳理反思内容等提供了便利条件，例如在手机等移动设备的支持下，利用云笔记工具能够实时拍照记录儿童们在区角活动、游戏和学习生活中的行为，形成丰富多样的事实性、过程性记录材料；用讯飞智能录音笔记录转录孩子的童言稚语、教师的教学语言，为观察、反思提供文本素材；利用荔枝、喜马拉雅等音频软件，腾讯、优酷等视频软件汇聚反思资源；利用网络日志工具，持续性记录与分享教学案例和观察记录，同时为开发园本课程、系列教育教学案例等积累素材。

信息技术工具还能帮助教师有效地分析问题，加深反思深度，例如通过可视化数据分析工具能发现要素之间的潜在关联，并突破既有思路，寻求问题解决的可能性；利用 Onenote、云笔记等工具可以整合碎片资源，对问题和现象进行结构化整理和分析等。

三、Z3 技术支持的教研参与

(一)实践问题

(1)与传统方式相比，应用技术开展教研活动有哪些优势？
(2)哪些技术工具或平台可以支持开展教研活动？

(二)能力描述

利用信息技术有效地开展教研活动，从而达到以下目的：

（1）打破时空限制，扩大参与教研活动的人员范围；

（2）丰富教研活动参与形式；

（3）丰富教研活动记录素材形式；

（4）实时交流教研参与者的观点和思考；

（5）将教研数据进行量化分析并用图表等可视化方式呈现；

（6）感受集体教研文化。

（三）提交指南与评价标准

1. 工具介绍

简要介绍你使用过的一个能够支持教研活动的平台或工具，包括功能、使用方法等，可以结合图表进行演示。不超过 300 字，以 PDF 形式提交。

2. 案例描述

结合具体情境和案例，用视频形式详细描述一次你利用技术参与教研活动的过程，特别需要结合教研活动过程信息说明该平台或工具如何记录过程数据、如何分析数据等。视频需出现教师个人形象，时间不超过 10 分钟。

Z3 技术支持的教研参与案例评价标准见表 2-22。

表 2-22　Z3 技术支持的教研参与案例评价标准

优秀	合格
1. 客观、清晰地描述了教师利用技术工具参与教研活动的过程； 2. 借助图表等可视化方式对教研活动产生的数据进行深度分析； 3. 信息技术在教研过程中发挥的作用非常明显，有一定的创新性，且切实提升了教研活动参与的范围、深度和品质； 4. 开展教研活动的方式具有示范与学习价值； 5. 视频清晰流畅，画面稳定，解说明确到位，无冗余信息。	1. 描述了教师利用技术工具参与教研活动的过程； 2. 信息技术在教研过程中发挥了积极的作用； 3. 对教研过程和成效的分析较为深刻； 4. 视频清晰流畅，画面稳定。

3. 工具应用反思

你认为利用该平台或技术工具支持教研活动的优势是什么？教研活动过程中还有哪些不足，可以从哪些方面改进？不少于 300 字，建议用图文结合的方式呈现。

（四）实践建议

教研活动旨在观察、研究进而改善教师的教学行为，提升教学效果，这是促进教师专业发展、提升学生学习质量、形成良好学校文化的重要途径。

传统的教研活动需要参与的教师实时出现在课堂环境中，或者实时聚集在一起才能展开研讨。随着信息技术的发展，教研活动突破了时空限制，丰富了参与形式，扩大了参与范围，同时也提升了教研成效。例如通过网络平台开展实时直播可以在更大范围进行同步课堂观察，借助微信平台可以实施同步评课，采用视频弹幕技术可以在准确的活动片段上记录所思所感,利用视频标准工具可以开展实时观课研讨,基于软件可以对课堂中师生互动话语和互动过程进行量化分析研究等。

四、Z4 新媒体新技术应用研究

(一)实践问题

(1)从哪些途径可以持续关注和研究新媒体新技术?
(2)如何有效地将新媒体新技术与教育教学相整合?

(二)能力描述

持续关注和研究新媒体新技术,从而达到以下目的:
(1)知晓新媒体新技术的发展;
(2)了解新媒体新技术在学前教育领域的应用实践情况;
(3)将技术应用与教育教学问题结合思考;
(4)在教育教学实践中开展探索与实践;
(5)对新媒体与新技术的作用有理性思考和判断。

(三)提交指南与评价标准

1. 研究过程描述

请从自主学习经历中,选择一次新媒体新技术应用探索的过程,用视频形式详细介绍如何发现、如何思考、如何实践、如何评价以及如何分享等。请注意,这里的新技术是指在某个时期或阶段,对你或周围同事而言是新鲜的、新颖的,而非绝对意义的"新兴技术"。视频需出现教师个人形象,时间不超过 10 分钟。

Z4 新媒体新技术应用研究过程评价标准见表 2-23。

表 2-23 Z4 新媒体新技术应用研究过程评价标准

优秀	合格
1. 结合实践案例详细介绍了探索新媒体新技术教学应用的全过程; 2. 过程中体现了教师学习的主动性与对待技术热情而审慎客观的态度; 3. 探索过程与方法对他人有学习和借鉴的价值; 4. 视频清晰流畅,画面稳定,解说明确到位,无冗余信息。	1. 结合实践案例详细介绍了探索新媒体新技术教学应用的基本过程和方法; 2. 过程中体现了教师主动学习技术的精神; 3. 视频清晰流畅,画面稳定。

2. 新媒体新技术应用描述

请介绍你在上述经历中所探索研究的新媒体新技术的功能及教学使用方法和策略,建议结合图片、动画等多媒体素材呈现。

Z4 新媒体新技术应用描述评价标准见表 2-24。

表 2-24　Z4 新媒体新技术应用描述评价标准

优秀	合格
1. 结合教学需求、幼儿特点以及具体案例详细而完整介绍了该媒体或技术的功能及操作; 2. 图文并茂,思路清晰,可作为其他教师学习的素材。	1. 详细介绍了该媒体或技术的功能及操作; 2. 思路较为清晰,对他人有学习价值。

(四)实践建议

信息技术的快速发展,使得会对或可能会对教育教学产生影响或支持作用的工具层出不穷。作为学习者,向他人学习或者与他人合作,不断探索与研究借助技术来改进幼儿学习的实践,是信息化社会对教师提出的重要要求。

在教育教学实践中发现问题并寻求用技术来支持或解决,或在广泛接触技术与工具中发现与教育教学的契合点,都是教师学习与探索技术的路径。在新媒体新技术应用的探索研究中,教师既不能惧怕改变而故步自封,也不能片面追求新技术,而应该秉持积极且审慎的态度,在实践中需要从安全性、适用性、便携性、科学性等多个方面考察新媒体新技术与教育教学的衔接程度。关注、发现技术的教育潜力,并结合实践需求、幼儿需求而积极探索,是教师作为学习者的重要使命。

第五节　通用情景维度

一、Y1 数字教育资源获取与评价

(一)实践问题

(1)数字教育资源获取途径有哪些?
(2)从哪些方面判断数字教育资源的适用性?

(二)能力描述

掌握数字教育资源的获取与评价方法,从而达到以下目的:
(1)熟练运用信息检索方法;
(2)丰富教育教学或教师学习研究的资源媒体形式,统合多种数字资源;
(3)根据使用情境和应用目的判断资源的适用性;
(4)保证数字教育资源的科学性和时效性。

（三）提交指南与评价标准

1. 主题说明

教师自主选择一个活动主题，描述其主要内容、面向对象、活动环境等。以 PDF 形式提交。

2. 资源及资源信息表

提交两份从网络获得的、可用于上述活动主题的数字资源，两份资源必须是不同的媒体形式。以表格形式说明资源名称、资源媒体形式、来源渠道，在该活动主题中的作用或意义，以及科学性判断。文本以 PDF 形式提交。

Y1 数字教育资源评价标准见表 2-25。

表 2-25　Y1 数字教育资源评价标准

优秀	合格
1. 信息表填写完整准确； 2. 提交了两份不同形式的资源； 3. 资源给人以正面积极的引导； 4. 资源与主题契合，对支持活动目标达成不可或缺； 5. 结合活动主题准确、清晰地说明了资源的适用性和科学性的判断依据。	1. 信息表填写完整准确； 2. 提交了两份不同形式的资源； 3. 资源给人以正面积极的引导； 4. 资源与主题较为契合； 5. 对资源的适用性和科学性做了简要分析。

3. 资源获取方法说明视频

选择其中一份数字资源，以视频形式（可采用录像或录屏方式）介绍资源获取的方法和步骤。视频需出现教师个人形象，时间不超过 10 分钟。

Y1 数字教育资源获取评价标准见表 2-26。

表 2-26　Y1 数字教育资源获取评价标准

优秀	合格
1. 资源获取方法恰当，步骤清晰，渠道合理； 2. 结合活动主题清晰准确地说明了资源检索的方法与资源适用性判断的理由； 3. 获取方式与策略有借鉴与学习意义； 4. 视频清晰流畅，画面稳定，解说明确到位，无冗余信息。	1. 资源获取方法恰当，步骤清晰，渠道合理； 2. 对资源检索方法做了简要分析； 3. 视频清晰流畅，画面稳定。

（四）实践建议

教师在日常工作学习中均需要获取数字资源以支持集体教学、家园共育、幼儿评价，以及个人专业成长等教育教学活动和学习研究活动的开展。数字教育资源的媒体呈现形式多样，主要包括文本、图像、声音、动画、视频等，教师可根据不同媒体呈现形式利用搜索引擎、专题网站、区域资源网站、社交网络和专业图书馆等途径获取所需资源，如利用百度、谷歌等搜索引擎获得多媒体材料，利用全景网、素材中国等专业图片网站获取图片资源，在公开课、网易云课堂等视频资源平台获取视频资源,利用期刊网、百度文库获取文献、书籍类资源等,利用幼师口袋、智慧树等综合性平台获取多种形式的素材。

由于网络数字资源数量庞大,种类丰富,来源复杂,教师选用资源时需要评估数字资源的科学性,可从资源发布机构的权威性和可信度,内容的安全性、合理性、契合度、时效性、教育意义等方面判断。

二、Y2 演示文稿设计与制作

(一)实践问题

(1)有哪些方法可以提升演示文稿中内容的表现力?

(2)如何利用演示文稿增加活动过程中的互动(特别是师幼互动)?

(二)能力描述

根据教育教学或学习发展需要设计与制作演示文稿,从而达到以下目的:

(1)灵活组织、应用多种媒体素材;

(2)采用图、文、声并茂的方式清晰、生动地呈现活动内容;

(3)有序推进活动各环节的展开;

(4)增加互动(特别是师幼互动),提高参与体验感。

(三)提交指南与评价标准

1. 主题说明

教师自主选择一个活动主题,描述内容、面向对象、活动环境等。以 PDF 形式提交。

2. 演示文稿制作

针对上述活动主题,选择任意一种工具制作支持活动开展的演示文稿。请转换成视频后提交。

Y2 演示文稿制作评价标准见表 2-27。

表 2-27　Y2 演示文稿制作评价标准

优秀	合格
1. 内容科学准确,重点突出,符合参与对象特点; 2. 演示文稿逻辑清晰; 3. 采用图像、图表等可视化的表达方式提升内容表现力,有效促进参与对象对学习内容的理解; 4. 注重采用多种方式与参与对象进行互动; 5. 课件设计美观大方,配色合理,排版简洁; 6. 演示文稿具有创新性。	1. 内容科学准确,重点突出; 2. 演示文稿逻辑较为清晰; 3. 媒体表现形式有助于内容表达,符合参与对象特点; 4. 课件设计较为美观,配色合理。

3. 演示文稿制作说明视频

以视频形式(可采用录像或录屏方式)描述演示文稿制作过程,并说明在活动中如何使用。视频需出现教师个人形象,时间不超过 10 分钟。

Y2 演示文稿制作说明视频评价标准见表 2-28。

表 2-28　Y2 演示文稿制作说明视频评价标准

优秀	合格
1. 演示文稿制作工具选取合理,设计与制作的技巧娴熟; 2. 清晰、有条理地说明了内容组织以及媒体优化的过程; 3. 结合活动主题和应用情景对演示文稿应用过程进行了清晰的设计,考虑了活动展开以及互动的需要; 4. 视频清晰流畅,画面稳定,解说明确到位,无冗余信息。	1. 演示文稿制作工具选取合理,操作流畅; 2. 说明了内容组织以及媒体优化的过程; 3. 结合活动主题和应用情景对演示文稿应用过程进行了设计; 4. 视频清晰流畅,画面稳定。

（四）实践建议

在教育教学或学习发展活动中,演示文稿一般可以用作辅助说明活动流程、呈现关键知识信息、整合呈现多种媒体素材等。演示文稿制作过程中,要根据活动需要和面向对象特点,呈现关键信息,避免添加与活动主题不相关的、干扰注意力的冗余信息;要注重知识要点的整合提炼,注意避免教材文字的堆砌和"搬家",可通过表格、标志符号、图示、结构图等可视化方式有逻辑地呈现内容结构,根据需要选用恰当的内容布局和色彩搭配方式。Microsoft PowerPoint、WPS Prezi、斧子演示、电子白板自带的工具等都可以制作演示文稿。

在设计和使用过程中,要注意避免照搬演示文稿内容而忽略了与参与对象之间的互动,可采用留白、动画效果、互动试题、超链接等方式丰富互动的形式,特别是师幼互动的形式。

三、Y3 数字教育资源管理

（一）实践问题

（1）如何有序管理繁杂的数字教育资源?
（2）如何提高数字教育资源的检索效率?

（二）能力描述

掌握数字教育资源管理的工具和方法,从而达到以下目的:
（1）有序管理数字教育资源;
（2）构建属性和特征丰富的数字资源库;
（3）提高资源检索和使用效率;
（4）依据教育教学目标和其他工作需求有效整合多种信息资源。

(三)提交指南与评价标准

1. 成果展示

展示你日常所用的两个资源管理文件夹(电脑本机或网络存储均可)的截图,每个文件夹资源的呈现至少包括三级。呈现资源丰富,分类合理,命名采用了一定的规则,管理系统有序。

2. 方法介绍

以视频形式记录一种资源管理工具(如网盘、云笔记等)的使用过程,描述时需同步介绍具体操作,必要时说明操作缘由。视频需出现教师个人形象,时间不超过10分钟。

Y3数字教育资源管理方法评价标准见表2-29。

表2-29　Y3数字教育资源管理方法评价标准

优秀	合格
1. 工具操作娴熟; 2. 结合教育教学和其他工作需求详细描述了资源管理工具的使用过程; 3. 分享了资源命名、分类存储和资源检索等使用方法和经验,具有较高的借鉴和分享价值; 4. 对比分析了本地资源管理与网络资源管理的区别; 5. 视频清晰流畅,画面稳定,解说明确到位,无冗余信息。	1. 工具操作流畅; 2. 简要说明了资源管理工具的使用过程和使用方法; 3. 视频清晰流畅,画面稳定。

(四)实践建议

我们可以从纸质资源的数字化和数字资源存储的规范化两个方面管理数字教育资源。通过扫描、拍照、录入等方式将纸质资源进行数字化处理,有利于资源的长期保存和检索应用。

现有数字资源应按照教育教学需要和使用习惯,根据一定的规则命名有序分类存储。数字资源命名时尽可能详细地标注资源属性,如课件资源命名需体现课件的使用范围,观察记录资源命名应体现时间、地域、观察对象信息,或活动主要内容、观察目标等。资源分类可根据内容、对象、任务等进行整理,如教师可以将自己制作的领域数字教育资源与收集到的领域数字资源进行整合,将各类计划、方案、教案和收获的数字教育资源等进行有机结合,为教师个人数字教育资源的再开发和再利用奠定基础。

借助电脑文件夹、云笔记、网盘等工具进行数字教育资源管理,能够提高资源管理效率和使用效率,如利用云笔记的标签功能和快捷方式功能能便捷地查找和获取资源。

四、Y4 微视频的设计与制作

(一) 实践问题

(1) 微视频可用在教育教学或专业提升中哪些方面?
(2) 制作微视频时需考虑哪些关键问题?

(二) 能力描述

利用信息技术工具设计并制作微视频,从而达到以下目的:
(1) 呈现关键信息,解决教学、教研、家园共育等方面的重难点问题;
(2) 丰富教学、教研、家园共育等活动的资源和形式;
(3) 积累形成教育教学、专业发展等的系统资源库。

(三) 提交指南与评价标准

1. 微视频设计方案

教师自主选择一个知识点,撰写微视频设计方案,包括主题、面向对象、内容设计以及微视频应用思路。以 PDF 形式提交。

Y4 微视频的设计方案评价标准见表 2-30。

表 2-30　Y4 微视频的设计方案评价标准

优秀	合格
1. 主题具体明确,具有典型性; 2. 内容编排合理,符合对象特征,逻辑性强,表述清晰,重点突出; 3. 内容呈现形式恰当,支持内容表达; 4. 清晰地描述了应用微视频开展活动的思路。	1. 主题具体明确; 2. 内容编排合理,表述清晰; 3. 内容呈现形式基本恰当; 4. 对如何应用微视频有一定考虑。

2. 微视频

依据上述方案开发并提交微视频,视频长度不超过 10 分钟。Y4 微视频评价标准见表 2-31。

表 2-31　Y4 微视频评价标准

优秀	合格
1. 讲解准确清晰,深入浅出,启发性强; 2. 内容呈现形式与讲解方式新颖; 3. 媒体应用合理,能有效支持内容表达; 4. 使用文字、标注等提示性信息促进使用者理解; 5. 视频清晰流畅,声画同步。	1. 讲解准确清晰; 2. 媒体应用合理,能有效支持内容表达; 3. 视频清晰流畅,声画同步。

(四)实践建议

微视频具有易表现、易传播、易学习、易分享等特点,能够丰富教育教学或专业发展活动的内容和形式,提升活动的效率和效果。如教学活动中选用微视频帮助幼儿直观理解动态变化过程;选择典型的问题、现象、育儿理念等,用微视频的形式向家长传递科学的家庭教育理念和正确的家庭教育方法;借助微视频进行幼儿评价,开展教研活动等。教师可根据需要选用成熟的微视频,也可以设计、制作或修改微视频。如需自主开发,教师应掌握拍摄、录屏、PPT 合成等必要的微视频制作方法和技术工具,根据内容特点及应用目的选用不同的制作方法。

制作微视频时,教师需要明确微视频的用途是什么,明确需要结合何种媒体表达方式来表述清楚。同时,应把握微视频设计与制作的几个要点,如微视频时间一般不超过 10 分钟;一个微视频中只讲一个现象、问题或实用策略;逻辑清晰,提供完整的讲解;选择合适的内容结构序列;通过标注、放大关键点、拉近拉远、镜头快慢、字幕等方式突出重点;结束时要有简短的回顾和总结;视频情景要具有相对的独立性。

第三章 幼儿园教师信息技术应用微能力应用典型案例

案例一 拯救快乐星球

一、幼儿园教师信息技术应用微能力训练

（一）应用环境

惠州市某幼儿园某某教师开展的课例"拯救快乐星球"应用在大班教学中，教师利用现代智能化教学手段，多媒体技术、手机、希沃白板相结合，创造游戏情境，从而吸引幼儿参与问题思考与解决过程，提高课堂教学质量。

（二）体现微能力点

H2 技术支持的重难点突破、H3 技术支持的幼儿参与、Y2 演示文稿设计与制作、J3 技术支持的展示交流、F1 评价量规设计与应用、F4 数据可视化呈现与解读。

（三）实施过程

"拯救快乐星球"H3 能力点实施过程见表 2-32、图 2-8。

表 2-32 "拯救快乐星球"H3 能力点实施过程

	H3 技术支持的幼儿参与
活动过程	一、利用希沃白板抽签功能抽取幼儿的身份卡 　教师组织学生排队按照顺序上台，学生自主点击希沃白板的抽签功能按键，随机选择特工身份，便于后续活动的开展。通过此环节增加了特工游戏的神秘感和参与感，激起学生的学习兴趣。 二、利用 AR 投屏技术，扫描影像，促进幼儿与白板屏幕互动 　利用手机现场扫描幼儿进行 AR 识别，并通过影像投屏的方式，达到幼儿与白板屏幕影像互动的效果，形成幼儿特工身份意识，创造危险气氛的情境，提高幼儿游戏的参与度和真实性，让幼儿代入虚拟场景，增加幼儿的自身认知。

续表

<table>
<tr>
<td rowspan="2">活动过程</td>
<td>

三、将电脑平板作为特工线索,促进幼儿探索和思考

在特工队寻找线索环节中,将带有海盗标志的电脑平板作为线索之一,幼儿通过操作平板点开教师准备好的视频,通过观看视频寻找卧底,有助于培养幼儿操作信息技术设备和分析信息的能力。

四、手机连接白板,播放快乐操的视频,吸引幼儿参与

教师将手机与希沃白板连接,播放老师的舞蹈视频,吸引幼儿的注意力,鼓动幼儿大胆跟着律动跳舞。利用白板进行教学,声情并茂,生动形象,使幼儿增加情绪体验,受到感染,幼儿的自主性、积极性和创造性得到充分发挥。

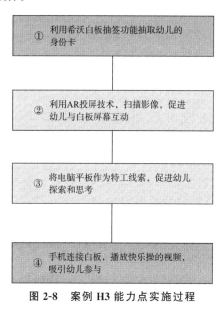

图 2-8　案例 H3 能力点实施过程

</td>
</tr>
</table>

(四)应用效果

1. 导入游戏情境,激发幼儿的学习兴趣

导入部分,播放教师自己运用剪映软件原创制作的视频,创设游戏情境,将幼儿代入特工身份,使幼儿有身临其境的感觉,从而对本课的学习产生浓厚的兴趣。

2. 寻找卧底线索,促进幼儿思考与表达

学生扮演不同种类的"特工",成立快乐星球特工队,寻找卧底的线索。利用 AR 手机投屏技术对幼儿进行基因扫描,判断是否有卧底的存在,激发幼儿学习兴趣。通过播放带有海盗标志的平板视频,寻找卧底的相关信息,有助于培养幼儿操作信息技术设备和分析信息的能力。以上活动让幼儿代入虚拟场景,增加幼儿的自身认知。

3. 融合信息技术,提高师生互动深度

课程通过采用手机投屏、视频制作、AR 投屏和平板教具等技术和工具,支持教学活动、幼儿活动的展开,幼儿可以感受到科技的力量,产生浓厚的学习兴趣。如利用希沃白板"蒙层"的功能,涂抹出有卧底线索的标注,增强人机互动;利用白板抽签的功能,给每位幼儿都

分配一个特工身份,增强身份的代入感等。通过信息技术手段支持活动开展,体现了幼儿学习的主体性,在活动中锻炼了幼儿的合作交流能力,创设出故事化游戏化的情境,促进幼儿主动学习和探索。

4. 总结升华主题,增强健康生活意识

通过一系列教学活动寻找卧底之后,教师通过启发幼儿思考卧底身份的共性,帮助幼儿总结出卧底的身份都是垃圾食品,在日常饮食中,应该减少食用,多吃蔬菜水果等对身体有益的食物,培养幼儿健康饮食的意识,形成良好的饮食习惯。

二、幼儿园教师信息技术应用微能力案例分享

(一)案例背景

在"拯救快乐星球"一课中,教师把教学活动设计体现的游戏性、互动性、体验性和操作性融合到信息技术的应用中,让孩子们能够感受到信息技术应用的先进性,同时能够提高孩子们的学习兴趣,同时教师在设计活动中信息技术运用能力也得到了提升。教师利用多媒体信息技术,创设情境,利用沉浸式游戏、亲身体验操作等方式激发幼儿学习的积极性,培养学习兴趣。本节活动作为公开课多次在幼儿园对外接待活动中进行分享推广,同时在大班幼儿中得到了学习体验。

(二)教学设计

1. 教学目标

(1)尝试进行有依据的分析、推理,能联系前后所获得的所有线索,寻找"卧底"。

(2)通过玩"推理"游戏的实际操作,激发幼儿对信息技术的兴趣、好奇心和求知欲。

(3)感受成功推理后的喜悦,同时明白用证据来证明推断。

2. 教学内容

本次活动应用了投屏、多媒体播放、蒙层等信息技术,利用故事情境和游戏让孩子身临其境,参与活动,培养孩子们的专注力,激发主动学习探索的动力,能够很好地达到活动的教学目标。

3. 教学活动

"拯救快乐星球"教学活动主要包括"快乐星球特工队""特工身份选择""拯救快乐星球,卧底在哪里""寻找卧底线索并找出卧底""快乐星球重获快乐"五大环节,具体教学流程见图2-9。

(1)快乐星球特工队:教师播放视频,进行情境创设,导入课程:欢迎来到快乐星球,你们都是快乐星球邀请的特工队队员。幼儿对小特工游戏感兴趣,并积极参与游戏。

(2)特工身份选择:教师通过希沃白板利用 WPS 课件帮助每个幼儿进行身份抽取,从而为下面的游戏开展奠定基础,特工为了保护自己都会选择一个身份来隐藏自己。幼儿自主点击白板选择特工身份,并将身份贴纸贴在身上。

(3)拯救快乐星球,卧底在哪里:教师播放视频《快乐星球被卧底入侵了,需要揪出卧

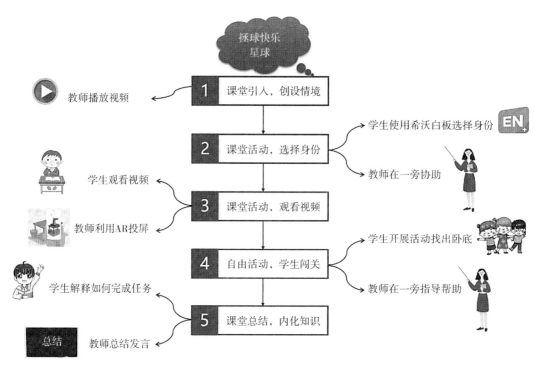

图 2-9　教学活动流程

底,拯救家园》。教师利用 AR 手机投屏技术,组织幼儿参与扫描活动,进一步开展游戏,具体为:进入基因室进行基因扫描及检测,基因检测发出警报发现有卧底存在。

(4)寻找卧底线索并找出卧底:幼儿进行二轮寻找卧底游戏。教师提前将卧底线索藏在教室的 4 个秘密基地中,按照要求每轮可以开发 2 个线索基地,寻找到 6 个卧底线索。幼儿找到线索后,需要在老师的帮助下通过科学实验等方式解密线索,找到确切的卧底。

(5)快乐星球重获快乐:幼儿需要复述自己和组员是如何找到这位卧底、如何解密线索的,而后教师引导大家一起跟随音乐快乐地跳动,制造快乐的气氛感染卧底,使其加入快乐星球。

4. 教学评价

(1)课堂使用的量规:典型课例评价标准见表 2-33。

表 2-33　典型课例评价标准

教学指标	权重	指标描述	得分
教学设计	10	教学目标与课程标准相一致,体现核心素养的基本导向;教学设计中教学内容要具体;重难点突出,能使用技术支持教学设计。	
教学实施	10	教学环节完整,教学容量适当,时间分配合理,教学过程流畅。	
	10	教师教态自然,语言规范;能熟练地应用信息技术设备,合理选择和应用数字教育资源,解决教学中的实际问题。	
	10	信息技术有效支持学生学习、师生互动和教学评价。	

续表

教学指标	权重	指标描述	得分
教学成果	50	申报"多技术融合"试点校的课例要能体现多技术融合教学的特点,学生能使用数字化学习终端进行学习,能实现云端联通,能依据课堂数据提高教学的针对性。 申报"智慧教育"试点校的课例要能体现智慧教学的基本特征,能开展基于数据分析的精准教学和一定程度的基于精确推送的个性化学习。	
	10	课堂氛围活跃有序,学生积极参与课堂,达成教学预设目标。	

(2)采集过程性数据所使用的工具有希沃白板、手机投屏、手机 AR 扫描、WPS 课件制作、剪影视频制作。

(3)课堂评价:课堂孩子参与度高,能够通过推理找出卧底线索。

(三)微能力点评

1. H2 技术支持的重难点突破能力点的体现

课程的重点内容是在达成活动目标过程中的基础性和关键性内容,是学习的主要内容;难点内容是从幼儿实际经验水平出发,难以理解或领会的内容。信息技术有助于丰富学习内容的表现形式,建立活动内容与幼儿经验之间的联结,进而突破重难点。

教师创造性地将传统的认识垃圾食品、保持身体健康的知识性课程设计为以"快乐星球被入侵,各位幼儿通过扮演特工身份,寻找线索揪出卧底从而拯救快乐星球"这种趣味性十足的活动课程,体现了教师应用技术突破重难点的微能力。具体如下:首先,视频中教师采用的技术手段符合幼儿的认知特点,实现了活动的目标,如将原本较为抽象的知识课程转化为"保卫快乐星球之战",变得形象化与直观化。其次,为了帮助幼儿建立活动内容和学习经验之间的关联,利用希沃白板的抽签功能,给每位幼儿分配了特工的身份,增加活动的趣味性;同样利用"蒙层"功能,为卧底的特征线索寻找增加了神秘感和说服力。最后,教师用技术手段为幼儿的知识理解和建构提供了学习支持,如用手机 AR 技术扫描特工基因判断有无卧底,让幼儿操作投屏平板,获取卧底身份的线索等,这些技术工具的使用符合幼儿的认知规律,丰富了幼儿的学习经验,为幼儿认知和思维发展提供了学习支持。

2. H3 技术支持的幼儿参与能力点的体现

《3~6 岁儿童学习与发展指南》指出"幼儿的学习是以直接经验为基础",应"最大限度地支持和满足幼儿通过直接感知、实际操作和亲身体验获取经验的需要"。信息技术可以丰富教学内容的呈现方式、师生参与互动的方式,激发幼儿学习兴趣,发挥幼儿的主动性,促进对重要活动内容的理解。

在课例中教师运用到了多种技术工具,如 AR 技术、平板、希沃白板、手机投屏等支持幼儿参与活动。具体如下:一是为幼儿创设观察操作和亲身体验的情境,教师以"快乐星球被入侵"为情境导入,并为每位幼儿分发不同种类的特工身份,通过扫描"身体基因",增加危险氛围,使幼儿有更强的身份代入感。二是发挥幼儿的主动性,促进对活动内容的认识和理解。在寻找卧底线索身份的活动中,体现了幼儿的自主性,幼儿发现了带有卧底标志的平板,通过观看视频,分析出卧底特工的身份,该活动极大地激发了幼儿的兴趣和好奇心,活跃了学习气氛,通过教师循循善诱,鼓励幼儿参与和探索,支持了活动目标的达成(图 2-10)。

图 2-10　参与"拯救快乐星球"活动

3. Y2 演示文稿设计与制作能力点的体现

在教育教学或学习发展活动中,演示文稿一般可以用作辅助说明活动流程、呈现关键知识信息、整合呈现多种媒体素材等。Microsoft PowerPoint、WPS Prezi、斧子演示、电子白板自带的工具等都可以制作演示文稿。

在课例中体现了教师设计制作演示文稿的微能力点。具体如下:教师在师幼互动过程中灵活组织、应用了多种媒体素材,采用图文并茂的方式清晰生动地呈现活动内容。例如在分配特工身份的时候,用图片呈现;在扫描卧底身份的时候,使用了音乐,增加紧张气氛,提高了参与体验感。在设计和使用演示文稿的过程中,要注意避免添加与活动主题不相关的、干扰注意力的冗余信息,对重点知识进行整合提炼,避免文字堆砌,可采用留白、动画等方式。

4. J3 技术支持的展示交流能力点的体现

应用信息技术手段可以帮助师幼互动,开展教学活动,促进幼儿主动思考。具体体现在教师通过演示文稿展示有关卧底线索的可能位置,幼儿对此做出响应,并积极参与寻找,体现了学生的主体性。但缺乏了家长参与,教师可以在以下方面进行改进:如邀请家长参与进来,幼儿与家长共同参与寻找线索的活动,或者幼儿向家长展示如何破解线索;或者通过家园交流平台及时向家长传达幼儿在课堂上的实时情况,并根据幼儿的具体情况进行针对性的沟通,以丰富的技术呈现形式,达到幼儿过程性成长记录积累的目的。教师在组织家园共育中应注意对技术应用过程中可能出现的问题做应对方案。

5. F1 评价量规设计与应用能力点的体现

量规是一种结构性的量化评价工具,它从与评价目标相关的多个方面详细规定评级指标,具有操作性好、准确度高的特点,有助于更为清晰、准确地引导使用对象参与活动。一般包括评价指标、等级、指标等级描述等要素。设计步骤一般为:选择重要的内容作为评价指标,设定评价级别,用清晰的语言描述每个指标每个级别的要求。

课例的教学设计体现了教师设计与应用评价量规的能力。根据该课例中教师教学设计呈现的评价内容,教师对本节课例的教学设计、教学实施、教学效果方面进行了评价,但缺乏对本课教学目标是否达成、幼儿能力是否形成的评价判断。从视频中可以看到,教师在结尾处对课程学习内容进行总结,对主题进行了升华。建议教师增加课堂评价环节,例如在家校共育活动中为家长提供评价量规,引导家长进行亲自指导;教师在观察幼儿活动时使用评价量规,能够更加准确记录和分析儿童行为。

本课例的评价见表 2-34。

表 2-34 "拯救快乐星球"课例评价

评价指标	权重	指标描述	得分
教学设计	10	教学目标与课程标准相一致,体现核心素养的基本导向;教学设计中教学内容要具体,重难点突出,能使用技术支持教学设计。	9
教学实施	10	教学环节完整,教学容量适当,时间分配合理,教学过程流畅。	8
	10	教师教态自然,语言规范,能熟练地应用信息技术设备,合理选择和应用数字教育资源,解决教学中的实际问题。	9
	10	信息技术有效支持学生学习、师生互动和教学评价。	9
教学效果	50	申报"多技术融合"试点校的课例要能体现多技术融合教学的特点,学生能使用数字化学习终端进行学习,能实现云端联通,能依靠课堂数据提高教学的针对性。 申报"智慧教育"试点校的课例要能体现智慧教学的基本特征,能开展基于数据分析的精准教学和一定程度基于精准推送的个性化学习。	46
	10	课堂氛围活跃有序,学生积极参与课堂,达成教学预设目标。	8

6. F4 数据可视化呈现与解读能力点的体现

幼儿相关数据包括幼儿在园一日活动数据、幼儿园外活动监测数据、家庭调查数据等。幼儿在园一日活动监测数据如学习活动、游戏活动、生活活动、运动活动等数据,幼儿园外活动监测数据如社会实践活动等数据,家庭调查数据如幼儿基本情况调查数据、主题活动征求意见数据等。

本课例的数据主要存在于课程开展过程中。如教师在最后总结课程内容时,通过图片归纳总结卧底特工的共性,进而得出要多吃蔬菜水果,少吃垃圾食品的结论,升华课程主题;通过使用 AR 技术扫描基因,得出快乐星球中混入了卧底等。此外,还可做一些改进,如教师可以使用信息技术手段对学生过程性数据和结果性数据进行记录,分析数据之间潜在多维的关联等。

案例二　神奇的二维码

一、幼儿园教师信息技术应用微能力训练

(一)应用环境

东莞市某一幼儿园某某教师开展的课例"神奇的二维码"应用于混合学习环境,利用现代智能化教学手段,将多媒体机、手机、LED电子屏幕相结合,创造混合式教学环境,从而提高课堂教学质量。

(二)体现微能力点

H1技术支持的情境创设、J3技术支持的展示交流、F2技术支持的幼儿行为观察与分析、J2技术支持的家园共育活动组织、Y1数字教育资源获取与评价。

(三)实施过程

J3能力点实施过程见表2-35、图2-11。

表2-35　"神奇的二维码"J3能力点实施过程

	J3技术支持的展示交流
活动过程	一、学生讲解演示 1. 教师利用PPT直观清晰地展现二维码的外形及特点,学生思考回答。 2. 通过扫描PPT上的二维码,欣赏东莞名建筑物及幼儿日常搭建的东莞建筑作品,运用这种形式,帮助学生认识到二维码的作用和基本构成,培养学生的思维能力。 二、自主创作,分享展示 1. 教师出示小组设计任务卡,每位幼儿都能领到一张二维码图片,并利用现成的材料自主对建筑二维码进行设计和装饰。 2. 幼儿在创作过程中,教师利用手机投屏,让观众直观看到幼儿创作画面;在操作环节结束后,学生自主分享,通过教师的手机投屏,展示出自己游览东莞的视频,通过欣赏别人解说视频的同时,加深了对建筑景点的理解。 3. 集体展示后,幼儿带着自己的二维码寻找观众扫码,并介绍二维码对应的视频内容,加强现场互动。 4. 互动环节结束后,教师使用PPT讲述不明二维码的害处,强调了二维码的注意事项,并倡导继续广泛使用二维码,真正做到与信息时代同步,加强了安全教育和信息素养教育。

续表

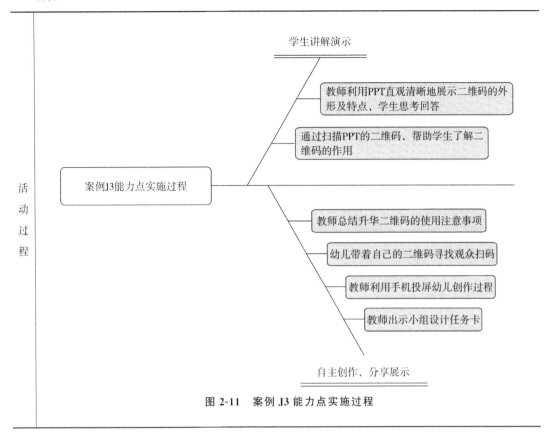

学生讲解演示

教师利用PPT直观清晰地展示二维码的外形及特点，学生思考回答

通过扫描PPT的二维码，帮助学生了解二维码的作用

案例J3能力点实施过程

教师总结升华二维码的使用注意事项

幼儿带着自己的二维码寻找观众扫码

教师利用手机投屏幼儿创作过程

教师出示小组设计任务卡

自主创作，分享展示

活动过程

图 2-11　案例 J3 能力点实施过程

（四）应用效果

1. 情境导入，激发幼儿学习兴趣

导入部分，利用教师自己制作的情境视频，播放生活中常见的二维码场景片段，联系幼儿先前的生活经验；同时幼儿使用教师手机扫描木瓜树上的二维码观看视频，了解二维码在生活中的应用。

2. 设置动手环节，增加了课堂趣味性

幼儿扮演"设计师"为东莞名建筑设计建筑图案，巩固了对东莞建筑物的认识，更加激发了幼儿的学习兴趣。通过水彩笔在二维码上绘制东莞名建筑，加深了幼儿对建筑物的印象。

3. 促进了师生互动、学生思考

通过设置集体活动展示环节，幼儿可以欣赏到同伴的作品，教师可以对幼儿的作品进行点评；在自主展示环节，幼儿携带二维码图片自主寻找观众进行展示，通过手机扫码的形式，幼儿可借助视频分享自己的游览记录，提升了幼儿的迁移能力和沟通交流能力。

4. 提升了学生的信息素养和安全意识

信息技术是支持学生终身学习和合作学习的手段，科学地培养和提高学生的信息素养具有必要性。在此次学习活动中，幼儿认识到了二维码的作用和特点，以及不明二维码的害处,并能够根据实际生活进行思考,提出应对措施,提高了幼儿的安全意识。此外,幼儿通过操作教师手机,扫描微信二维码,掌握了信息获取的方法,培养了幼儿的信息技术应用能力。

二、幼儿园教师信息技术应用微能力案例分享

(一)案例背景

在"神奇的二维码"一课中,教师利用信息化的技术教学,把教学活动设计体现的有趣性、互动性、操作性融入教学当中,让幼儿加深对二维码了解的同时,强化幼儿对东莞传统建筑的认识,感受家乡的历史文化。通过视频导入法、提问法、体验法、操作法激发幼儿学习兴趣,让幼儿在活动中直接感知、亲身体验、实际操作,在学中玩、玩中学。本节活动得到了幼儿园观摩老师的一致认可,将其作为 2.0 典型课例进行学习和研讨,并在莞城区 23 所幼儿园与珠海市金湾区幼儿园教学园长及教研组长研修班中获得好评。

(二)教学设计

1. 教学目标

(1)初步了解二维码的作用和特点(知识目标);

(2)尝试为东莞名建筑设计二维码专属图案并大胆讲述(技能目标);

(3)体验二维码给生活带来的方便,感受创作与分享的乐趣(情感目标)。

2. 教学内容

本课通过让幼儿亲身体验手机扫码来感受二维码的奇妙有趣;通过为东莞建筑物设计二维码专属图案,在加深幼儿对二维码的了解的同时,强化他们对东莞传统建筑的认识,感受家乡的历史文化,在幼儿幼小的心灵中播种一颗爱家乡爱东莞的种子。针对不同幼儿的生活经验(是否会使用手机),预设了让幼儿来展示"使用手机操作扫码的方法"的环节,并对扫码方法进行了小结,加深印象。

3. 教学活动

"神奇的二维码"教学活动主要包括"发现生活中的二维码,了解其作用和特点""初步感知二维码的神奇有趣""创作东莞名建筑二维码的专属图案""扫码分享建筑二维码内容"四个环节,具体教学活动流程如图 2-12 所示。

(1)发现生活中的二维码,了解其作用和特点:首先老师以情境视频导入,引出生活中常见的二维码,幼儿通过观察联系生活实际,吸引幼儿注意力,调动他们的学习兴趣。

(2)初步感知二维码的神奇有趣:老师分别出示两组二维码,幼儿自主扫码欣赏提前与家长一起录制好的东莞名建筑物及日常搭建的东莞建筑作品,幼儿不仅感受到了二维码的神奇和有趣,还感受了家乡文化。

(3)创作东莞名建筑二维码的专属图案:老师出示小组设计任务卡,将幼儿分成三组。幼儿扮演"设计师"体会与同伴分享的快乐,巩固了幼儿对东莞名建筑的认识,激发了学习的兴趣。

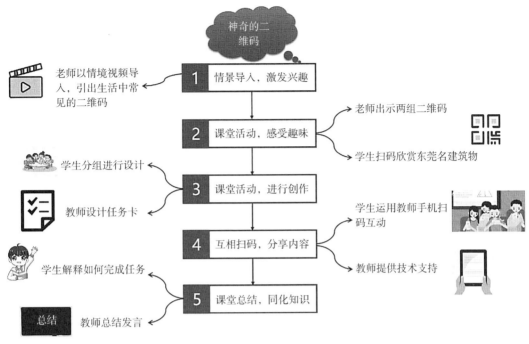

图 2-12　教学活动流程

（4）扫码分享建筑二维码内容：老师给学生提供信息技术支持，进行扫码安全教育，学生则巧妙地借助老师的手机，形成互动，最后由老师总结。

4. 教学评价

本课例在教学设计上能基于班级学情，所涉目标可评可测；在教学实施中能以学生为中心且合理应用信息技术与资源；在教学效果上，课堂氛围活跃有序，能达成教学目标；在信息化应用于创新上，能做到信息化程度高，信息技术应用合理得当，能借助信息化工具对教学进行及时反馈，能激发学生探究兴趣。对学生学习绩效进行实时评价，依据东莞市能力提升工程 2.0 教学创新典型课例评分标准，本课例得分为 95 分，属于优秀等级。

（1）教师除了在引入话题情节播放自己制作的微课以外，还在输出环节（扫码结果）为学生提供三个精心准备的微课，帮助学生了解东莞建筑，达成目标。

（2）课例中很好地体现了这个能力点，但是感觉多媒体的使用频度较高，可以把部分的环节改为纸质的。

（3）课例除了使用电脑 PPT、微课以外，还使用了手机，而且对手机使用的把控比较好。

（三）微能力点评

该课例与幼儿教师信息技术应用 5 个能力点 H1、J3、F2、J2、Y1 有效契合，通过信息技术工具辅助课堂活动开展，充分调动幼儿学习的兴趣，幼儿能够主动地投入课堂学习中来，充分体现了教师的教学智慧和信息技术应用能力。

1. H1 技术支持的情境创设

情境可以对幼儿产生直接的刺激作用，创设富有感情色彩的活动情境能刺激幼儿的感官，引起学习注意，激发学习动机，从而提高学习的有效性。该课例由教师自制的微视频进行情境导入(图2-13),通过播放生活中常见的二维码视频片段,帮助幼儿联系生活经验,从而置身于主题情境中,吸引孩子们的注意力,调动孩子们的学习兴趣,帮助开展进一步的活动交流和互动;同时,通过让幼儿扫码欣赏东莞名建筑物,借助科技让幼儿的学习更加直观,幼儿通过多感官与场景进行互动,身临其境地感受东莞名建筑物的魅力,突破认知界限,对二维码的了解更加深入。

图 2-13　情境导入

2. J3 技术支持的展示交流

家长交流会、家园交流平台等方式能够向家长准确、及时反馈幼儿在园情况与发展近况,确保家园沟通的流畅,能够让家长全面了解幼儿的情况和发展变化。该课例中,教师不仅能够充分地运用信息技术工具进行展示,并引导学生进行交流分享,同时在分享环节还能够充分巧妙借助观课老师手机形成互动并上传至家校平台(图2-14)。此做法不仅帮助幼儿分享自己见到的名建筑,有效提升幼儿在课堂中的参与度,同时还能够直观地呈现幼儿的课堂交流情况、成长情况,促进家园及时有效地沟通,促进幼儿发展过程性信息的积累。

图 2-14　技术展示

3. F2 技术支持的幼儿行为观察与分析

为了及时把握幼儿活动情况并提供有效的支持和干预，也为了更为全面评价幼儿活动行为，教师需要在活动过程中及时观察和记录幼儿的行为，采集过程性信息(图 2-15)。该课例中，教师能够利用手机录制视频收集记录幼儿的活动行为及表现，全面反映活动过程，丰富对幼儿的认识，有助于及时发现活动问题，实施针对性干预，为幼儿发展评价提供丰富的数据支持，并结合参与教学活动幼儿的感受与收获更好地进行教学小结与活动反思，对幼儿行为做出科学、合理的分析和评价。

图 2-15 幼儿展示

4. J2 技术支持的家园共育活动组织

该课例体现出教师具备与新时代相匹配的媒体素养，能够应用新媒体技术与家长进行良性沟通、有效合作，通过让家长使用手机扫码填写"问卷星"小程序，进行前期经验调查，了解孩子的前期经验，从而更加科学客观地预设活动目标。同时，通过技术让家长参与教学的前期经验调查，有利于促进家园双方及时、深度沟通，全面了解幼儿情况，拓展家长参与幼儿教育的机会，提高家长的参与积极性。

5. Y1 数字教育资源获取与评价

该课例中教师能够利用情景视频进行课堂导入，利用PPT直观清晰地展现二维码的外形及特点，能够通过使用手机扫码欣赏东莞典型的建筑物及幼儿日常搭建的东莞建筑作品，还能利用手机录制微视频采访参与教学活动幼儿，让他们发表感受与收获，以更好地进行教学小结与活动反思。通过获取不同的数字资源以支持集体教学、家园共育和幼儿评价，丰富教育教学或教师学习研究的资源媒体形式，统合多种数字资源，保证数字教育资源的科学性、时效性及适用性。

案例三　我喜欢的莲藕美食菜谱

一、幼儿园教师信息技术应用微能力训练

(一)应用环境

东莞市某一幼儿园某某教师开展的课例"我喜欢的莲藕美食菜谱"应用于智慧教育环境,她利用现代智能化教学手段,结合多媒体课件、抖音、平板电脑、二维码扫码、彩色无线打印、百度文库等,创造智慧教育环境,提高课堂教学质量。

(二)体现微能力点

Y2演示文稿设计与制作、J3技术支持的展示交流、Y4微课程的设计与制作、F4数据可视化呈现与解读。

(三)实施过程

"我喜欢的莲藕美食菜谱"J3能力点实施过程见表2-36、图2-16。

表2-36　"我喜欢的莲藕美食菜谱"J3能力点实施过程

J3技术支持的展示交流
活动过程	一、课堂导入及演示 　教师利用演示文稿展示"荷塘月色"美食菜谱,以启发式提问引导幼儿观察美食菜谱,引起幼儿对制作美食菜谱的兴趣。 　二、动手设计,分享展示 　1.教师通过演示文稿提出设计菜谱的要求,每位幼儿分小组进行探究式学习,体验与同伴合作学习,并设计菜谱。 　2.幼儿在创作过程中,教师为其提供平板电脑、班级信息资源库以及语音查阅功能,幼儿通过合作探究及查阅资料进行菜谱设计。 　3.幼儿利用数码彩色打印及平板电脑分享自己小组设计的菜谱,幼儿通过聆听小伙伴的作品进一步交流学习,体验小组合作分享的乐趣。 　4.互动环节结束后,教师使用演示文稿就设计莲藕美食菜谱的问题进行小结和提升。

续表

活动过程	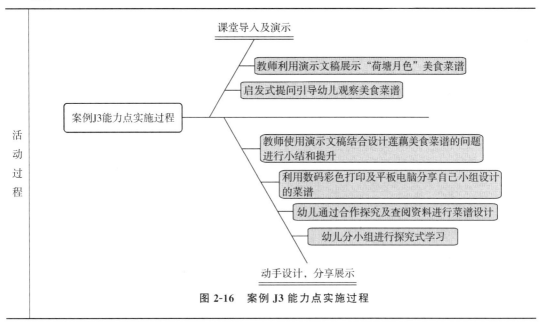

图 2-16 案例 J3 能力点实施过程

(四)应用效果

1.展示美食菜谱,激发幼儿的学习兴趣

通过演示文稿出示"荷塘月色"美食菜谱,以启发式提问引导幼儿观察美食菜谱,不仅帮助幼儿了解菜名、食材中的主料和辅料及营养价值,也引起了幼儿对制作美食菜谱的兴趣,鼓励幼儿大胆说出菜谱的几要素。

2.设置动手环节,增加了课堂趣味性

学生扮演"营养师"以小组合作的形式利用平板电脑、班级信息资源库及语音查阅功能等技术工具设计菜谱,不仅能让幼儿体验与同伴合作的学习,更加培养了幼儿的交往能力和动手操作能力。

3.设置展示交流环节

通过设置小组学习成果展示环节,鼓励幼儿大胆自信地分享小组的成果,幼儿可以欣赏到同伴的作品,教师可以对幼儿的作品进行点评,并结合设计菜谱的问题进行小结和提升,幼儿可以体验到小组合作分享的乐趣。

二、幼儿园教师信息技术应用微能力案例分享

(一)案例背景

在"我喜欢的莲藕美食菜谱"一课中,教师为幼儿创造宽松、平等、愉悦的教学氛围,活动现场提供丰富的食材,打造真实的生活场景,让孩子们观察、感知和探究学习,并把前期网上搜集到的有关美食制作的照片、视频制作成班级信息资源库存放在平板电脑中,方便

幼儿自主查阅，调动幼儿学习的积极性、主动性和创造性，支持孩子们创造性地学习。

教师让每个幼儿在活动前期开展亲子调查，通过百度文库、腾讯视频等网络平台查找有关的学习资料，了解到各种莲藕美食的制作过程和营养价值，孩子们也在家动手制作莲藕美食，在亲身体验中对制作莲藕美食需要准备的食材、工具、制作方法等都有了更清晰的认识。

本活动作为广东省信息技术融合综合案例通过网络向全国教育同行进行展示，辐射人数达1万多人次，广受好评。

(二)教学设计

1. 教学目标

依据《幼儿园教育指导纲要》《3~6岁儿童学习与发展指南》中语言、社会和艺术领域目标要求，从大班幼儿的年龄特点、发展需要出发，确定了以下三维目标。

(1)认知目标：了解食材的营养价值，学习设计并制作莲藕美食菜谱，知道做菜要合理搭配营养。

(2)能力目标：通过多种手段查阅资料，设计并制作菜谱，学会使用完整连贯的语句描述，并大胆在集体和同伴面前交流和分享自己设计的菜谱。

(3)情感目标：愿意与同伴友好合作完成莲藕美食菜谱的设计，体验小组合作分享的乐趣。

2. 教学内容

本次活动为了帮助幼儿了解各种食材的营养价值，学习设计并制作莲藕美食菜谱，知道做菜要合理搭配营养。在教学活动前，教师把亲子调查所收集到的图片、视频、文字信息进行梳理，整合成班级的信息资源库，放置在平板电脑中，供幼儿在活动中自主选择和查阅，帮助幼儿更好地进行游戏和学习。教师在教学过程中根据活动目标，应用多媒体PPT、彩色数码打印机、平板电脑、班级信息资源库、百度文库等技术工具、平台和资源，幼儿通过多种手段查阅资料，设计并制作菜谱，学会使用完整连贯的语句描述，并大胆在集体和同伴面前交流和分享自己设计的菜谱。从整个活动效果来看，既提升教师信息技术的应用能力，也能丰富幼儿的学习体验，扩大学习交流范围，帮助幼儿促进知识的建构。教师利用技术为幼儿创造真实的学习情境，促进幼儿自我导向的学习，达到幼儿自主学习、大胆表达和乐于交往的效果。

3. 教学活动

"我喜欢的莲藕美食菜谱"教学活动主要包括"图片导入，激发兴趣""出示菜谱，引发思考""分组合作，设计菜谱""分享交流，总结提升"四个环节，具体教学活动流程如图2-17所示。

(1)图片导入，激发兴趣：教师以谈话方式引入，引导幼儿复习糖心莲藕的做法，说出各种食材的名称和营养价值。幼儿自由回答，并介绍认识的食材名称、营养价值。

(2)出示菜谱，引发思考：教师启发式提问，引导幼儿观察美食菜谱，认知菜名、食材中的主料和辅料及营养价值。学生仔细观察图片，在老师的启发下思考问题，学习用完整连贯的语言进行表达。

(3)分组合作，设计菜谱：教师提出设计菜谱的要求，鼓励幼儿主动尝试用不同的方式以小组合作的形式设计菜谱，并巡回指导。学生分小组进行探究式学习，体验与同伴合作学习，并设计制作菜谱。

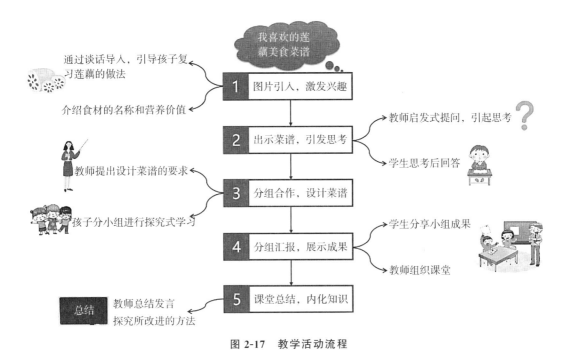

图 2-17　教学活动流程

（4）分享交流，总结提升：教师鼓励幼儿大胆自信地分享小组的成果，并结合设计莲藕美食菜谱的问题进行小结和提升。学生分享自己小组设计的菜谱，并在集体和同伴面前表达想法。

4. 教学评价

课堂中提供多台平板电脑供师生使用，对在师生互动过程中产生的一些疑惑或发现的问题，教师引导幼儿先思考、再回答，分析反馈，肯定幼儿的回答，鼓励幼儿大胆表达，分享自己的想法和意愿。当出现不能确定标准答案的问题时，教师鼓励幼儿使用平板电脑，通过上网查阅资料，从中找到相关的信息和答案，让每位幼儿都有自主学习、发现和解决问题的机会，为幼儿学习提供一个精准化、个别化、差异化的氛围。教师在教学中能熟练应用信息技术设备，合理选择和应用多媒体教育资源，更好地帮助幼儿解决教学和生活中的实际问题。

（三）微能力点评

该课例与幼儿教师信息技术应用的 4 个能力点 Y2、J3、Y4、F4 有效契合，通过演示文稿、平板电脑等信息技术工具辅助课堂活动开展，并引导幼儿进行合作学习及展示分享，充分调动幼儿学习的兴趣，让幼儿积极主动地投入课堂学习中来，充分体现了教师的教学智慧和信息技术应用能力。

1. Y2 演示文稿设计与制作

在教育教学或学习发展活动中，演示文稿一般可以用作辅助说明活动流程、呈现关键知识信息、整合呈现多种媒体素材等。在该课例中，教师能够结合教学内容，根据活动需要和面向对象特点，设计并制作课堂演示文稿（图 2-18）。演示文稿能够避免教材文字的堆砌和"搬家"，呈现关键信息，注重知识的整合提炼，从而有逻辑地呈现内容结构，有序推动活动各环节的展开。同时,该课例中教师制作的演示文稿能够根据需要选用恰当的内容布局和色彩搭配方式,课堂中的演示文稿具备较高的美观度和适用性。

图 2-18　文稿演示

2. J3 技术支持的展示交流

通过技术支持的展示交流能够提升幼儿在课堂中的参与度。该课例中,教师不仅能够充分地运用信息技术工具鼓励幼儿大胆自信地展示、分享小组的成果,还能充分地体现孩子们的主观能动性(图 2-19)。同时,通过技术支持的家长交流会、家园交流平台等方式向家长准确、及时反馈幼儿在园情况与发展近况,确保家园沟通的流畅,能够让家长全面了解幼儿的情况和发展变化。该课例能够通过平板电脑直观地呈现幼儿的课堂交流情况、成长情况,促进家园及时有效沟通,促进幼儿发展过程性信息的积累。

图 2-19　学生制作作品

3. Y4 微课程的设计与制作

微视频具有易表现、易传播、易学习、易分享等特点,能够丰富教育教学或专业发展活动的内容和形式,提高活动的效率和效果。该课例中,教师能够在教学活动中通过班级信息资源库中的微视频帮助学生设计菜谱,所使用的微视频能够提供逻辑清晰、重点突出的完整讲解,通过呈现关键信息从而帮助教师解决教学的重难点问题,同时丰富教学活动的资源和形式,如图 2-20 所示。

图 2-20 观看微课视频

4. F4 数据可视化呈现与解读

借助信息技术工具可以对数据进行快速整理、分析并呈现结果,使得数据分析更为快捷,内容呈现更加直观、清晰(图 2-21)。该课例能够借助平板电脑进行数据的呈现与解读,从而为准确、多角度、深入分析与解读数据提供支持,在解读数据过程中能够保持客观性和逻辑性,基于发现问题→分析问题的思路,结合幼儿发展阶段及特征进行分析,同时考虑如何利用数据分析结果改进活动的组织与实施。

图 2-21 菜单可视化呈现

模块 3

小学教师信息技术应用微能力训练及案例

本模块结合教育部《全国中小学教师信息技术应用能力提升工程 2.0 校本应用考核》的微能力点进行具体设计,体现具有中国特色的信息化教学模式创新与理念创新。

第一章　小学语文教师信息技术应用微能力训练及案例

第一节　小学语文教师信息技术应用微能力训练

一、应用环境

广州市某小学某教师执教的小学四年级语文"介绍我的动物朋友"课例,依托企业微信、腾讯会议、"每日交作业"小程序等混合学习环境开展教学实践,通过发布线上活动任务,让学生积极主动参与到活动中去,激发学生的学习主动性。同时,教师提供自评与互评的评价量规,引导学生借助技术工具和平台开展自评与互评,有效提高师生、生生互评质量。

二、体现微能力点

A14 自评与互评活动的组织。

三、实施过程

自评与互评活动组织过程见表 3-1。

表 3-1　自评与互评活动组织过程

自评与互评活动组织过程

一、利用"每日交作业"小程序发布作业、出示评价方案

教师在"每日交作业"小程序发布作业"我的动物朋友观察记录表",附上评价量规和具体指标,并详细阐述活动要求以及评价方案(图 3-1)。观察记录表能够体现学生学习方法,展现学生的学习路径,在完成观察表的同时培养学生的自主学习能力与实践创新能力。

图 3-1　活动要求

二、自主探究、小组互评交流

1. 小组成员浏览"每日交作业"小程序发布的活动要求,学习此次分享活动的评价量规,组织开展线上分享活动。

2. 小组成员在观察活动结束后,汇总整理自己的动物朋友观察记录表,可以在企业微信以图、文、音、视频等方式进行交流,随时随地分享自己的观察发现,通过"每日交作业"在平台上传作业并根据评价量规进行自评,为小组内线上分享互评活动做好准备。

3. 通过查看其他同学的观察记录表和自评内容,学生线上即可对其他同学的作业进行"点赞"和评论。同时,老师利用企业微信中的微文档功能创建表格,组长用表格记录组员的出勤情况,规范和激励组员的学习行为。

4. 小组成员利用腾讯会议开展小组合作学习,按照评价量规,进行互评学习(图 3-2)。

活动过程

续表

活 动 过 程	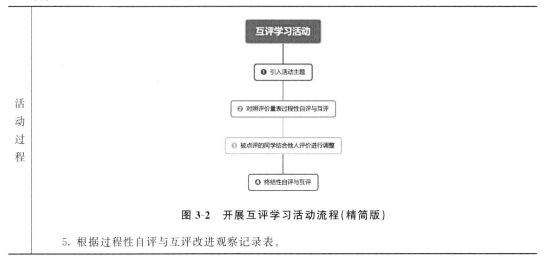 图 3-2　开展互评学习活动流程(精简版) 5. 根据过程性自评与互评改进观察记录表。

四、应用效果

(1)通过自主探究活动,促进学生深度学习。本案例中,通过"每日交作业"小程序发布线上学习活动(表 3-2):完成"我的动物朋友观察记录表",能够让学生迁移运用四年级上学期学习到的观察方法,去选择一种生活中自己喜爱的、熟悉的动物对其进行全方位的细致观察,同时,借助信息技术手段,学生可以更多元、更便捷地对动物进行动态记录,大大激发了表达欲望与学习兴趣。学生观察的对象是有生命特征的动物,这样的学习方式具有灵活性,打破了传统课堂时空的局限性,同时通过学习平台搭建交流互动空间,培养学生的自主学习能力,激发学生的思考和探究,促进深度学习。

教学的目的是促进自主学习,"授人以鱼不如授人以渔","教"是为了"不教"。学习的发生依赖于学生主动和知识进行交互的过程,而知识的获得、内化和创新是学生深度参与学习活动的结果。这就要求教师不仅仅是知识的讲授者,更应该成为学生自适应学习的规划者和设计者,从学生的视角出发,设置学习目标,设计学习任务,开展学习活动,观察学习情况,为学生搭建有效的"脚手架",并提供学习策略的支持,从而实现教学的有效性(图 3-3)。

(2)通过线上分享交流活动,培养学生的合作学习能力。本案例中,学生分组后成立小组,组员可以借助语音、文字、视频等方式与小组成员在企业微信中进行互动讨论,随时随地分享自己观察到的动物相关状况。同时,通过企业微信可以进行电子考勤与活动组织,规范学生的学习行为。在自评与互评的活动中,学生通过交流彼此的学习经验和方法,可以获得更加丰富的信息反馈,欣赏和学习他人的长处,实现高质量的生生互动。学生在小组的分工与协作、活动的组织与推进当中也有效地提升了自身的合作与沟通能力。

社会对于人才的要求并不仅仅局限于个人工作能力的突出,更多的是团队合作与沟通,这也是教育人才培养与社会需求错位问题最核心的体现之一。这就要求教师构建合作学习活动,让学生能够在交流与表达中相互取长补短,充分发挥智能工具的支持作用,延伸学生表达的空间和场域,促使知识外化向知识内化转变,生成智慧。

表 3-2　学生作业完成情况

外貌特征	生活习性	性情特征	其他
果果有一双蓝宝石似的眼睛；白白的胡须，黑黑的脸，大家都笑它是"煤老板"；它脖子上有白色的"大围脖"，冬天看着很暖和；两前腿还带着"白手套"。	果果喜欢玩球，只要有一个球落在了地上，它就会蹲下来做准备，确认好目标，然后猛地扑上去把球按在地上。	都说猫是"高傲"的动物，它总喜欢窝在一边观察着周围的环境。	
现在是春天，是果果的换毛季，它走到哪里身上的毛就掉到哪里，活像一只"蒲公英猫"。	果果喜欢睡在能被包裹住的地方，有时候在猫窝，有时候在小纸箱里，有时在收纳箱里……	有时果果也会很黏人，尤其是我们外出回到家，它觉得我们出去"打猎"回来很辛苦，所以总是跟在我们旁边蹭蹭。	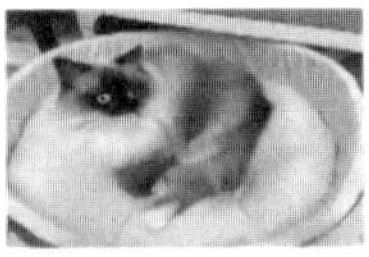
果果身上的毛发背部是黑黄相间，但肚皮却是纯白色的。	果果很爱干净，它"便便"都会在猫砂盆里，然后用猫砂掩盖起来，这样就不会被敌人根据味道发现它了。	只有在安全的环境里，果果才会睡得四脚朝天，把肚皮露出来。	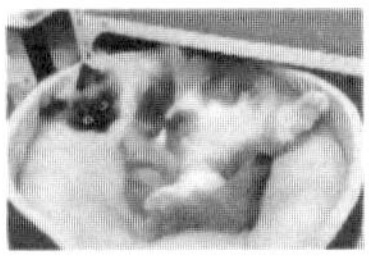
果果的右后腿因为动过手术所以是瘸的，走路会一拐一拐。	家里因为有妹妹的原因，用一个护栏相隔开。由于果果无法跳高，它又渴望到客厅去玩，于是总站在凳子上找机会溜进去。	猫是一种好奇心很重的动物，哪怕再高的地方都敢往下跳，所以养猫一定得锁好门窗，以防它们从阳台或窗边跳出去。果果就是这样受伤的……	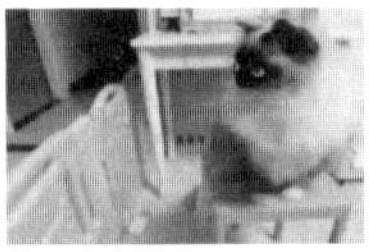

评价指标	评价等级			等级
	优秀	良好	合格	
内容展示	1.作品清晰，能够认真观察，发现动物各方面特点。2.准确地记录观察所得。3.能够结合生活情境呈现重点观察的方面。	1.作品清晰，能够认真观察，发现动物各方面特点。2.准确地记录观察所得。	作品清晰，能够观察动物，准确地记录观察所得。	
语言表达	1.语言简洁生动。2.语言表达能够引导其他同学对学习内容积极思考，能给大家带来启发。	1.能结合学习主题进行准确生动的表达。2.语句通顺，表达清晰。	语句通顺，用词准确，表达基本流畅。	
作品评价	能够围绕组员作品分析作品特点，总结技巧，给组员启示。	能够结合组员作品分析特点，提炼优点并给出建议。	对组员作品进行简单点评，无目标。	
拓展延伸	在小组分享活动中上传了作品并积极与同学评价交流，互评次数3次以上。	在小组分享活动中展示了作品并进行评价交流。	在小组分享活动中展示了作品。	

28号胡轩霖
今天 15:44 修改

我对自己的评价各方面是良好的。一是内容展示方面，我从小猫果果的外貌、生活习性、性情及其他4个方面进行了描写，比较完整。二是语言表达方面，我用了比喻的修辞手法，用了举例子的方法。

崔童蕊:28号同学表达生动有趣，小动物的各方面都写得很具体，还配上了可爱的插画
[私信]李奕瞳:胡轩霖，你的表达清楚，语言简洁明了，我评你良好。

图 3-3　评价量规

(3)提升学生的信息素养。本案例中,学生能够从实际出发,结合问题进行小组合作探究,在学习的过程中运用企业微信有序地组织活动,记录考勤并管理学习活动,在"每日交作业"小程序上上传自己的"动物朋友观察记录表",并根据评价量规进行自评与互评。为了更好地呈现要分享的内容,学生运用PPT整理自己的观察所得,并依托腾讯会议开展线上分享与互评活动(图3-4),这些渗透在真实学习活动中的技术手段能够促进学生信息素养的提升。

智能技术是支持学生终身学习和合作学习的手段,对科学地培养和提高学生的信息素养具有重要意义。随着教育数字化转型成为国家战略行动,科技赋能教育高质量发展也成为研究的热点话题,其核心是通过对智能技术的汇聚和协同,优化教育系统各个要素,提升对教育改革与发展服务能力,实现问题导向和需求导向之间的统一协调,推进教育理念、内容、方法和治理的变革,达成技术生态和教学生态的双向融合,从而促进教育高质量发展。

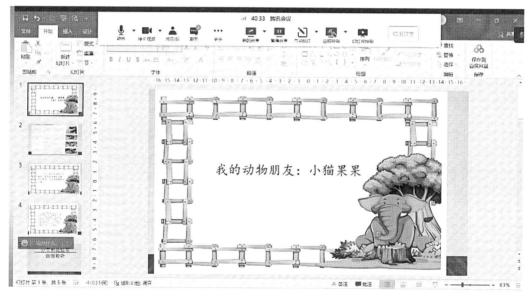

图 3-4　线上互评分享活动

第二节　小学语文教师信息技术应用微能力案例分享

一、案例背景

"一滴水"选自部编人教版四年级上册语文、北师大版四年级上册数学和科教版四年级上册科学的教学内容,属于跨学科教学。语文部分的主要教学内容为学写倡议书,数学部分的主要教学内容为平均数的计算,科学部分的主要教学内容为设计对比实验。该课例运用平板、石墨文档 app、UMU 互动平台构建智慧教学环境,引导学生围绕核心问题展开学习,通过提供问题支架,综合运用语文、数学和科学三个学科的知识,借助信息技术不断解构问题,培养学生对复杂问题的解决能力。

二、教学设计

(一)教学目标

(1)语文:能借助图表整理实验的主要信息,学会写倡议书;学习用列数字的说明文方法和排比的修辞手法创作倡议书,并尝试运用自己平时积累的语言材料表达自己的思想和观点。

(2)数学:能够初步运用拆解思维(乘法思维)、平均思维、转化思维(除法思维)等,并将上述思维方式运用到具体的生活情境中;能够初步主动探索分析和解决问题,积累"从头到尾"思考问题的数学活动经验;在解决问题的过程中,发展独立思考、合作探究、反思质疑的学习意识和能力。

(3)科学:通过小组合作,能够设计对比实验方案,研究不同浪费现象造成的水流失程度;能够合理进行实验探究,并学会运用分组、多次测量的方法减少观测误差,尝试用数据进行实验分析,获得相对准确的结果。

(二)教学内容

"一滴水"这节课是"水的世界"统整项目课程中的跨学科教学,也是信息技术支持下的基于问题的教学,其教学主题为"一滴水",所探究的核心问题是"一个没有拧紧的水龙头,一年可能会浪费多少水"。以三个学科的教学内容及教学主题"一滴水"为框架,以核心问题"一个没有拧紧的水龙头,一年可能会浪费多少水"为驱动,重新整合。在课堂教学中,注重引导学生综合运用三个学科的知识,并结合信息技术,着力解决一个问题:以数学的拆解思维(即"乘法思维")、平均思维、换算思维(即"除法思维")等分析问题并寻求解决方案,用科学的实验形式设计并完成滴水实验。借助平板的投影功能、拍照功能、截图功能进行学生学习成果的分享,调动学习积极性,增强师生互动,并通过语言文字的学习,学写倡议书;使用石墨文档 app,利用表格文档、多人在线编辑等功能进行小组合作,提高小组合作效率,实现成果实时共享。

(三)教学活动

"一滴水"教学活动主要包括"谈话导入""一滴水的流失(实验操作)""一滴水的作用(实验报告)""一滴水的倡议(学写倡议书)""分享总结"五个环节,具体教学流程如图 3-5 所示。

1. 谈话导入

首先,教师结合"水的世界"相关课程活动,引导学生回忆已学课程内容。其次,教师出

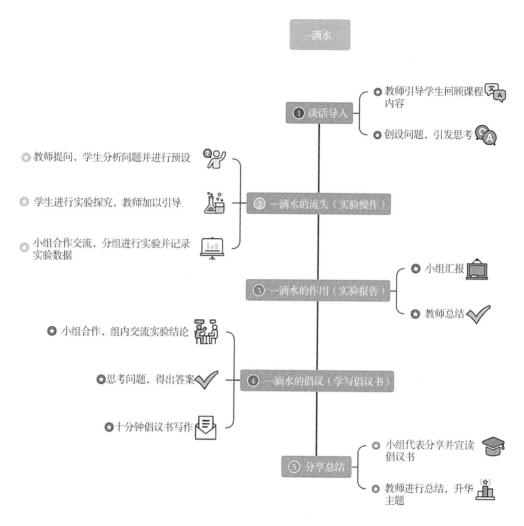

图 3-5 "一滴水"教学流程

示《水龙头的故事》课本剧片段,以一个着急的水龙头的口吻发出求救,创设新的问题:水龙头身边的人认为一个水龙头漏水浪费不了多少水。引导学生认识到用数据说话、用事实说话的重要性。最后,学生可以结合问题和实际生活情境进行自由发言。

2. 一滴水的流失(实验操作)

首先,教师进行提问:一个没有拧紧的水龙头,一年可能会浪费多少水? 其次,学生预设实验探究方案:设计一滴水实验,推算一个没拧紧的水龙头一年会浪费多少水。教师引导学生明确要解决的问题,并根据提供的问题支架设计实验方案,小组内部进行合作交流,讨论出完整的实验流程方案,从而让学生掌握对比实验的设计方法,运用测量体积法测量一分钟内滴水的毫升数。最后,学生进行分组,合作完成滴水实验,记录三种情况下一分钟内滴水的毫升数,教师适时对学生的实验过程进行指导和干预。

3. 一滴水的作用(实验报告)

首先,小组汇报实验方案和实验情况,教师结合学生的汇报情况进行板书数据记录,让学生对实验记录进行对比,比一比哪个小组的计算更加精准。其次,教师对学生在此次实验中遇到的问题及解决问题的过程进行了解并总结。最后,教师引导学生以小组合作的方式,在得出当前实验数据的前提下算一算一年会浪费多少水,引导学生进行反思和改进,内化所学知识。

4. 一滴水的倡议(学写倡议书)

首先,学生以小组为单位,组内交流实验结论,并思考:哪些数据和结论可以帮助消除人们的误解,让学生在实验表格中圈画出来。其次,教师讲解倡议书的基本格式,并比较课件出示两组句子:①使用了列数字和没有使用列数字的句子,哪一个更有说服力? ②使用了排比句和没有使用排比句的句子,哪一个更有说服力? 接着,邀请学生用实验表格中的数据和结论,打消人们对水龙头的误解。最后,学生用列数字的方法和排比的修辞手法进行十分钟写作,学写倡议书。

5. 分享总结

教师邀请小组代表以他们喜欢的方式分享并宣读倡议书,教师总结本节课,升华主题。

(四)教学评价

教师充分发挥语文、数学、科学等学科的优势,通过网络搜索、书籍查找等方式提供给学生喜闻乐见的学习资料,并提供实验器材,让学生以小组为单位设计并开展实验,记录数据,通过对比各个小组的实验数据得出最佳实验方案,要求学生根据记录的数据进行相关计算。此外,教师引导学生运用列数字和排比句的方式写倡议书,邀请学生代表进行宣读,对其倡议书进行整体点评与分析,并让学生开展自评与互评,帮助学生树立节约用水的意识。

三、微能力点评

本案例体现了学科核心素养的基本导向和以学生为中心的教学理念,从学生提出的问题为出发点,以学生探究的结果为终点,让学生充分体验"提出疑问—实验探究—收集实验数据—整理数据—对比分析"的全过程,并通过这一过程厘清探究问题的思路,提高数学计算能力,掌握实验操作方法,增强书面写作能力和口语交流能力,提升信息素养,树立良好的节水意识。主要体现出的微能力点有 B1 跨学科学习活动设计、B4 支持学生创造性学习与表达和 G8 智慧教育环境下教学模式创新。

(一)B1 跨学科学习活动设计

本案例中,教师以现实生活中的"水龙头滴水"场景为切入点,设计"一滴水"主题探究活动,提供问题支架,引导学生综合语文、数学、科学和信息科技等学科知识解决复杂现实问题,让学生在这个过程中提高书面写作能力,发展计算能力,掌握科学设计实验过程的方法,在内化知识的同时,培养学生运用跨学科思维方式解构现实复杂问题的能力(图 3-6)。

跨学科主题学习是新课标修订的一大亮点和特色,对于打破学科壁垒、实现课程的综合化和实践化具有重要意义。跨学科活动设计的两个要点,一是设计具有启发性的问题

图 3-6   问题导向驱动学生思考

链,二是构建指向核心素养的表现性任务群。① 因此,教师要合理选择跨学科教学的内容,设计开放性驱动问题和任务,使得学科知识渗透于无形,让学生在多样化的活动中感知并内化各个学科的知识,实现学科思维能力到高阶素养的跃迁。

(二)B4 支持学生创造性学习与表达

本案例中,教师提供技术支持,让学生以小组为单位讨论一分钟滴水实验的设计方案,引导学生观察和体验生活中蕴含的知识,并确定最终实验方案(图 3-7)。此外,教师让学生组间讨论,选出最合理的实验设计方案所得出的结论,最终通过计算等方式,回归最开始的问题"一个没有拧紧的水龙头,一年可能会浪费多少水",得出科学的实验结论,在多样化的讨论交流与表达中有效引导学生树立节约用水的意识。

创造性学习与表达本质上是一种自主或者合作的探索活动,其核心是积极思考与实践,最重要的特征在于其应用性和生活性,即知识在生活中的应用过程。这就要求教师给予学生充分的想象空间和表达欲望,创造学生知识应用的场景和需求,适当借助智能工具和平台,鼓励学生开展主体体验和观察,捕捉生活中的精彩瞬间,勇于表达、敢于表达,并学会运用跨学科的知识去创造性地解决现实生活中的问题,实现真正的高阶思维培养。

(三)G8 智慧教育环境下教学模式创新

本案例中,教师尝试整合多学科知识开展基于问题的学习,整节课围绕着"一个没有拧紧的水龙头,一年可能会浪费多少水"这一问题开展,教学活动设计围绕生活中这一问题的科学解决而有序进行,充分发挥移动终端、石墨文档 app、UMU 互动平台等智能手段的支

---

① 詹泽慧,季瑜,赖雨彤.新课标导向下跨学科主题学习如何开展:基本思路与操作模型[J].现代远程教育研究,2023,35(1):49-58.

图 3-7　小组合作设计"一滴水"实验

持作用,从而形成了技术支持的问题解决跨学科教学样态(图 3-8)。

图 3-8　借助技术工具开展实验探究

数字化浪潮催生出多样化新型课堂教学模式,影响了教育生态系统中的各个要素及它们之间的关系,这就意味着各个要素与流程会发生重组或重构,从而形成智慧教育环境下的新型教学样态。因此,教师应顺应时代的诉求,革新教学理念,设计教学内容,重构教学活动,创新教学评价,从而创新课堂样态,培养具有高阶思维能力的创新人才。

第二章　小学数学教师信息技术应用微能力训练及案例

第一节　小学数学教师信息技术应用微能力训练

一、应用环境

惠州市某小学某老师执教的小学四年级"确定位置"课例依托鸿合交互式平台、多媒体课件、平板、微课等多技术融合环境开展教学实践，结合日常生活实际创设多样化情境，让学生在情境中感知和理解用数对确定位置的方法，运用小组合作探究和自主练习检测培养学生运用所学知识解决实际问题的能力。

二、体现微能力点

A7 技术支持的方法指导。

三、实施过程

技术支持的方法指导过程见表3-3。

表 3-3　技术支持的方法指导过程

技术支持的方法指导过程
活动过程	一、在多样化的情境中引导学生理解数对 　　1. 教师利用多媒体课件创设高铁选座和电影院选座的生活情境，从实际生活出发，引导学生关注日常生活中位置的确定方式，由此揭示课题"确定位置"，帮助学生在多样化情境中感知用数对确定位置的方法。 　　2. 教师利用淘气班级座位表，让学生尝试描述淘气的位置，在不同学生的回答中，让学生明确：确定位置需要有一定的标准和条件，使学生产生简洁记录位置的需要；随后，教师将座位图抽象成方格图，再次让学生描述淘气的位置，让学生以行列为标准抽象出数对，并学会用数对来表示确定的位置，理解数对的现实意义，感受运用数对确定位置的便利性，让学生感受数对表示方法的探索过程，体会数对与方格图上的点的对应关系，有效激发学生的学习兴趣和内在学习动机，发展学生的空间观念和符号意识。 　　3. 教师将《笛卡尔与蜘蛛的故事》微课资源推送到学生平板上，并要求学生利用平板开展自主学习，拓宽视野，让学生感悟知识建构的完整过程，实现知识迁移，有效渗透数学建模的思想。

续表

活动过程	二、小组合作探究,检验方法掌握情况 　　1. 教师发布讨论话题:如何简洁记录淘气的位置。要求学生以小组为单位开展讨论,将讨论的方法记录在平板中,并说说选择此种记录方法的理由。 　　2. 学生根据讨论话题开展合作探究,利用平板记录小组讨论出来的简洁记录位置的方法,完成后提交,发送回大屏幕,教师随时注意学生的完成情况并及时查看学生提交的作品。 　　3. 学生汇报小组讨论后得出的简洁记录位置的方法,感受用数对确定位置的便利性。 　　4. 教师推送相关学习资源,学生利用平板开展个人闯关练习:①找出数对的位置并连接成图形;②提供文字密码簿,根据数对位置完成解密;③动脑思考,完成计算题。利用进阶趣味练习检测学生运用数对解决实际问题的能力,学生完成后提交作品到大屏幕,即时呈现学生的学习情况和进度,并可视化呈现学生的方法掌握情况,有效培养学生的空间观念。

四、应用效果

(一)建立知识与情境的联系,促进知识迁移运用

本案例中,教师将高铁选座、电影院选座以及班级座位等生活情境融入课堂知识教学过程中,建立起情境与知识的联系,学生以自身对外界的感知和体验来获得对事物的认识,以此来构建自己的知识体系,感受数学在生活中的实际运用,促进知识向智慧的生成与转变,并通过层层递进的闯关练习,有效实现方法的巩固运用和提升,从而促进知识的迁移运用。

自身认知理论主张学生学习要在深度理解知识的前提下,把知识迁移应用到不同的情境中,以实践的形式来发展自身解决实际问题的能力[①]。情境是影响学习质量与效率的关键性因素,教师能否创建出与教学内容密切相关且生动逼真的教学情境极大影响着学生知识内化的效果。因此,教师为学生提供沉浸式的情感体验环境,并设置不同难度梯度的问题,让学生在初步应用的过程中巩固理解知识点,在深化应用的过程中体会方法的价值与魅力,有利于学生真正理解和掌握知识,在认知与实践相互作用的过程中实现高阶思维和问题解决能力的培养。

(二)培养学生协作问题解决能力,提升数学素养

本案例中,教师从实际生活经验出发,让学生在小组合作中感受用数对确定位置的方法并进行交流与分享,最后利用拓展视频资源回到实际生活,拓宽学生的视野,培养学生用数学知识解决实际问题的能力,有利于培养学生的协作学习能力和团队精神,有效提升数学素养。

---

　① 张春兰,李子运.创客空间支持的深度学习设计[J].现代教育技术,2015(1):25-31.

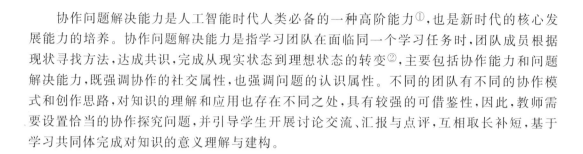

协作问题解决能力是人工智能时代人类必备的一种高阶能力①,也是新时代的核心发展能力的培养。协作问题解决能力是指学习团队在面临同一个学习任务时,团队成员根据现状寻找方法,达成共识,完成从现实状态到理想状态的转变②,主要包括协作能力和问题解决能力,既强调协作的社交属性,也强调问题的认识属性。不同的团队有不同的协作模式和创作思路,对知识的理解和应用也存在不同之处,具有较强的可借鉴性,因此,教师需要设置恰当的协作探究问题,并引导学生开展讨论交流、汇报与点评,互相取长补短,基于学习共同体完成对知识的意义理解与建构。

第二节　小学数学教师信息技术应用微能力案例分享

一、案例背景

"图形的旋转"选自广州市某小学某老师执教的典型课例,内容来源于人教版小学数学五年级下册第五单元"图形的运动(三)"。该课例基于"探究性学习""以学定教"等理念,依托粤教翔云数字教材应用平台、交互式电子白板、平板等多技术融合环境开展合作探究式教学实践,探索数字教材与教学内容融合应用的方法,培养学生的数学学科素养,让学生学会用数学的眼光观察现实世界,用数学的思维思考现实世界,用数学语言表达现实世界。

二、教学设计

(一)教学目标

(1)认识图形的旋转,明确旋转的含义,感悟特征,会运用数学语言简单描述旋转运动的过程。

(2)经历观察实例、操作想象、语言描述等活动,提升推理能力,积累几何活动经验,发展空间观念。

(3)体验数学与生活的联系,学会用数学的眼光观察生活、思考生活,感受数学的美,体会数学的应用价值。

(二)教学内容

"图形的旋转"选自人教版小学数学五年级下册第五单元"图形的运动(三)"的教学内

---

①　郑旭东,马云飞,范小雨.协作问题解决:人工智能时代必备的高阶能力[J].现代教育技术,2021,31(3):12-19.

②　张景璐,于海波,许海阳.ATC21S项目中"协作问题解决"能力评价指标体系及启示[J].教育理论与实践,2017,37(14):13-16.

容,要求学生能够运用平移、旋转、轴对称设计简单的图案,进一步增强空间观念。

(三)教学活动

"图形的旋转"教学活动主要包括"复习引入,感知旋转""制造冲突,理解旋转""协作探究,参透旋转""即时检测,巩固深化""运用旋转,创作生成"五个环节,具体教学流程如图3-9所示。

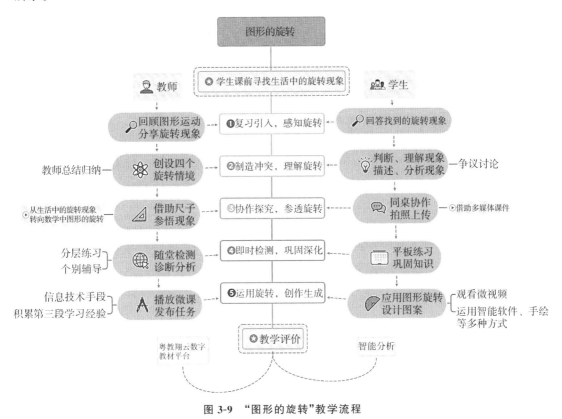

图 3-9　"图形的旋转"教学流程

1. 复习引入,感知旋转

首先,教师引导学生回顾已学的图形运动方式——平移和旋转,由此揭示课堂学习主题:图形的旋转;其次,教师查看学生在粤教翔云数字教材应用平台分享的生活中的旋转现象,如电风扇、风车、时钟、地球仪等,让学生感知生活中随处可见的旋转现象。

2. 制造冲突,理解旋转

首先,教师提供四个生活中常见物体的运动情景——①钟表指针的运动、②风力风车的运动、③道闸栏杆的运动、④荡秋千,让学生判断是否属于旋转现象,通过对有争议实例的判断(③道闸栏杆的运动),引起学生的认知冲突,激发学生的学习兴趣和探究欲望,从而更好地理解旋转现象;随后,教师借助交互式电子白板中互动型多媒体课件,让学生直观形象地观察时钟的旋转,并引导学生用数学语言完整描述物体的旋转现象;最后,教师归纳总结旋转三要素:旋转中心、旋转角度和旋转方向,并让学生利用旋转三要素对道闸栏杆的运动过程进行分析与描述,进一步理解旋转现象。

3. 协作探究，参透旋转

教师引导学生借助多媒体课件直观感受旋转的特征，从生活中的旋转现象转向数学中图形的旋转，发布协作任务：观察三角尺在方格纸中的运用过程，尝试用旋转三要素表述三角尺的运动过程。让学生同桌协作完成学习任务单，并拍照分享上传至粤教翔云数字教材应用平台，通过合作分享促进高阶思维培养，在互相学习中成长进步。

4. 即时检测，巩固深化

教师通过粤教翔云数字教材应用平台推送课堂检测题，学生利用平板进行练习，借助系统的数据分析功能能够即时获得学生可视化诊断报告，并有针对性地进行分层练习和个别辅导，以帮助学生巩固知识。

5. 运用旋转，创作生成

学生通过观看微视频《欣赏旋转的美》，感受数学的美，回到现实生活中，理论与实践相结合，让学生学会用数学的眼光看待世界，感受数学的生活美。随后，教师布置作业：完成"小小设计师"的任务，运用粤教翔云数字教材应用平台中的资源、电脑软件、手绘等多种方式，综合运用数学、美术、信息科技等学科知识完成个性化创作任务，培养学生的创新思维能力和学科动手实践能力，有效帮助学生拓展学习边界，累积学习经验。

（四）教学评价

教师在平台设置练习检测题，学生答题后可即时呈现习题的完成情况，包括答题的平均时长、提交人数、平均得分率、难度系数、各个得分率分段的具体人数以及每道题的平均得分率等情况，据此有针对性地布置分层作业，让每个学生都能真正得到发展。

三、微能力点评

本案例充分关注学生的学习需求，借助恰当的技术工具和资源，以进阶探究问题驱动学生开展探究学习，培养学生用数学眼光观察现实世界，用数学思维思考现实世界，用数学语言表达现实世界。主要体现出的微能力点有 A1 技术支持的测验与练习、A4 探究型学习活动设计和 G1 多技术融合教学的方法与策略。

（一）A1 技术支持的测验与练习

本案例中，教师通过粤教翔云数字教材应用平台推送课堂检测题，学生利用平板进行课堂练习（图 3-10），借助平台的即时统计与分析功能提高学生答题的统计效率和反馈速度，教师根据平台反馈情况掌握学生的学习动态，并根据分析结果动态调整教学策略和教学活动，进行分层练习和个性化辅导。

数字时代，智能技术逐渐成为学情诊断和精准测评的有效助力。依托新兴智能技术，能够采集学生的学习过程和学习行为数据，利用多模态数据融合分析与智能可视化表征，建立学情数据分析模型，生成可视化的学业分析报告，针对学生的知识掌握情况、必备品格和素养水平进行动态画像，实现以学生学习为中心的综合评价。同时，也为教学目标的动态调整提供数据依据，帮助教师对学生的学习过程和学习行为进行实时监控，实现全周期、多场景、全方位的综合评价。

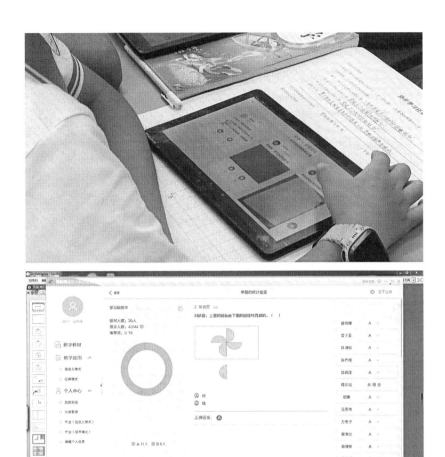

图 3-10 借助平台开展测验与练习

(二)A4 探究型学习活动设计

本案例中,教师通过交互式电子白板的直观动态演示来探究图形旋转的三要素和特征(图 3-11)。学生在自主合作和探究中动手操作,合作交流,培养高阶思维能力。技术的帮助有助于突破重点难点,开展知识建构,在分享自己的探究成果和评价别人的探究活动过程中对比分析,初步感悟图形旋转的特征。

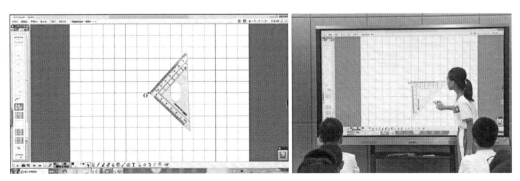

图 3-11 借助交互式电子白板探究旋转三要素

121

探究型学习活动的设计需要整体的设计定位,要围绕解决实际问题而展开,要充分体现学生的主体地位,充分体现学习的意义和价值,让学生通过多样化的方式完成项目活动,在进阶探究活动中完成新知识的学习与内化。此外,教师应合理利用智能技术创新教学活动形式,帮助学生消化信息并生成智慧,形成学习共同体,让学生的探究活动可视化,进而有效调节与监控学生的学习过程与学习行为。

(三)G1多技术融合教学的方法与策略

本案例中,教师充分利用多技术融合环境中的粤教翔云数字教材应用平台、交互式电子白板、微课视频、学生平板终端等工具和资源,帮助学生开展探究活动和课堂练习,直观动态展示物体空间的变化,记录学生学习过程数据,推动数据的生成和有效应用,创新课堂教学方法与策略(图3-12)。

图 3-12　线上展示学生的学习过程数据

随着人工智能等技术的普及应用,智能技术给全社会各行各业带来变革已经成为共识,教育数字化转型战略也是这一智能化全新时代教育生态系统即将面临的系统性内生变革。因此,必须明确技术在教育教学变革当中的关键作用,运用新型技术创新教学方法和教学策略,发挥数据作为生产要素的重要作用,以此来提升教育的创新力和生产力。

第三章 小学英语教师信息技术应用微能力训练及案例

第一节 小学英语教师信息技术应用微能力训练

一、应用环境

汕尾市某小学某老师执教的小学六年级课例"Recycle 2 Visiting an old friend"应用于希沃、易课堂等平台提供的多技术融合环境,在教学中利用问卷星等工具丰富课堂教学手段,实现多技术融合教学的方法与策略,在技术应用的互动中提高学生的学习兴趣,通过平台数据分析更精准地反馈学生学习效果,提高教师教学质量。

二、体现微能力点

G1 多技术融合教学的方法与策略。

三、实施过程

多技术融合教学的方法与策略过程见表 3-4。

表 3-4 多技术融合教学的方法与策略过程

	多技术融合教学的方法与策略过程
活动过程	一、利用技术工具丰富课堂授课过程 教师在教学内容的制作与讲授过程中,利用 Pr2019、希沃白板、百度、音视频播放器等工具丰富课堂教学,使信息技术与教学深度融合,教学活动设计层层分明,逐步引导。学生通过对话练习,层层递进,逐步完成教学任务。 二、利用技术工具丰富课堂测验与课后评价 1. 教师利用易课堂对学生进行课堂测验及评价,利用班级优化大师在课后对学生表现进行综合评价。 2. 教师根据需求设置了两类学生课堂学习评价标准,分别是: (1)基于学生上课听讲效果、课堂互动程度及效果设置的课堂表现评价(利用班级优化大师点评加分)如下:

续表

活动过程	项目	★	★ ★	★ ★ ★
	课堂表现	上课认真听讲，能举手发言。	上课认真听讲，能举手发言，声音响亮，叙述有条理。	上课认真听讲，能举手发言，声音响亮，叙述有条理，具有创造性。

（2）基于学生上台表现的精神面貌、叙述完整性及小组合作效果设置的上台表现评价（利用易课堂中答题功能直观评价）如下：

项目	3～5分	6～8分	9～10分
上台表现	①上台大方；②声音不够响亮；③叙述不够完整；④小组成员合作一致。	①上台大方得体；②声音响亮，发音清晰；③叙述完整，有条理；④小组成员合作好。	①上台大方得体；②声音响亮，发音非常清晰；③叙述完整，有条理且有创造性；④小组成员非常好的合作精神。

3. 教师利用希沃白板和易课堂发起课堂游戏和抢答活动，学生参与互动后，希沃白板与易课堂可统计并呈现学生学习情况。

四、应用效果

（一）激发学生学习积极性，促进学生专注学习

教师在课前通过放音乐、自由讨论的方式使学生放松；在课中应用图片、视频、音频、小组学习、对话互动等方式时刻抓住学生的注意力，使学生全程紧跟课堂步调；课后通过打分排名激发学生的竞争意识，提高了学生学习的积极性，促使学生专注学习（图 3-13）。

图 3-13　提出问题，学生讨论

（二）丰富教学形式，课堂形式多样化

本课例采用了多种教学工具，充分利用现有的教学资源，丰富了课堂内容与教学形式，使课堂呈现多样化，且教学工具使用合理得当，避免了过度使用技术工具、盲目丰富教学内容的弊端。课程整体呈现流畅丰富，提高了教师授课的积极性和学生学习的趣味性（图 3-14、图 3-15）。

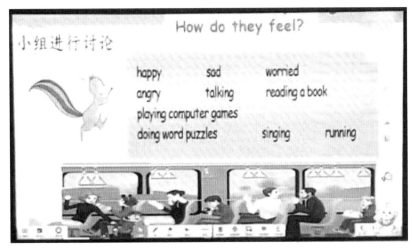

图 3-14 平台发布小组讨论任务

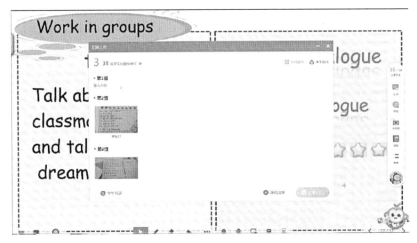

图 3-15 小组协作完成任务

（三）及时反馈学生学习效果，促进教学优化

教师在课中利用易课堂对学生的知识掌握情况进行测试，并在课后利用班级优化大师综合评分（图 3-16），此种利用教学软件评价学生学习效果的方式可以使教师及时了解学生对课堂内容的整体掌握情况，有利于教师对后续教学进行调整和优化。教师还能够通过查看单个学生的学习数据了解其学习的薄弱点，便于后续对学生因材施教。

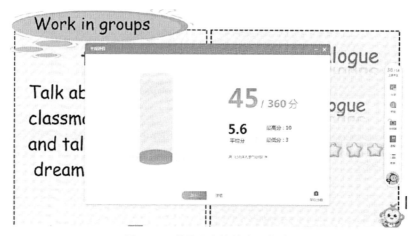

图 3-16　利用平台统计小组得分

第二节　小学英语教师信息技术应用微能力案例分享

一、案例背景

本课例"Recycle 2 Visiting an old friend"选自汕尾市某小学某老师执教的典型课例,是人教版六年级上册的复习部分,教学对象为小学六年级学生,是对4～6单元中表达爱好、职业以及情绪感受内容的复习。本课例要求学生能够巩固4～6单元的词汇、语法、话题等,要求学生通过学习发展综合运用语言的能力,培养学生日常交际能力。

在本课例的实施环境中用到的技术工具、平台、资源有百度、希沃白板、易课堂、平板电脑、手机、班级优化大师等。

在此之前,学生已掌握相关词汇和核心句型,但由于该班学生学习水平差异较大,教师通过采取分组教学方式,利用多技术手段如希沃白板、易课堂、平板和手机等,并采用图片、视频、希沃游戏和小组竞赛等形式实现多技术融合教学的方法与策略,降低学生的学习难度,提高学生的学习兴趣,从而达到理想教学效果。

二、教学设计

(一)教学目标

(1)学生能够听、说、读、写有关兴趣爱好、工作职业以及情绪感受的相关词汇。
(2)学生能够在实际情景中运用如下句型:
What are…'s hobbies?
He/She likes…(询问某人的爱好)

What does he/she do?

He/She is…（询问某人的职业）

How does… feel?（询问某人的情绪感受）

（3）学生运用所学语言知识，能够完成调查任务并能编写成对话。

（4）在任务和问题导向中提升逻辑思维能力。

（5）在小组活动中增强合作能力和学习能力。

（二）教学内容

本单元是人教版六年级上册的 Recycle2 部分，是对 unit 4～unit 6 的总复习阶段。本课程围绕故事"Visiting an old friend"展开，以 Peter 一家去看望 Ken 一家为话题，复习运用4～6单元中表达爱好、职业以及情绪感受的内容。在本单元学习中，需要做到：能够通过听、说、读、写等活动使学生进一步复习巩固 unit 4～unit 6 所要求的词汇、语法、话题等，力求通过学习使学生进一步发展综合运用语言的能力，培养学生日常交流能力。

用到的主要教学策略有小组合作学习、师生互动等。

（三）教学活动

"Recycle 2 Visiting an old friend"教学活动主要包括"复习导入，回顾知识""提出问题，引发思考""在线测试，检验学习""小组合作，协作交流""课后拓展，深入学习"五个部分，具体教学流程如图 3-17 所示。

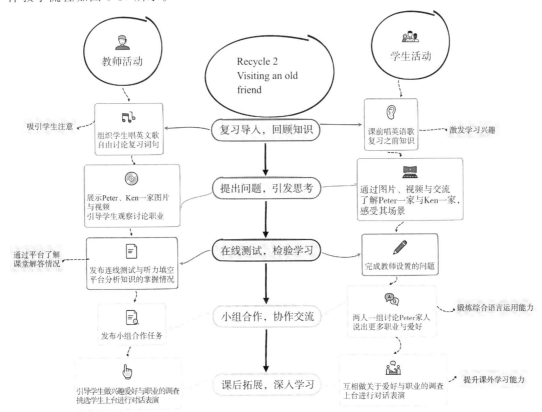

图 3-17 "Recycle 2 Visiting an old friend"教学流程

1. 复习导入,回顾知识

教师通过组织学生一起唱英文歌、开展自由讨论的方式帮助学生复习有关感受的词句,吸引学生的注意力,激发学生的学习兴趣,使学生为后续课程学习做准备。

2. 提出问题,引发思考

首先,教师利用多媒体平台展示 Peter 一家的照片,通过提出"Where is Peter?"的问题引导学生观察并讨论照片内容。其次,教师展示了 Peter 及其家人在公交车上的图片,通过提出"Who is Peter with?"等问题启发学生讨论 Peter 一家,进而通过引导学生讨论帮助他们理解图片内容。最后,教师通过展示 Ken 一家的视频及照片引导学生猜测 Ken 家人的工作,提升学生对于场景的理解,加深他们对职业等相关词汇的记忆。

3. 在线测试,检验学习

首先,教师利用易课堂发布连线测试,让学生根据 Peter 一家的图片完成人物行为与情绪的连线题,加深学生对行为与情绪词汇的理解。其次,教师通过创设情境,使学生作为 Peter 的伙伴帮助 Peter 解答疑惑,发布填空测试题,锻炼学生的知识理解力与思考能力。最后,教师在易课堂发布听力填空练习题,使学生根据音频回放完成 Peter 一家职业内容的填空题,帮助学生识记职业词汇。利用易课堂的截屏传送及拍照上传呈现学生的答题情况,进而通过平台的精准数据分析针对性把握学生的答题情况。

4. 小组合作,协作交流

教师发布小组合作任务,学生两人一组用 What are … 's hobbies? He/She likes … ; What does he/she do? He/She is … ; How does … feel? 等句式讨论 Peter 家人的职业、情绪、爱好等,并倡导学生说出并写下更多职业和爱好词汇,培养学生对词汇的综合运用能力,帮助学生了解不同职业与爱好,通过平台打分的方式激发学生的竞争意识。

5. 课后拓展,深入学习

教师要求学生利用任务表做关于爱好和职业的调查并进行小组对话表演,通过易课堂平板拍照上传,利用平台直观评价功能进行评分,通过此种方式为学生创造真实情境,锻炼学生的交流能力,并且在学生掌握本课内容的前提下提升其课外学习能力。

(四)教学评价

1. 课堂表现评价

教师利用班级优化大师对学生进行点评,根据学生上课听讲、举手发言、叙述条理、创造性等指标做出评价,教师通过班级优化大师评价统计结果直观了解学生上课情况,进而做出授课方式调整。

2. 上台表达评价

教师利用希沃易课堂中的答题功能直观评价对学生上台表现、发音程度、叙述条例、合作精神等指标进行评价,通过评价结果使学生直观认识到自身不足,进而做出进一步改进。

三、微能力点评

本课例以播放歌曲和谈论感受导入,再呈现本节课的两个场景:①描述 Peter 一家在旅途中的情绪和感受;②探望朋友 Ken 前对其家人爱好和职业的了解。在此基础上进一步拓展学生的学习能力,出示主题和提示,编写个性化对话,综合运用所学语言。本课例关注技术支持下的教与学,在多技术支持的条件下分析学生学情,利用多媒体进行教学,丰富课堂,强化学生对前期知识的掌握。主要体现出的微能力点有 A1 技术支持的测验与练习、A5 技术支持的课堂讲授、G1 多技术融合教学的方法与策略。

(一)A1 技术支持的测验与练习

本课例在课堂讲授中,教师运用易课堂互动功能,进行截屏发送、拍照上传完成课中的选择题,利用易课堂平板截屏发送功能完成连线题及填空题(图 3-18、图 3-19),运用易课堂的答题功能进行直观评价,最后用班级优化大师进行汇总奖励,评出最佳小组。

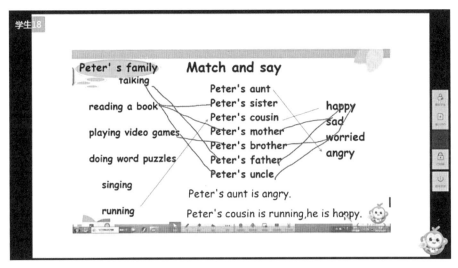

图 3-18 连线测试

图 3-19 填空测试

技术支持的测验与练习通过精准的数据分析能够有针对性地把握答题情况(图 3-20),便于分析学生的学习情况。教师能够借助信息化工具丰富测验与练习的形式,激发学生的学习兴趣,提高学生学习积极性,并能够及时收集学生的学习数据便于后续教学调整。

图 3-20   听力测试

(二)A5 技术支持的课堂讲授

本课例中,教师利用学校创建的智慧型教室的基本功能实现精准把握学生反馈信息的目的,从而能够及时调整教学,根据学生情况及时引导学生,提高学生的参与度与互动的有效性。

技术支持的课堂讲授体现了信息技术与课堂教学的高度融合,有助于知识与技能的形象化和直观化,深入浅出地帮助学生理解教学重点与难点,增强学生的体验感与互动性。

(三)G1 多技术融合教学的方法与策略

本课例在多技术支持下完成,教学技术的应用贯穿课前、课中、课后及课堂评价,教学中应用到的工具有 Pr2019、百度、希沃白板、易课堂、班级优化大师等。多种技术手段共同作用促成教学的完整性。

教师运用多媒体教学,以多样的技术交互方式丰富课堂教学。采取小组合作与交流的学习方式,加强学生的自主学习,并采用评价法激发学生的竞争意识,达到了活跃气氛、提高学习兴趣、掌握知识的教学目标。教师能够利用多技术教学方法与策略,根据前期教学数据对学习者进行学情分析,为课堂教学活动做好预设,根据学生的不同情况开展相应的教学活动,推进学生认知发展。

教师在教学实践过程中充分发挥了信息技术辅助作用,有效地利用希沃白板、易课堂、平板、手机辅助课堂教学。信息技术与教学深度融合,教学活动设计层次分明,逐步引导。教师的教学理念是以新的课程标准为依据、以学生为本,运用多媒体教学达到师生互动,采取小组合作交流加强自主学习;教师以评价法激发学生的竞争意识,既活跃了课堂气氛,提高了学生的学习兴趣,又使学生掌握了所学知识。

学生通过完成任务,梳理信息,进行对话练习,层层递进,逐步完成学习任务。教师通过创设合理情境帮助学生在情境中真实自然地复习和使用所学语言,突出教学重点。在小组活动中,学生体会到合作竞争的乐趣;教师应用希沃白板的课堂游戏和易课堂抢答功能,降低本节课难度,达到学习效果,调动了学习积极性。教师在后续教学中也应注意进一步合理安排活动环节,鼓励学生积极参与,提高学生的语言综合运用能力。

第四章　小学科学教师信息技术应用微能力训练及案例

第一节　小学科学教师信息技术应用微能力训练

一、应用环境

　　江门市某小学某教师执教的小学六年级"能量的转换"课例应用于智慧教育环境。本课例中教师利用智慧教育平台,辅助课堂的数据收集和实验操作呈现。教师通过问卷星、易课堂等工具做出基于数据分析的学情诊断来掌握学生的学习行为数据,获得学生在学习不同阶段的知识掌握情况。经过前测数据和后测数据对比分析,课中实验效果展示和记录单对比分析,把信息意识贯穿于整个项目式学习,将信息、科技有机结合在一起,便于动态调整教学内容与方法,优化教学,促进学生更高效学习。

二、体现微能力点

　　G4 基于数据分析的学情诊断。

三、实施过程

　　基于数据分析的学情诊断见表3-5。

表3-5　基于数据分析的学情诊断

	基于数据分析的学情诊断
活动过程	一、课前学情分析,前提与基础 　　教师发布问卷调查,通过学生问卷数据反馈了解学生的预备性知识与技能,实现学情诊断,为教学活动的开展提供前提与基础,"以学定教"。 二、课中课堂练习,形成性评价 1. 教师利用易课堂发布测验,实时掌握学生的知识掌握情况。 2. 教师利用平台数据分析对学生的学习过程做出个性化评价,为课后作业的布置给出参考。 三、课后分层作业,因材施教 1. 教师根据平台提供的课堂练习的学生答题情况数据分析,将学生按照学习掌握情况分层。 2. 教师通过平台向学生推送分层作业任务。 3. 学生通过学业报告深入了解自己的优点与不足,反思改进。 4. 教师基于学生数据研究班级的个性差异,为后续多元化教学做参考。

四、应用效果

(一)有效掌握学生情况,促进个性化教学

通过平台数据分析,教师能够有效掌握学生的学习情况,对学生基本掌握和仍有较多同学未掌握的知识进行分类,着重强化重难点知识的讲授,在数据分析的学情诊断下(图 3-21),教师可以更快速便捷地区分学生学习掌握水平、层次,有利于教师对学生进行个性化教学,因材施教(图 3-22)。

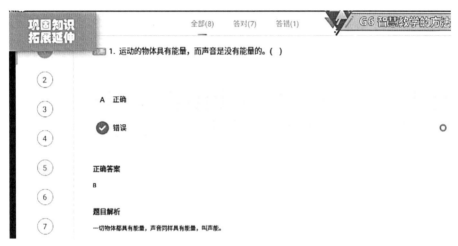

图 3-21　利用平台实时收集和分析数据

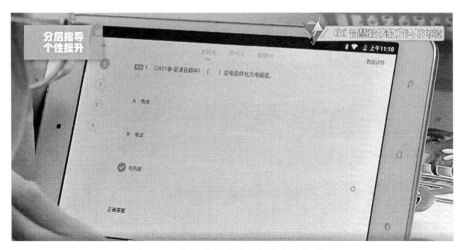

图 3-22　布置分层作业,推动个性化学习

(二)多渠道获取数据,增强数据可靠性

在本课例中教师采用了问卷星问卷调查、易课堂平台发布测试、分层作业等方式(图

3-23),多渠道获取学生数据,包括学生学习偏好、学习进度、学习努力程度、学习成绩在班级所处位置等,避免了单一平台的数据分析机制造成的数据分析模式单一化、倾向化,使学生数据具备更高可靠性,说服力更强。除此之外,教师根据数据可视化,直观了解学生的各项水平,更有利于对学生的学情掌握。

图 3-23 教师发布测试

(三)积极应用智慧平台,培养信息意识

本课例中利用智慧教育平台,辅助课堂的数据收集,经过前测数据与后测数据对比分析,课中实验效果展示与记录单对比分析,将信息意识贯穿于整个项目的学习,将信息、科技有机结合,促进学生更高效地学习,培养老师和学生在教与学中应用信息技术深度学习的意识。

第二节 小学科学教师信息技术应用微能力案例分享

一、案例背景

"能量的转换"选自江门市某小学某老师执教的典型课例,内容来源于粤教科技版小学科学六年级下册"能量及其转换"。本课例以培养"全面发展的人"为最终的教学目标,以探究性学习促进科学核心概念的构建,以"科学生活化""生活理论化""理论经常化"为具体的教学指导思想。除此之外,本课例还运用了合作探究、分层教学、多元评价、基于问题的教学理念。

课例依托易课堂教学云平台、PHET 虚拟仿真实验平台等智慧教育环境开展合作探究式教学实践,培养学生的科学素养,学会通过动口、动手、动眼、动脑来理解能量的转换过程。实验设计将仿真实验与动手实验相结合,在活动中潜移默化地向学生渗透科学研究过程,训练科学思维的方法。

课例中的教学对象为小学六年级学生,在学习风格上已形成一定的抽象逻辑思维,学习动力内驱化,学生更喜欢有自主性、有挑战性的学习方式;在信息素养方面,六年级的学生具有强烈的好奇心,对各项动手操作的探究实践活动非常感兴趣,应用信息技术学习能力比较强,思维活跃,对新事物兴趣浓厚,更乐于开展各种探究活动。

本课例中用到了丰富的技术工具、平台、资源,其中教学工具有希沃白板、希沃授课助手、平板电脑、手机、实验器材,教学平台有易课堂教学云平台、PHET 虚拟仿真实验平台,教学资源有课前学习任务单、教学课件、课中学习任务单、分层练习题。

二、教学设计

(一)教学目标

(1)知识与技能:学生能够知道声音具有能量;了解能量可以互相转换;能够掌握能量的特点是以一种形式的能量转换成另一种形式的能量。

(2)过程与方法:学生能够通过扭扭蛇、纸片风车等实验了解能量转换的过程;通过列举生活现象及体验虚拟仿真实验,了解能量转换的普遍应用;通过走马灯的设计与实践操作,学生能够亲身体验能量间的转换过程。

(3)情感态度价值观:通过本节课的学习,学生能够关注科学与生活的相互联系;感受理论与实践之间的关系;培养自身用科学知识改善生活的能力。

(二)教学内容

"能量的转换"是粤教科技版小学科学六年级下册"能量及其转换"单元中的第二课,主要内容包括认识声音具有能量、能量的转换。其中,掌握能量的转换过程,是了解生活中能量转换应用的重要理论基础,也是本课程的重点和难点。结合学生的起点能力、学习风格、信息素养,确定本节课的重点为学会能量可以相互转换,难点为理解能量相互转换的过程。教学内容主要用到情景设计、直观演示、问题探究等策略。

(三)教学活动

"能量的转换"教学活动主要包括"学情诊断,预习反馈""魔术导入,激发兴趣""再现情境,体会声能""虚实体验,能量探究""文化传承,技术创新""巩固知识,拓展延伸""分层指导,个性提升"七个部分,具体教学流程如图 3-24 所示。

1. 学情诊断,预习反馈

教师通过易课堂平台发送课前材料与课前任务学习清单,学生通过课前材料了解走马灯的相关知识,并完成课前知识的测评任务,教师以此分析学生的认知情况,通过课前学情调查,基于对学生学习数据的分析,进行学情诊断,获得学生预习情况。

2. 魔术导入,激发兴趣

学生截取一段扭扭棒,绕成蛇状,做成扭扭蛇。把扭扭蛇放在音箱上面,播放音乐,登台表演《扭扭蛇魔术表演》,教师引导其他学生观察分析其中特点。利用学生剧场的魔术表

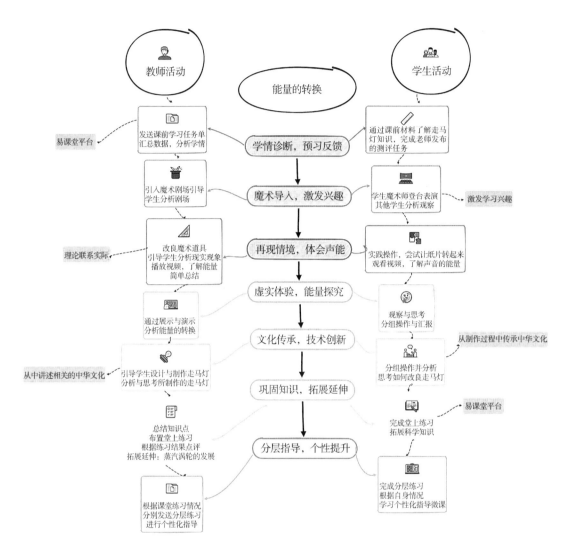

图 3-24 "能量的转换"教学流程

演进行情境导入,创造了与课堂学习不同的真实学习情境,通过魔术表演,吸引学生注意力,激发其探究兴趣。

3. 再现情境,体会声能

教师引导学生改良魔术道具,通过希沃授课助手的传屏技术,实时展示学生的成果,放大实验细节,便于实验过程观察。同时分析原因,播放突出声音的视频,进行总结:声音具有能量,声能转换为机械能的过程就是能量的转换。通过学生动手操作的方式加深学生对知识的掌握,锻炼学生的动手实践能力,培养学生的学习总结能力。

4. 虚实体验,能量探究

PPT 展示各个发电装置,提出问题引发学生思考;展示 PHET 平台带学生分析第一个实例,让学生分组分析并填写学习单,通过平板上传,然后汇报小组成果;教师通过搓手实验与 PPT 演示带领学生分析能量转换的过程,利用 PHET 虚拟仿真实验平台,提供电脑让学生自主组合生活场景,帮助学生在不同的实验体验中逐步加深对能量转换的认识,创造了新的解决问题的方法,锻炼了学生的思考能力与问题解决能力。

5. 文化传承,技术创新

教师展示走马灯,引导学生利用上节课设计的工具制作走马灯,分析并思考走马灯的能量转换过程,以及如何改良走马灯,提升了学生的科学学科的思维能力、信息技术学科的激光切割技能、美术学科的艺术审美及数学学科的数据计算能力,是一种跨学科的学习活动设计。最后,教师让学生将灯罩设计成果上传到学校共享资源库,利用平台快速收集学生作品,便于学生分享交流,提高课堂效率,培养学生跨学科学习能力,实现课堂融入生活实际的教学理念。

6. 巩固知识,拓展延伸

教师对本课的知识点进行总结,并在易课堂平台上布置课堂练习,检验学生学习效果。学生在平台完成练习,学生答题后可即时呈现习题的完成情况,包括答题正确率、答题耗时等。教师根据练习的结果进行数据分析,以此诊断学生对本节课的知识点掌握情况,进一步拓展延伸:从走马灯到蒸汽涡轮的发展。

7. 分层指导,个性提升

教师根据平台统计的学生课堂练习情况分别给学生发送分层练习和个性化指导内容,学生根据系统统计的未掌握的知识点自行学习个性化指导微课。教师利用易课堂平台分发分层练习和学习微课资源包,实现对学生的个性化教学,有针对性地加强学生对知识点的掌握,因材施教。

(四)教学评价

1. 诊断性评价

本课程设置学情诊断环节,教师通过学前诊断了解学生的预备性知识和技能,为后续教学活动的开展提供前提和基础,并在课程结束后再次测评学生的学习效果,直观了解学生对声能概念、走马灯能量转换等知识点的掌握情况,通过前后对比,本课程的学习效果一目了然。

2. 形成性评价

教师利用易课堂平台实时跟踪学生课前预习、课中互动、课后复习等行为,针对学习过程做出个性化评价,并通过平台推送分层作业任务,学生通过学业报告深入了解自己的优点和不足,有利于学生后续做出针对性改进。通过小组合作探究任务,学生得到教师和同学的点评,从旁观者的角度把握自身的改进方向。

3. 总结性评价

教师通过发布基础练习、分层练习等方式,使学生获得知识的学习评价;通过师生间、小组间的分享讨论成果,使学生获得相互的表现评价;还通过发布学生个人自评,促进学生自我反思,总结自身知识掌握情况,从而实现学生学情的全方位把控。

三、微能力点评

本案例借助恰当的技术工具和资源,在课前对学生进行学情分析,了解学生的基本情况,课中通过魔术表演、学生展示等活动为学生创设真实的学习情境并启发学生创新解决问题,在此过程中教师进行跨学科学习活动设计,使学生了解多方面的知识。

本课例中教师以学生为本,关注学生个性化提升,将仿真实验与动手实验相结合,发挥学生的主动性。应用仿真实验平台,克服"多种能量转换"过程取材难的缺点,使实验现象更直观明显,教学内容浅显易懂,降低学生思考难度;学生能够亲身完成实验并上传学习单,既尊重学生,还能提高学生参与度。

主要体现出的微能力点有 B1 跨学科学习活动设计、B2 创造真实学习情境、B3 创新解决问题的方法、G4 基于数据分析的学情诊断、G8 智慧教育环境下教学模式创新。

(一)B1 跨学科学习活动设计

教师善于切割技术,融合多元学科。

教师在实践活动中动手制作走马灯,通过结合"能量转换、剪纸文化、激光切割"等知识,引导学生动手实践,体验能量在走马灯中的转换过程,再介绍从走马灯到蒸汽涡轮的更新过程,让学生明白技术的创新和改进(图 3-25),通过实验提高动手操作能力,促进实践创新等核心素养的培养。

学科融合创新

科学:能量转换等知识

信息技术:激光切割技能

美术:图案设计、视觉错觉

数学:图案比例等数据计算

"走马灯"项目

图 3-25 学科融合创新

这一活动中,教师能够设计与教学内容联系密切的情境案例与支撑资源,并在教学过程中拓展关于实际生活的经验,使学生找到与所学知识点相联系的其他知识点,融合了数学、美术、信息技术、科学等学科内容,通过设计活动加强学科间的知识联系,形成融合性与探究性为一体的深度学习方式。

(二)B2 创造真实学习情境

教师利用学生剧场的魔术表演进行情景导入(图 3-26),利用激光切割技术设计制作音乐盒,将蓝牙音响包裹起来,与纸杯保持一定距离,让魔术表演具有疑惑性和趣味性,吸引学生展开关于能量的探索,也能激发学生学习的兴趣。

"神奇的声音"活动中通过探索纸片风车转动的原因,利用教育 101 平台的投屏技术呈现学生探究成果,放大实验细节,解开魔术中留下的疑惑;让学生观看生活中能量改变物体原有状态的微视频,帮助学生在探究的过程中认识到能量可以转换。

上述这些体现了教师能够利用技术创造真实学习情境,将学习内容与现实环境进行有

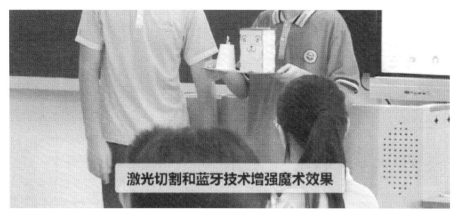

图 3-26　魔术实验展示

意义的关联来促进学生对知识的深层次理解;能够有效利用多种资源丰富学生的学习体验,增强学生自我学习,并在这一过程中促进学生的交流与协作。

(三)B3 创新解决问题的方法

教师在"能量的相互转换"活动中,利用 PHET 虚拟仿真实验平台(图 3-27、图 3-28),提供电脑让学生自主组合生活场景,帮助学生在不同的实验体验中逐步加深对能量转换的认识。这体现了教师利用多种途径使学生在学习中拓展四维空间思维,启发学生探索思考,使学生在自主组合的生活场景中多元化学习,促使学生学会综合运用多个领域的知识与技能解决问题,培养多向思维与创新能力。

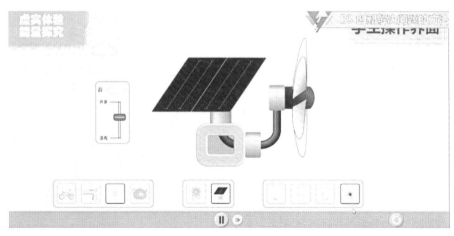

图 3-27　虚拟实验打造多元学习环境

本课例"神奇的声音"通过一个兼具趣味性和疑惑性的魔术表演,引导学生探索蛇扭动的原因,进而揭示魔术的奥秘,引出本课的主要知识点。同时教师通过"能量的相互转换"引导学生了解更多现象,培养学生关注生活的意识,从实际出发解决问题。

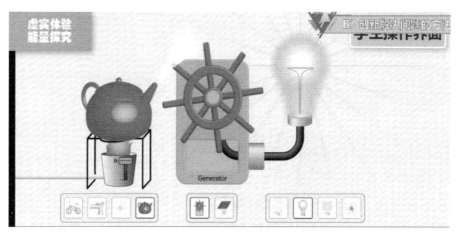

图 3-28　能量的相互转换——虚拟实验

(四)G4 基于数据分析的学情诊断

教师在课前调查和课后测评环节,利用走马灯的相关材料及问题,通过问卷星平台分析对比学生对能量转换的认知情况。在课堂练习环节,教师利用易课堂平台发布分层练习,巩固学生知识,并根据学生掌握知识的情况对学生提供个性化指导。教师多渠道搜集学生学习行为数据,根据学习数据报告对学生的学习情况进行解读,了解学生学习进度、偏好等,根据学生的学习行为数据调整教学内容和教学进度。

教师能够运用智慧课堂推送习题和实时数据分析功能及时反馈学生所学,分层布置作业,个性化提升能力,实现多元评价方式(图 3-29、图 3-30、图 3-31),锻炼和培养学生解决问题的思维能力和动手能力。

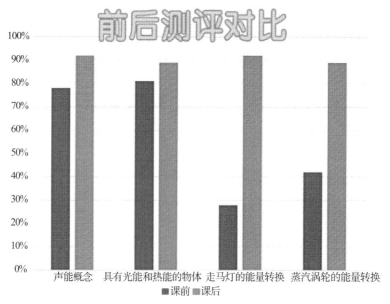

图 3-29　诊断性评价

图 3-30　形成性评价

5.请你对本堂课的表现评价，选择（　）[单选题]

图 3-31　总结性评价

(五)G8 智慧教育环境下教学模式创新

教师巧用技术,提升效率。

在本课例中,教师能够运用易课堂平台和希沃白板丰富的多媒体功能(图 3-32、图3-33、图3-34),如投屏、抢答、提交作业、拍照传图等,将信息技术和课堂充分融合,活跃课堂气氛,尊重知识生成性,提升学生的学习效率。

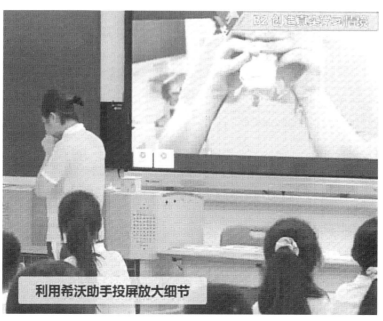

图 3-32　利用希沃助手投屏放大细节

图 3-33　微视频补充对声能的理解

图 3-34　能量的相互转换抢答题

在"走马灯"环节,学生将灯罩设计成果上传到学校共享资源库,快速收集学生作品,便于学生分享交流,提高课堂效率,体现了教师利用智慧教育环境资源,提升教学效率,创新教学模式。

以上几点微能力体现了智慧教育应用与教学的思考,教师应关注将仿真实验与动手实验相结合,在活动中潜移默化地渗透科学研究过程,训练科学思维方法;利用智慧教育平台,辅助课堂的数据收集和实验的操作呈现,将信息意识应用到整个项目的学习中,使信息、科技有机结合。

在培养学生核心素养的大环境下,学科教学更强调与实际相接,打破学科界限,科学的创新课堂更需要融合多个学科、多元技术、多维评价;且在教育信息化的背景下,应将虚拟实验和实体实验相结合,发挥学生的主体性,引导学生自主思考、合作探究,培养学生的科学素养。教师应结合微能力,在环环相扣的教学环节中培养学生的乐学善思、理性思维、勇于探究、实践创新等核心素养,落实立德树人的根本任务。

第五章 小学美术教师信息技术应用 微能力训练及案例

第一节 小学美术教师信息技术应用微能力训练

一、应用环境

东莞市某小学某老师执教的小学三年级"小魔盒"课例依托希沃白板、多媒体课件、平板等多技术融合环境开展教学实践，结合日常生活实际创设真实场景，让学生在层次化探究活动中创作小魔盒，培养学生的创造意识和空间造型能力。

二、体现微能力点

A4 探究型学习活动设计。

三、实施过程

探究型学习活动设计见表 3-6。

表 3-6 探究型学习活动设计

探究型学习活动设计	
活动过程	一、设置进阶挑战活动，引导探究过程 1. 教师出示挑战书，让学生以小组为单位，完成三个探究学习任务：（1）每组提供两个小魔盒，观察探究；（2）探究设计制作过程；（3）两人合作完成一个小魔盒，自主探究与合作探究相结合。随着探究活动的层层递进，让学生有阶梯式的思考空间，在活动中逐步掌握魔盒原理和制作方法。 2. 教师提供多样化的学习资源和学习工具，如扭扭棒、纸条、纸片、毛线，并通过任务单、微课、动态图片、手机投屏等信息技术手段引导学生创作魔盒，及时干预学生的探究过程，给予适当的帮助，保证探究活动顺利开展。 3. 教师利用动态图片展示更多魔盒的创作效果，引导学生关注身边的废物盒子，并开展创作，促进探究活动的升华，拓展艺术与科技相结合的创作思维，开阔学生视野。 二、提供平台，展示学生探究成果 1. 学生在平台上传魔盒创作作品，教师用手机投屏的方式轮播学生创作的作品，让学生分享自己的魔盒设计理念和创作过程。 2. 教师提供评价要点：魔盒机关有创意，物象有趣、美观，或者两者皆有，帮助学生开展自评互评，让学生分享自己的小魔盒设计理念，并说说喜欢谁制作的小魔盒。最终，结合教师点评，评选出最佳魔盒作品。

四、应用效果

(一)探究活动链促使学生知识内化

本案例中,教师设置三个探究活动,引导学生逐步探究制作魔盒的原理、制作方法和创作过程(图 3-35),以"挑战书"作为主线,激发学生的参与感和表现欲,自主探究与合作探究相结合,促进学生在活动中感知知识,并完成作品创作,让学生在轻松愉悦的氛围中理解和掌握知识,从而提高创新意识和艺术素养。

图 3-35　学生探究活动要求

在教学活动中,学习者是学习的主体,应将学习者的需求、兴趣、经验、知识基础等作为教育的出发点,设计符合学习者个性特征的学习活动,充分发挥学习者的主观能动性,促进学习者更有效地融入学习活动的过程中,实现知识的建构和目标的达成。在设计学习活动时,应以学习目标为导向,与学习主体的学习动机相关,提供满足学习活动开展的必要条件,以"问题"为主线将学习活动具象化为学习者的"行为",继而将一系列"行为"组成完整的"活动",从而完成对知识世界的理解和意义建构。

(二)信息技术促进探究成果评价可视化

本案例中,教师借助信息化手段和工具可视化呈现所有作品,并提供评价要点,帮助学生开展自评和互评,从众多作品中评选出最佳作品。同时,教师提供多样化的课后探究资源,使得探究活动延伸到实际生活场景中,有效拓宽学生视野。

当前中小学教学评价大多面临评价主体单一、评价内容片面、评价形式偏颇、评价方法简单等现实困境[①],难以满足学生全面发展的需要。在评价活动的设计中,应充分发挥智能

---

①　鞠馥宇.中小学课堂教学评价存在的问题及其应对[J].教学与管理,2019,(16):76-78.

工具的中介作用,为学生提供认知、探究、协作、交流、测评等功能支持(图3-36),通过大屏实时展示交互式图表,可视化表征数据分析结果,全面直观地呈现教学动态,形成学生个人及学生群体的数字画像,帮助学生有效调整学习策略和学习活动,从而变革传统教学活动,创新评价方式,助力学生全面发展。

图3-36　学生作业完成情况

第二节　小学美术教师信息技术应用微能力案例分享

一、案例背景

"恐龙回来了"选自河源市某小学某老师执教的典型课例,内容来源于岭南版美术小学二年级上册。该案例以培养学生想象力和创造力为目的,运用希沃白板交互课件、希沃授课助手、平板电脑等平台和工具,充分发挥信息技术手段的作用,引导学生深入认识恐龙,了解恐龙,比较恐龙,创作恐龙,构建高效的美术课堂,提高学生的创新能力,培养学生的艺术素养。

二、教学设计

(一)教学目标

(1)知识与技能:运用造型元素表现恐龙的外形、色彩、形态等特点。

(2)过程与方法:在探索中了解恐龙的相关知识和故事;在比较中发现恐龙的造型特征;在想象中大胆描绘心中的恐龙家园;在创作过程中体验学习与表现的乐趣。

（3）情感态度与价值观：学会将观察和掌握的知识融入绘画创作之中，使美术不仅仅关乎绘画技巧，更关系用知识联系生活，激发想象。

（二）教学内容

"恐龙回来了"是岭南版美术小学二年级上册第四课时的内容，以此为题，旨在激发学生探究古时期恐龙世界的兴趣，培养学生的想象力和创造力；以整版的形式提供了丰富的"天上飞、地上走、水中游"的恐龙图像资源，特征明晰，为学生提供欣赏和交流平台，拓展了学生的想象和创作空间。

（三）教学活动

"恐龙回来了"教学活动主要包括"课前导入""认一认""分一分""比一比""赛一赛""画一画""课后延伸"环节，其教学流程如图 3-37 所示。

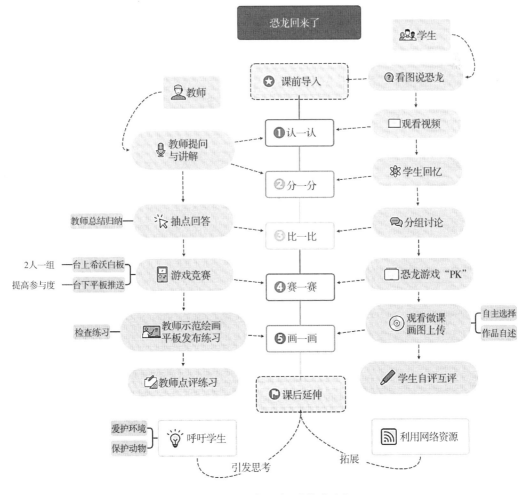

图 3-37　"恐龙回来了"教学流程

1. 课前导入

课前,教师发布预习案,让学生通过询问交流、网络搜索、图书查找等方式搜集有关恐龙的资料,完成预习案。课中,教师展示图片,让学生代表用拟人的手法介绍河源本地恐龙和恐龙文化,从而引出本节课主题:恐龙回来了。密切联系实际生活环境中的典型事物,有利于培养学生对本土文化的自豪感,激发学习兴趣。

2. 认一认

教师播放《恐龙时代》微课视频,介绍恐龙历史,提出问题:你认识视频里面的哪些恐龙? 让学生带着问题观看视频并进行主动思考,引领学生走进远古时代,了解关于恐龙的自然科学,感受恐龙主宰世界时的磅礴气势。随后,教师总结恐龙在地球生存和灭亡的时间,帮助学生进一步建立对恐龙的认知。

3. 分一分

教师提出思考问题:视频里各种各样的恐龙,究竟有哪些种类呢? 请说出你的分类。学生回忆视频并进行思考,利用易课堂的抢答功能回答问题,提高学生课堂活动的参与感,增强课堂氛围。随后,教师讲解总结恐龙的分类,并利用思维导图的方式帮助学生进行系统可视化梳理,培养学生的观察能力和归纳总结能力。

4. 比一比

教师布置小组合作学习任务:不同种类的恐龙有什么特点? 引导学生以小组为单位,根据恐龙的外形特征、颜色、活动特点、生活习性等方面进行分析讨论并举例说明,然后借助易课堂的抽点功能随机选人回答,以此来提高学生的观察能力、分析能力、表达能力和专注力。

5. 赛一赛

教师运用希沃白板开展认恐龙游戏。游戏①:找出肉食性恐龙。游戏②:分别找出三类恐龙——地上走的,天上飞的,水里游的。让学生上台"PK"游戏①,看谁认得多,通过比赛提高学生的竞争意识并活跃课堂气氛。接着,教师利用平板推送游戏②,让学生利用平板参与游戏,完成并上传,提高参与度。教师可以根据平台反馈数据研判学情,及时给予针对性指导。

6. 画一画

首先,教师带领学生分析恐龙的组成部分,用线条和图形概括出恐龙的基本形,并进行示范绘画,让学生更清晰直观了解绘画过程。其次,教师推送视频资源,学生进行观看学习,了解如何借助基本形例图绘画一只完整的恐龙,借助平板画恐龙基本形并上传,提高课堂效率。随后,教师提出思考问题:假如恐龙回来了,会在我们的生活中发生哪些有趣的事情呢? 发散学生思维,提高学生的联想能力,培养创新思维。紧接着,教师利用触屏功能对恐龙绘画过程进行分析讲解,引导学生对画面构图、色彩等进行构思,为学生布置分层作业:①借助基本形画一两只你喜欢的恐龙;②写出你心中的恐龙故事。学生可根据自己的学习情况自主选择其中一个作业去完成,并利用平板上传作业到平台。最后,教师借助平台展示学生的绘画作品,对其进行整体点评,并邀请学生代表分享本节课的学习心得。

7. 课后延伸

教师发布课后延伸讨论话题:①河源市有恐龙之乡之称,你还了解哪些本地的恐龙故事呢? ②恐龙的灭绝带给我们怎样的思考? 鼓励学生借助网络资源进一步了解恐龙的相关信息,强化学生对课堂知识的吸收和理解。同时,呼吁学生要爱护环境,保护动物,拓展眼界,提高探知能力。

(四)教学评价

首先,教师利用趣味游戏激发学生的竞争意识,并通过平板答题检测及时反馈学生对恐龙分类知识的掌握情况,寓教于乐,在强化学生对知识掌握的同时,有效激发学生的学习兴趣,也有利于教师根据学情反馈及时调整教学策略和教学活动;其次,教师推送相关微课资源,并布置分层作业,要求学生根据自身学习情况选择其一,完成后上传到平台;最后,教师借助平台展示学生的绘画作品,对其进行整体点评与分析,并引导学生对全班的绘画作品进行自评与互评。技术支持下的展示与交流丰富了作品的呈现形式,也有利于学生在学习中取长补短,完成系统知识的意义建构。

三、微能力点评

本案例融入游戏化教学理念,充分利用希沃白板、希沃易课堂等平台工具开展教学实践,带领学生认识恐龙、了解恐龙和创作恐龙,打造高效的美术课堂,培养学生的艺术素养和创新能力。主要体现的微能力点有 A3 微课程设计与制作、A7 技术支持的方法指导和A11 技术支持的展示交流。

(一)A3 微课程设计与制作

本案例中,教师利用希沃白板播放《恐龙回来了》微课视频,并介绍恐龙的历史,将直观了解恐龙变为可能,带领学生走进远古时代,了解关于恐龙的自然科学,从而有效激发学生的学习兴趣。此外,教师示范画恐龙基本形的过程,并利用平板推送微课视频资源"借助基本形绘画一只完整恐龙",以多样化的教学活动形式丰富学生认知,有效提高课堂教学效率(图 3-38)。

图 3-38　运用游戏和微课视频激发学生的学习兴趣

智媒时代,微课视频凭借其短小精悍的优势为学习者带来个性化的学习体验,因而成为广大教师进行知识讲授的重要选择。在进行微课设计与制作时,教师应充分考虑学生的身心发展特点,结合学科特色,选择合适的制作工具,并对呈现画面与内容进行具体规划和设计,力争做到内容浅显易懂,画面生动有趣,讲解深入浅出。

(二)A7 技术支持的方法指导

本案例中,教师能够就恐龙基本形绘画的过程与方法进行准确示范,并提供视频资源和绘画工具,让学生直观了解绘制恐龙基本形的过程与方法;同时,借助希沃白板的交互功能对绘画过程进行具体讲解和分析,提供绘画方法建构支架,引导学生对画面构图、色彩等进行思考,并在学生绘画过程中提供适时反馈和有针对性的指导,有效促进绘画方法内化(图 3-39)。

图 3-39 借助技术工具拆解绘画过程

方法运用是学生将原理探究过程中所掌握的知识、技能和方法等迁移应用到其他学习内容的过程,其核心是学生迁移运用能力的培养。因此,教师需要设置不同难度梯度的问题,让学生在初步应用的过程中巩固和理解知识点,在深化应用的过程中体会方法的价值与魅力。智能环境则能够结合大数据技术为学生智能推送个性化拓展资源与分层测验,也能够为学生的协作交流、汇报展示提供平台支撑。

(三)A11 技术支持的展示交流

本案例中,教师布置分层作业,学生根据自身的学习情况自主选择、完成,并拍照上传到平台,教师及时查看学生作业完成情况,精准掌握学情,并借助希沃白板和希沃易课堂展示学生作品,引导学生在展示与分享过程中取长补短,提高参与度和积极性,建构对恐龙绘画的整体认知,有效培养学生的艺术素养和审美能力(图 3-40)。

图 3-40 分享与展示

　　不同的团队有不同的协作模式和思路,对知识的理解和应用也存在不同之处,具有较强的可借鉴性,因而展示与交流成为至关重要的环节。在技术的支持下,展示与交流活动也呈现出可视化、形象化、具体化、协作化等突出特征,能够让学生作品或成果以更加清晰直观的方式呈现出来。因此,教师要适当引导学生阐述团队的创作理念和创作过程,以此来锻炼学生的口头表达能力,促使学生体验协作学习的乐趣和成就感。

第六章　小学音乐教师信息技术应用微能力训练及案例

第一节　小学音乐教师信息技术应用微能力训练

一、应用环境

广州市某小学某老师执教的小学五年级"筹备迎新音乐会——青春舞曲"精品课例应用于智慧教育环境,利用平板电脑等智慧教学工具开展教学,将信息技术融入课前备课、课上互动、课后学习的各个环节,提高学生的学科素养与通用素养,且在智慧教育环境下动态检测学生学习情况,灵活全面地掌握学生的知识掌握情况。

二、体现微能力点

G8 智慧教育环境下教学模式创新。

三、实施过程

智慧教育环境下教学模式创新见表 3-7。

表 3-7　智慧教育环境下教学模式创新

智慧教育环境下教学模式创新	
活动过程	一、多样素材启发学生学习 1. 教师在课前将舞蹈动作等素材推送至项目学习平台,供学生学习、选择,整合素材,综合表演。 2. 学生利用智慧教育平台的资源完成课前学习,初步掌握将学内容。 二、智慧环境支持教学与互动 1. 教师利用音、视频资源向学生展示并跟唱歌曲,结合钢琴、手鼓等工具打节拍,培养学生的节奏感。 2. 教师利用平板电脑、希沃等智慧课堂工具推送课堂练习,学生利用平板电脑进行答题互动。 3. 教师通过平台对学生知识掌握情况的数据进行搜集与统计,了解学生的学习情况。 4. 教师发布小组现场排演任务,通过移动记录设备将排演情况实时投屏至一体机,分享并记录学生的创作过程。 三、平台支持下的课后辅助 1. 教师利用项目学习平台、平板电脑布置课后作业:让学生收集各民族音舞的特点,制作海报并上传至平台,相互点评交流。 2. 学生利用项目学习平台上传作业,共享资源、交流互动。

四、应用效果

(一)合理利用智慧教学工具,有效开展智慧教学

在本课例中,教师能够在课程开始的前、中、后三个阶段融入信息技术的使用,课前激发学生的积极性,课中充分调动学生的参与度,课后帮助学生拓展与查缺补漏(图 3-41)。教师通过合理利用智慧教学工具,使用资源丰富学习内容,有效开展智慧教学。

图 3-41　利用教学平台发布课后拓展作业

(二)丰富教学内容与形式,促进沉浸式学习

本课例教师充分利用智慧教学环境中的硬件资源,熟练使用项目学习平台、希沃、钢琴等教学平台或工具,并通过提供民族服装、歌舞融合等方式创造一个富有维吾尔族风情的歌舞会情境(图 3-42),通过跟节拍拍手、手鼓打节奏、钢琴伴奏等多种形式反复强化学生对节奏的掌握,整个教学过程流畅清晰,使学生全身心投入课程中,在沉浸式的情境中学习。

图 3-42　维吾尔族风情的歌舞会

(三)动态监测,全面掌握学生学习情况

本课例中教师利用项目学习平台布置测试,学生在平板电脑上完成选择题与归类题,教师则通过平台测试统计功能实时判断学生的测试完成情况(表3-8),从而有针对性地指导学生,对于学生对知识的强化与掌握有促进作用。

表3-8 评价结果数据

名称	材料阅读	提交作品	优秀作品	话题讨论	新颖观点	评价量表	自评分	个人表扬加分	小组表扬加分	综合得分
动感音符小组	7	206	0	327	0	87.2	0		0	627.2
藏歌小组	7	100	0	274	0	84	0		0	465
绝不跑调小组	7	177	0	180	0	87.2	0		0	451.2
亚克西小组	6	137	0	56	0	73.5	0		0	272.5
呀拉索小组	8	61	0	99	0	79.2	0		0	247.2

第二节 小学音乐教师信息技术应用微能力案例分享

一、案例背景

"筹备迎新音乐会——青春舞曲"选自广州市某小学某音乐老师执教的精品课例,内容选自粤教版音乐五年级教材,结合第八课"多彩的乡音(五)"中的歌曲。

本课例的学习者是五年级的学生,五年级的学生已经积累大量的音乐知识,且在三、四年级的音乐项目式学习中,能够利用平板电脑、网络资源等信息工具进行小组自主探究学习,为本课学习奠定技术基础。

本课例用到的技术工具、平台、资源包括项目学习平台、平板电脑、希沃白板、钢琴、课堂乐器、表演道具等。

课例根据学习实际重构了教材,融合了音乐、美术、信息、数学学科,并且结合课外拓展设计了教学内容,用到的主要教学策略有启发式教学策略、探究策略、情景教学策略、问题教学策略、发现策略等。本课例中教师通过引导学生学习优秀的民族音乐,传承民族传统音乐文化,同时结合教材进行课外拓展,以排演民族歌舞作品参加迎新音乐会节目选拔为驱动问题,激发学生学习民族音乐的兴趣,用民族歌舞表达爱国情感。

二、教学设计

(一)教学目标

根据课标分析,教学目标主要围绕感受与欣赏、表现、创造等方面。

1. 感受与欣赏

(1)学生能够体验并简要描述音乐情绪。

(2)学生能够通过律动或打击乐对所听音乐做出反应。

(3)学生能够了解各地方民歌的风格特点。

2. 表现

(1)学生能够用自然圆润的声音、清晰的吐字有表情地演唱歌曲。

(2)学生能够用课堂乐器参与歌曲表现。

(3)学生能够主动参与综合性艺术表演活动。

(4)学生能够结合所学歌曲认识音乐节奏。

(5)学生能够对自己和他人的表演做简单评价。

3. 创造

(1)学生能够即兴编创与歌曲情绪一致的律动或舞蹈,并参与表演。

(2)学生能够自主搜集材料或用老师提供的材料,参加音乐创作。

4. 音乐与相关文化

(1)学生能够从各个平台收集音乐材料,并经常听赏。

(2)学生能够说出不同地域的代表性音乐作品。

(二)教学内容

《青春舞曲》是一首具有浓郁新疆风格的歌曲,情绪奔放热烈,舞蹈感很强。内容选自粤教版音乐五年级教材,结合第八课"多彩的乡音(五)"中的歌曲。课程内容旨在激发学生探究民族歌舞、异域风情的兴趣,培养学生的表现力和节奏感,以多学科融合的方式为学生提供丰富的教学活动,帮助学生深入情境,切身体验新疆风情。

(三)教学活动

"筹备迎新音乐会——青春舞曲"教学活动主要包括"回顾问题,引导创作""探究创作,选择歌曲""探究创作,学习歌曲""探究创作,丰富形式""分享作品,精彩呈现""教师总结,布置任务"六大环节,其教学流程如图 3-43 所示。

1. 回顾问题,引导创作

教师引导学生回顾上学期布置的民族歌曲收集活动,运用技术支持的项目学习平台进行上一阶段活动的展示,在此基础上引出一位同学在作业中分享的《青春舞曲》,点明本课主题"筹备迎新音乐会——青春舞曲",吸引学生的注意力,引导学生融入。

2. 探究创作,选择歌曲

首先,教师带领学生随音乐《青春舞曲》律动,走进维吾尔族。本过程中教师在音乐律

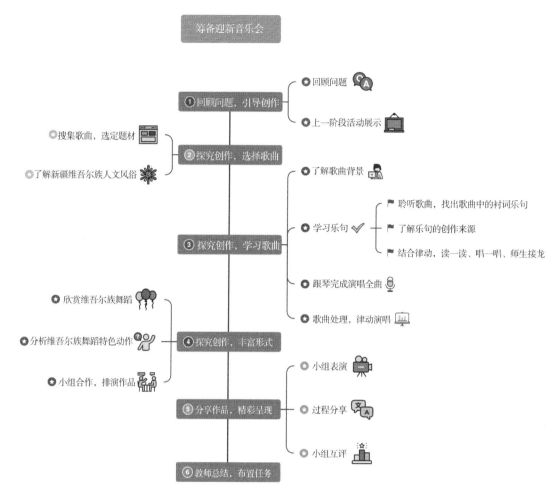

图 3-43 "筹备迎新音乐会——青春舞曲"教学流程

动中融入抖肩、翻腕、踏点步、托帽、移颈、拍掌等维吾尔族舞蹈动作,让学生感知维吾尔族音舞美,为后面的综合表现做铺垫。其次,教师通过提问学生"了解哪些关于维吾尔族的歌曲?""简要介绍一下你所了解的维吾尔族?"调动学生参与课堂,引发学生思考,使学生初步了解新疆维吾尔族。最后,教师通过图片展示等方式向学生具体介绍新疆维吾尔族的人文风俗。

3. 探究创作,学习歌曲

首先,教师通过讲故事的方式介绍《青春舞曲》的产生背景,激发学生学习的好奇心,引导学生学习乐句,聆听歌曲。教师通过播放歌曲,给学生布置"找到歌曲中的衬词乐句"的任务,提高学生的课堂参与度和内容理解力。其次,教师引导学生利用平板电脑进行答题互动,了解乐句的创作来源,以结合律动读一读、唱一唱、师生接龙等方式带动学生融入课堂。最后,学生在教师的指导下跟琴完整演唱全曲。教师通过打节拍的方式为学生演示节奏强弱拍的演唱处理,带领学生反复练习。此环节教学循序渐进,通过多种音乐活动引导学生唱好歌曲,了解新疆维吾尔族音乐特点,为排演作品做铺垫。

4. 探究创作,丰富形式

首先,教师利用演示屏幕发布维吾尔族舞蹈动作详解,学生通过欣赏维吾尔族舞蹈,分析维吾尔族舞蹈特色动作,利用平板电脑进行答题互动,找出哪些是维吾尔族舞蹈的特色动作,以此增强学生对民族特色舞蹈动作的理解和辨识能力。其次,小组合作,排演作品。教师将舞蹈动作素材推送至项目学习平台,供学生学习、选择、整合素材,并在此基础上发布小组合作表演舞蹈的任务,使学生按照角色要求分别演绎舞蹈,培养学生的小组协作能力,锻炼学生的舞蹈能力和肢体协调能力,使学生在真实的场景中体验式学习。最后,教师利用希沃的实时投屏功能,把小组现场排演的情况实时投屏至一体机,分享学生的创作过程。此环节在信息技术的支持下,帮助学生自主探究,排演作品。

5. 分享作品,精彩呈现

教师组织学生展示小组排练成果,通过小组表演调动学生参与课堂,学生分享创作过程,锻炼语言表达能力和逻辑思维,再借助平台工具通过小组互评的方式实现小组打分,在锻炼学生的点评能力的同时引导学生根据评价发现自身不足。

6. 教师总结,布置任务

教师进行本节课知识总结并布置制作民族歌舞海报(手抄报、电子报等)的任务,让学生把了解到的民族音舞知识制作成民族歌舞海报,为排演民族歌舞作品奠定基础,培养学生的艺术审美素养和信息搜集能力。

(四)教学评价

1. 课堂练习评价

在课堂上,师生利用平板电脑、希沃进行答题互动,学生答题后能够有效且迅速地将答题情况反馈至教师端,教师可根据学生的答题情况了解学生的知识掌握水平,进而改进教学,有利于教师对学生进行针对性教学。

2. 学习成果评价

在课堂上,学生根据各小组汇报表演的情况,利用平板电脑在网络学习平台上填写"表演评价表"。学生能够直观地看到每个小组作品的材料阅读量、讨论、评分、综合得分等,此种方式能够有效地检测学生的学习效果,提高学生的评价能力与信息素养。

三、微能力点评

本案例结合智慧教育环境,聚焦现实世界的真实情境,利用信息技术支持学生进行深度开放式探究,融合多个学科的知识,在师生协助中形成新的教学生态,鼓励学生不断探究,不断形成自己的艺术观点和行为,帮助学生体会维吾尔族舞蹈特色,掌握维吾尔族歌曲与舞蹈的特点。

课例的开展也促进了教师的专业发展,使教师在信息技术的支持下,运用技术手段在课堂教学中实施内容展示、师生互动、课堂导学、学习促进、活动组织、资源获取等,实现教师的能力提升。除此之外本课例的开展也具有一定的现实意义和社会效益。

在本课例中,主要体现出的微能力点有 G8 智慧教育环境下教学模式创新、B1 跨学科学习活动设计、B2 创造真实学习情境。

(一)G8 智慧教育环境下教学模式创新

教师能够合理利用智慧教学工具,熟练掌握相关资源的使用方法,主动寻找和分享优质的学习资源,将信息技术融入课前备课、课上互动、课后反馈等多个教学环节中。

教师能够主动探索相应资源的完善与开发,如教师在课前资源中上传自己制作的每个舞蹈动作的分解片段,供学生在课前了解学习(图 3-44),体现了教师能够结合学科内容优化并自主开发优质学习资源。

图 3-44　平台上的维吾尔族舞蹈动作解析

教师能够利用智慧教育平台工具发布测验,动态检测学生学习情况,发现学生学习中的问题,更灵活全面地掌握学生的学习情况(图 3-45)。

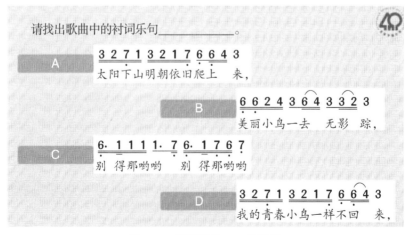

图 3-45　答题互动——选择题

(二)B1 跨学科学习活动设计

该课例融合了音乐、美术、信息等学科,结合课外拓展,创建了一堂融合歌舞表演、音乐伴奏、角色扮演的具有民族风情的课堂,加强了不同学科之间的联系,利用多学科资源培养学生的跨学科意识和跨学科思维能力。

教师通过设计探究性活动,如课堂测验(找出哪些是维吾尔族舞蹈的特色动作)及课后作业(收集各民族音舞特点并制作民族舞海报),推进学生融融合性与探究性为一体的深度学习。

(三)B2 创造真实学习情境

本课例中教师通过提供民族服装、配饰、乐器,搭配维吾尔族歌曲,为学生创建了较为真实的民族风情学习情境,将本课内容与显示环境进行有意义的关联,突破了时空,使学生在课堂上体会新疆风采,丰富学生的体验,促进意义建构,有利于学生对知识的深层次理解。

本课例中,多种学习资源、跨学科知识的运用、角色的扮演,以及基于驱动问题的解决、小组合作等,让学习自主发生。在学生以小组为单位展示歌舞表演的活动中,教师通过提供道具、小组角色扮演等方式增强学生的学习动机与学习投入,促进学生自我导向的学习,强化了学生的与人交往能力和协作能力。

中学教师信息技术应用微能力
训练及案例

第一章　中学语文教师信息技术应用
微能力训练及案例

第一节　中学语文教师信息技术应用微能力训练

一、应用环境

　　清远市某某中学某某教师开展的课例"拿来主义"应用多媒体教学环境,在课前、课中、课后分别通过学习平台、电子白板等信息技术工具开展多样化的教学。本课例中的教师在教学中能够灵活运用智能工具辅助教学,通过微课资源进行课程导入,激发学生的学习兴趣。在课程中,教师通过多种智能工具的结合,带领学生开展抢答、小组协作等多样化的学习活动,帮助学生更好地理解本文传达的思想感情,学习文章中作者传达的思想。

　　课前教师在夸克 app 上提前公布本节课的预习任务(图 4-1),引导学生在课前初步了解本篇文章。学生收到预习任务后,自主根据教师的引导问题进行学习。此时夸克 app 会自动收集班级内每个学生的答案,自动对答案进行批改并对全班同学的答题情况进行分析,将最后的可视化统计结果向教师同步展示,帮助教师在上课之前就能够了解该班学生整体的预习情况和知识准备情况,以便于进行更好的教学设计。

　　在课堂中,教师充分利用电子白板的交互和展示功能,开展多样化的教学活动。教师运用电子白板的可触摸功能结合具体教学内容在多媒体课件中加入大量交互游戏,在课堂中开展寓教于乐的课程活动。通过游戏化的方式鼓励学生踊跃参与到课堂的活动中,学生通过与课件的交互完成题目的匹配(图 4-2),当学生在挑战过程中遇到困难时,教师则会邀请另一位学生进行协同解决,极大地提高了学生的课堂参与度。

图 4-1　教师提前在夸克 app 发布预习任务

图 4-2　智能白板开展课堂交互

课后教师通过本班专属学习空间向学生布置课后学习任务,并在平台上查看班级内学生的作业完成情况,及时了解课后每个学生的学习情况。在本班专属学习空间中教师也会根据本节课的学习内容,向学生提供课后拓展资源,并为学有余力的学生提供自学的资源。同时,教师借助设计平台建立班级 QQ 交流群,与学生在课后保持交流(图 4-3),了解学生的课后问题,保持和学生之间持续不断的良性互动。

图 4-3 结合社交工具开展课后交流

二、体现微能力点

A1 技术支持的测验与练习。

三、实施过程

技术支持的测验与练习见表 4-1。

表 4-1 技术支持的测验与练习

技术支持的测验与练习
一、利用线上学习空间开展课前预习活动

<table>
<tr><td rowspan="1">活动过程</td><td>一、利用线上学习空间开展课前预习活动

教师首先登录夸克 app,课前结合本节课的学习任务提前向学生发布课前预习任务,同时利用智能工具为学生提供预习阶段有助于思考和学习的支架。支架通过一个个与学习内容紧密相关的问题,层层递进,帮助学生在回答预设问题的同时一步步走进本节课的学习,了解课程背景,使学生对本节课的学习产生极大的兴趣和好奇心。同时 app 会自动帮助教师收集学生的预习回答情况,有助于教师了解学生当前学情和知识准备情况,教师可以及时对自己的教学设计进行调整,以便于达到更好的教学效果。

学生则使用自己的专属账号提前登录 app,查看当前自己的学习任务,基于学习任务自主形成学习小组,通过协作的形式利用互联网进行搜索浏览,寻找相关问题的答案。同时,针对开放性问题学生也会借助 app 在课前与其他的小组成员进行讨论,尝试得出相关问题的答案(图 4-4)。

通过本节课预习效果可以看出,智能工具夸克 app 在课前预习活动中起到了举足轻重的作用,教师基于工具发布预习任务,学生也借助该工具在课前展开探索,在平台上通过多样化的方式呈现</td></tr>
</table>

续表

小组的预习结果。该过程中学生的信息素养得到了极大的提升,教师的教学素养也有很大程度的提高。

图 4-4 基于夸克 app 平台开展预习活动

二、课上利用交互课件检测学生对当堂内容的理解程度

在本节课中教师结合具体授课内容精心准备了多媒体课件,并且加入了大量交互类、游戏类元素,营造一种轻松愉悦的教学氛围。

在课程中教师利用课件的两个最主要的功能是课程内容的展示和课程活动的开展。

1. 课程内容展示

借助课件体会情感。教师借助课件中的图文展示带领学生对文章内容进行进一步的理解,学生借助课件中的图片更加直观地感受中华传统文化的魅力,教师引导学生体会作者在文章中所传递的情感。

2. 课程活动开展

(1)教师结合本节课中的重难点内容,通过课堂小测验的方式邀请学生课堂上进行练习。在讲解重点内容后,教师立即在班级内组织学生通过测试游戏的方式对刚才的内容进行复习和巩固,由教师随机选取学生代表参与课堂测试,其他同学在座位上跟随指定答题者共同作答。通过测试游戏让学生进一步掌握所学知识点,同时也方便教师在第一时间了解学生对于重点内容的学习情况。

(2)在答题者遇到困难时组织学生一起进行思考,共同完成作答。

(3)及时了解学生知识点掌握水平,并帮助学生针对重难点进行再次巩固练习。

三、通过课程群和课程空间进行拓展探究

教师充分利用课程群专属课程空间在课前、课中、课后开展教学活动,促进班级学生之间的资源分享和互动交流活动。教师布置学习任务,引导学生使用互联网、数字化学习资源平台(夸克app、知乎 app)进行浏览,寻找优质的数字资源,将查找到的传统文化资料分享到班级 QQ 群。通过学生的展示引发学生之间的交流,鼓励学生针对查找的资源进行相互点评,通过这样的交流促进学生思考和提高。

同时,教师有效利用粤教翔云网络学习空间,为学生建立本班语文专属学习空间,扩展学生交流的平台。教师通过学习空间将语文课堂搬到线上,在学习空间为学生提供大量优质的自学资源,鼓励学生进行自学。教师也为学生提供分享交流的平台,学生可以成为班级学习资源的建设者,可以在平台上将自己优质的学习资源分享给其他同学。除此之外,教师也充分利用学习平台优化课后作业督促和检查环节,每节课后在平台内向本班同学推送该堂课的课后作业,通过平台跟踪学生的作业完成情况。

四、应用效果

(一)促进学生自主学习,提升学生核心素养

教师通过夸克 app 重塑预习活动,通过技术介入为课前的预习活动带来更多的可能性。教师借助智能工具在课前为学生提供大量与课程相关的微课资源,鼓励学生结合这些数字资源开展自主学习。

教师同样借助社交工具鼓励学生进行协作探究,完成课前预习任务。教师鼓励学生自主组成学习小组,通过同伴的监督和陪伴更加有利于学生完成课前预习任务。

学生通过本次教学有意识地养成了课前自主学习的好习惯,在课前收到教师在学习空间布置的学习任务,自主组队完成课前文章背景的预习,并以文字、视频等方式主动在班级的学习空间中分享自己的预习成果(图 4-5)。学习平台为学生提供了更多交流和展示的机会,能够更好地激发学生学习的主动性,同时多元化的学习任务也可以在潜移默化中有效提高学生的核心素养。

图 4-5　展示小组协作成果

(二)增加课堂互动形式,活跃课堂气氛

希沃教学课件、QQ 群、线上学习空间等相关信息技术工具的融合,为课程交互环节带来了新的思路。在时间维度上,互动不局限在课堂的教学过程中,通过社交工具,课前课后学生与教师之间都可以进行不间断的交流;在空间维度上,互动不局限在线下的真实课堂中,在线学习空间为交流提供了更大的平台。

课前:教师与学生可以通过线上学习空间进行留言和相关学习内容的分享,更有助于教师在课前进行教学准备工作。教师通过学生的留言了解学生当前的预习情况和知识准备情况,针对学生的问题制定更加有针对性的教学方案,从而为之后的课堂教学达到更好的效果做准备。

课上:通过希沃白板小游戏吸引学生参与教学活动,营造轻松活跃的教学氛围,寓教于乐,提高学生课堂参与度。通过运用智能工具,教师可以开展更多更具有趣味性的课堂互动,将游戏化元素融入课堂,激发学生的学习兴趣,培养学生对语文学习的热爱。

课下:教师通过 QQ 群互动,及时收集来自班级不同学生的意见,结合学生意见进行教学反思,不断提高自己的教学。同时教师也利用 QQ 群在课下为学生提供更多优质的数字化学习资源,帮助学生在课后进行自主学习。

(三)帮助教师及时了解学生学习情况

信息技术为教师掌握学情、了解学生学习进度提供了切实可行的帮助。信息技术在课堂中的介入,为教师及时、全面、准确地了解学生带来了新的解决办法。

教师课前通过问卷星发布问卷,了解学生当前知识的准备情况、学生的态度、学习动机、学习风格、学生信息环境的准备情况等多方面的信息,帮助教师更加全面地掌握学情以便制作出更具个性化的教学设计。同时,教师可以通过问卷星中的智能统计分析功能查看班级学生在各个维度的整体学习情况,通过智能问卷工具可以帮助教师发现隐藏的教育信息,帮助教师对自己的班级以及班级内的每一个学生有更加全面的了解。

线上学习空间的使用不仅能够在课上为教师和学生提供新的交互方式,同时也是课后教师及时了解学生知识掌握情况的好帮手。在在线学习空间,学生可以畅所欲言表达自己的看法和学习感受,同时也为学生和教师在课后的交流提供了新的途径。

第二节　中学语文教师信息技术应用微能力案例分享

一、案例背景

教师在多媒体网络教室中借助希沃白板、问卷星、粤教翔云网络学习空间、知乎 app、夸克 app、QQ 群等信息技术工具开展多种教学活动。课前通过知乎 app、夸克 app 等工具,帮助学生完成课前自主预习;课中通过希沃白板小游戏增加课堂互动,营造轻松的学习氛围;课后利用粤教翔云网络学习空间布置相关拓展作业。通过问卷星、粤教翔云网络学习空间等收集学生学习信息,及时了解学生的学习情况。

本节课理解"拿来主义"的实质,分析"拿来主义"的具体做法,梳理文章的论证思路,提升学生思辨能力,更好地继承和发扬中国的传统文化。

二、教学设计

(一)教学目标

1. 思维发展与提升

借助夸克 app 和知乎 app,通过粤教翔云网络学习空间分享学习资源,了解文章的写作背景,理解议论性文章具有鲜明的针对性,明确鲁迅先生"拿来主义"的内涵。

2. 文化传承与理解

借助互联网技术通过 QQ 群分享,让同学们深刻认识到"拿来主义"对继承发扬中国传统文化的作用,增强学生的民族文化自信。

（二）教学内容

《拿来主义》是统编版语文教材必修上册第六单元第三篇课文。本单元的人文主题是"学习之道",学习任务是"思辨性阅读与表达",语文素养要求是"把握作者观点和态度,学习表达观点的方法,学会发现问题,以恰当方式阐述自己的看法"。这篇课文是对学生掌握破立结合驳论文写作的重要巩固,有助于他们学会写规范的驳论文。通过这节课的学习,学生了解"拿来主义"提出的背景,理解"拿来主义"的实质,分析"拿来主义"的具体做法,梳理文章的论证思路,从而提升学生思辨能力,让他们感受对传统文化的"拿来"与创新,更好地继承和发扬中国的传统文化。

（三）教学活动

采用创设情境、逐层进阶的方式,从学生的最近发展区出发,将教学分为七个环节:情境导入—导学探究—梳理文脉—思维透视—归纳总结—拓展探究—作业布置,具体教学流程见图 4-6。

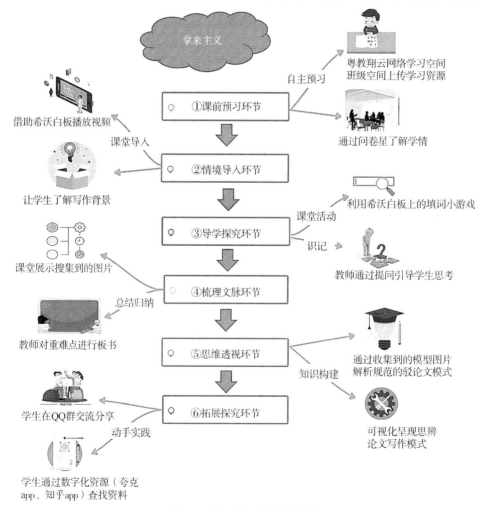

图 4-6 "拿来主义"教学流程

（1）课前预习环节：学生课前自主预习，搜集关于作者及文章写作背景的资料、思维导图模型，上传到粤教翔云网络学习空间班级空间。教师通过问卷星了解学情，掌握学生的知识结构和能力不足之处。

（2）情境导入环节：利用希沃白板播放学生搜集到的梅兰芳出访苏联的视频片段，激发学生兴趣，理解文章写作背景。

（3）导学探究环节：利用希沃白板上的填词小游戏，活跃课堂气氛，达成对文章内容的进一步理解。

（4）梳理文脉环节及思维透视环节：通过粤教翔云网络学习空间，展示学生通过网络搜集到的图片、模型，既能提高学生破立结合驳论文的写作技巧，也能提升思辨能力。

（5）拓展探究环节：学生通过数字化资源（夸克 app、知乎 app）查找传统文化创新的资料并分享到 QQ 群进行展示、交流，相互点评，共同提高。

（四）教学评价

本节课教师采用定性和定量评价相结合的方式，针对学生的课堂表现进行评价。在定量评价方面，利用采集学生学习过程性数据所使用的技术工具对学生进行诊断性评价。在定性评价方面，教师根据课程内容开发了相关的评价量规，由教师评价、同学互评、学生自评三种评价构成最后的评价结果（评分比例：30％、30％、40％），并将评价结果以可视化方式进行呈现（图 4-7）。

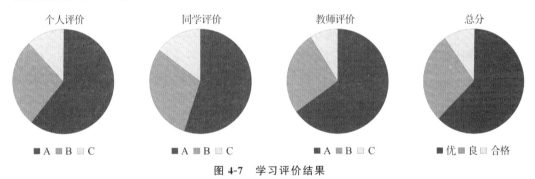

图 4-7 学习评价结果

三、微能力点评

本案例中教师利用信息技术相关工具对学生学习过程中的数据进行分析，及时进行学情判断，对学生提供更有针对性的帮助。同时教师充分利用微课资源，帮助学生理解课程内容中的重难点。本课例中共涉及三个微能力点，其具体如下：

（一）A1 技术支持的测验与练习

教学过程中教师通过白板小游戏，邀请学生作答，当堂检测学生当下对于重点知识的掌握情况，并针对学生当前的学习问题进行及时反馈。

课堂中利用 QQ 群和学习空间发布学习任务，实时对学生学习信息进行收集，有效帮助教师快速、准确地掌握学生的学习情况。技术支持的测验与练习通过精准的数据分析能够有针对性地把握答题情况,便于分析学生的学习情况。

建议教师在之后的教学中可以利用信息技术开展多样化的测试活动,如抢答、及时答题和对抗答题等,通过开展相关教学活动激发学生加入测试的兴趣,提高学生学习的积极性。教师应借助学习平台收集学生的练习与测验数据,方便后续教师进行教学计划的安排,并积累数据逐步形成高频错题题库、日常练习题库等资源库,为日后的教学积累相关的资源和经验。

同时教师应根据测验结果对学生进行差异化分组,实现差异化教学。教师应当借助智能工具提前充分了解本班学生的性格、能力、社交等情况,并综合相关因素进行更加科学化的分组,以保证学生能够更好地开展协作学习。

(二)A3 微课程设计与制作

本节课教师结合语文学科的内容特点进行微课设计,选择教学中的重点内容——文章的背景和作者简介这两部分,通过微课视频的方式向学生展示。与传统的教学相比,通过微课视频进行文章背景的介绍,可以让学生在更短时间内更加生动直观地了解本文的历史背景。通过播放具有时代感的照片,向学生展示本文所处的时代背景,让学生对那段陌生的历史有更加直接的感受。通过观看视频帮助学生快速融入时代背景中,这样的方式能够更有利于学生之后对于整篇文章情感的把握。

同时教师也可尝试将微课制作的任务交给学生,布置课前预习挑战任务,鼓励学生结合文章内容自主收集信息形成多种形式的学习资源,并在学习空间中进行共享。教师通过这样的活动培养学生获取信息、分析与处理信息的能力,促进学生个性化学习能力的形成。

在课程的最后,教师再一次通过微课视频进行课程内容的扩展和升华(图4-8),更有利于学生对文章中心思想的把握。建议教师在之后的教学过程中结合微课设置合理的问题引导,借助生动有趣的问题,调动学生的学习思维,让学生带着问题学习微课,提高学生的学习效率,同时促进学生思考。

图 4-8　结合微课资源进行课程总结

在教学中引入微课不仅仅可以进行知识内容的展示,也希望教师能够利用微课主动创新教学手段,开展翻转课堂、探究型课堂等多种形式的教学模式。或是将微课视频与小组协作等其他教学组织形式相结合,通过微课帮助小组解决协作中出现的问题(图 4-9);或共同收看微课视频以优化视频学习效果。

图 4-9　开展相关小组协作活动

(三)G1 多技术融合教学的方法与策略

本课例在多技术支持下完成,信息技术工具有多媒体网络教室、希沃白板、问卷星 app、粤教翔云网络学习空间等,并有效利用了希沃教学课件、思维导图软件、知乎 app、夸克 app、QQ 群等多种教学资源。

根据前期教学数据,教师得知学习者有不同的学习基础,因此教师在后期的教学中为学生提供了多样的资源以满足不同学生的需求。本案例通过问卷星 app、粤教翔云网络学习空间优化了课堂评价方式,有效提高了课堂学习效率,教师采用希沃白板在教学互动过程中进行相关教学游戏,成功营造了活跃的教学气氛,达到了提高学生学习兴趣的目的。

建议老师在之后的教学中充分利用信息技术工具记录学生课堂学习情况,并进行更进一步的分析,及时了解学生的学习情况,结合学生的认知情况,灵活安排教学进度,推进学生认知发展。同时教师也可以在课后结合信息技术手段对学生课堂学习情况做更进一步的分析,调整并完善下一节课的教学计划。

第二章　中学数学教师信息技术应用微能力训练及案例

第一节　中学数学教师信息技术应用微能力训练

一、应用环境

在智慧教室中教师巧妙地结合智能学习工具开展智慧教学,本节课中主要的教学工具是洋葱视频、三思教育互动课堂。在智慧教学环境中,教师摒弃了传统的教学习惯,转换教学角色,用启发式和探究式的教学理念指导自己进行教学创新。教师结合智能工具带领学生通过小组协作的方式,完成知识的建构。此时教师是智能环境中技术的统筹者、学习的引导者,学生则是技术的使用者、智慧学习者。

课前,教师通过洋葱视频平台选取对本节课教学具有启发作用的微课资源,通过网络学习空间提前分享给本班级学生,鼓励学生结合视频自主进行课前的预习。学生在接收到课前的学习任务后,登录学习平台下载视频资源,进行自主预习。通过预习后学生对本节课的教学内容有了初步了解,同时也可以带着预习中发现的问题进入课堂。

课堂上,教师使用三思教育互动课堂中的小工具开展教学活动,增加课堂趣味性。三思教育互动课堂为教师提供了丰富的小工具,教师可以借助这些工具在课堂中开展多样化的学习活动,使一节枯燥的数学公式讲解课变成生动有趣的研究课。三思教育互动课堂中的教学元件主要有交互类、编辑类、展示类。

三思教育互动课堂中的编辑元件支持教师在多媒体课件中直接书写,可以通过触摸等简单操作就可以对课件进行编辑。同时教师也可以利用智能工具开展协作编辑,邀请不同学生直接到讲台上一起进行公式的演算(图4-10)。三思教育互动课堂中的互动元件支持教师开展抽签、抢答等活动,此类互动极大提高了学生的课堂参与度,成功激发了学生的数学学习兴趣。学生对课堂抢答活动具有极高的期待,通过这样游戏化的方式,原本课堂提问环节变得更加有趣,更加符合学生的这个年龄阶段的认知习惯。在进行小组成果展示阶段,教师借助抽签功能随机选择小组进行成果展示,给每个学生平等的展示机会,充分体现了教育公平的理念。三思教育互动课堂中的展示元件,帮助教师更加便捷地展示教学内容,也帮助学生向全班同学分享自己的学习成果。

在学习过程中,学生可以利用手中的智能学习终端参与课堂活动,进行学习成果的展

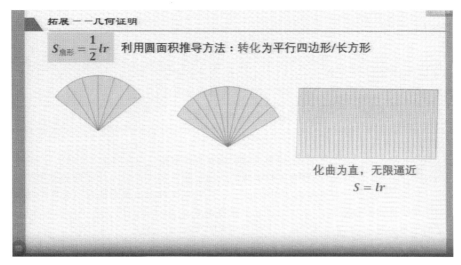

$S_{扇形} = \dfrac{1}{2}lr$ 利用圆面积推导方法：转化为平行四边形/长方形

化曲为直，无限逼近
$S = lr$

图 4-10　教师利用插件推理证明几何

示,自主开展智慧学习。在智能学习平板中,学生不仅可以接收到教师上传的学习资源和课堂中实时发布的学习任务,也可以作为信息传播者上传自己的学习成果、学习感受等。例如在开展小组协作过程中,学生可以使用平板进行协同编辑,一起进行公式的演算和推演,在形成学习成果后还可以向全班同学展示(图 4-11)。学生在浏览别人的学习成果的过程中也会引发自己进一步的思考,带给自己更多新的思路,从而促进学生间交流互动。

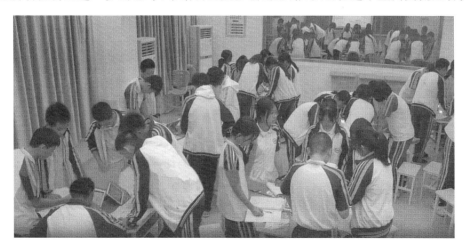

图 4-11　小组学习成果同步展示

二、体现微能力点

A5 技术支持的课堂讲授。

三、实施过程

技术支持的课堂讲授见表 4-2。

表 4-2　技术支持的课堂讲授

技术支持的课堂讲授

| | 一、开展技术支持的课前预习
与以往传统的预习任务不同,教师通过微课视频资源重新建构课前预习环节。
　　结合学生已有的知识基础,教师寻找恰当的微课视频资源在课程开始之前分享给学生。该微课资源中的教学内容从学生日常生活中的场景入手,通过学校操场跑道问题引发学生思考。教师同时向学生提供相应的导学案,学生通过导学案的练习,对本节课的内容有了更加深入的了解,发现自己的学习问题,带着问题到课堂上与老师和同学交流(图 4-12)。

图 4-12　"微课视频＋导学案"重构预习
　　与以往的预习不同,在信息技术的支持下,教师给学生的预习带来了更多的可能性,学生不再是简单地对着书本漫无目的地自学,而是通过多种资源,进行旧知识的回顾和新知识的探索。在课前开展这样的预习活动可以培养学生主动学习的意识,帮助学生养成课前预习的好习惯。
　　二、基于技术优化教师教授环节
　　本案例中教师利用技术对教学过程中的情境创设、课堂交流、成果展示、学情检测等多个方面进行了创新(图 4-13)。通过技术的融入优化自身的教学,让学生能够从身边的数学问题入手主动进行数学公式推理。同时,技术的介入帮助教师开展多样化的学习互动,提高学生交流沟通能力和协作解决问题的能力,促进学生全面发展。
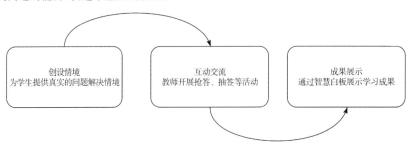
图 4-13　技术优化教学环节 |

续表

活动过程	创设情境：在授课过程中教师基于技术结合学生日常生活，为学生创设真实教学情境。教师带领学生从生活中的实际问题出发，引导学生开动脑筋解决生活中的数学问题。通过微课视频向学生展示真实的数学问题，并通过真实的学习情境激发学生学习兴趣。 　　互动交流：在进行课堂交流时，教师利用三思教育互动课堂中所提供的抢答、抽签等小工具创新提问方式，活跃课堂气氛，提高学生课堂参与度，保证每一个学生都能公平地参与到课堂的交流中。借助此类小工具可以增加课堂的趣味性。初中生正处于青春期，不善于表达自己的想法，通过这类活动可以有效地促进学生的课堂表达。 　　成果展示：在课堂上教师通过多屏互动的功能，在学生进行课堂练习的时候，可以及时收集和展示学生的随堂练习作答情况。教师通过投屏功能可以对学生的实际解题步骤进行批改，对问题进行及时的反馈，针对学生普遍存在困难的知识点进行更进一步的讲解。 　　三、借助技术工具升级课堂评级效果 　　结合智能工具，教师可以优化教学评价，丰富评价形式和评价主体（图 4-14）。通过智能工具，教师可以收集学习过程中学生的各项学习数据，并对丰富的数据进行进一步的分析，从而更好地对学生进行评价判断。 　　教师借助技术开展多样化的评价形式，课堂中学生可以拍照上传自己每个阶段的学习成果，教师通过学习平台对学生的过程性学习数据进行保留。学生在学习过程中会产生不同类型的学习数据，教师通过分析学生这些过程性的学习痕迹，能更好地了解学生当前的进度和知识掌握情况。 　　同时教师通过技术扩展评价主体，开展同伴互评活动。学生在智能学习平台中可以浏览其他同学的学习成果，也可进行同学间的互评。通过同伴之间的评价和交流，可以增加学生之间的互动，有助于团结班集体的形成。同时系统会根据学生的评价结果和互动情况，对于表现突出的同学进行一定的奖励，鼓励他保持良好的学习状态，也激励其他学生向表现优秀的同学学习，在之后的学习过程中以更好的学习状态融入学习。 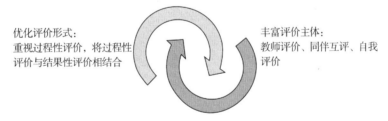 　　优化评价形式：重视过程性评价，将过程性评价与结果性评价相结合　　　丰富评价主体：教师评价、同伴互评、自我评价 **图 4-14　技术优化教学评价**

四、应用效果

(一)创设真实情境，激发学生学习兴趣

真实的教学情境可以帮助学生更好地融入课堂，同时从学生真实生活入手可以很大程度激发学生的学习热情。本课例中教师通过微课视频屏幕广播的方式向学生展示校园操场，通过圆弧的操场引入本节课的学习。操场是学生日常生活中十分熟悉的场景，引导学

生发现身边的数学知识,培养学生的数学兴趣。

教师利用微视频资源进行课程导入,成功激发学生的学习兴趣,学生对身边的真实数学问题有更强的探索欲望和学习欲望。教师根据微课视频提出有待解决的数学问题,组织学生在真实学习情境中借助智能工具,自主进行问题答案的探究。

学生在回忆生活中真实案例时会对本节课的内容产生好奇,在之后的学习过程中会对相关数学内容产生浓厚的兴趣。通过学习情境的创设,会让学生觉得原本枯燥的数学公式讲解充满了真实的挑战,成功吸引学生注意力,有利于学生之后的学习。

(二)使用技术工具,优化交流氛围

教师在进行课堂交流环节时,采用三思教育系统中的智能小工具辅助课堂问答,调动学生的积极性,促使学生踊跃回答问题(图 4-15)。根据真实课堂中可能出现的提问情况,三思教育系统为教师提供了随机抽人、计时抢答等辅助开展教学互动活动的小工具。

教师在进行小组成果展示时借助抢答工具,带动学生积极踊跃地加入课堂展示和互动中。教师在三思教育系统中借助随机抽取工具面向全班同学选择一名学生代表进行成果展示,这样的方式避免了课堂中两极化的现象,班级中的每位学生都有平等参与课堂活动的机会,技术的介入极大程度帮助教师在日常教学中贯彻教学公平的思想。

通过抢答、抽签等趣味化的方式,将游戏化元素成功融入数学课堂,更容易激发学生参与活动的兴趣。这类游戏化的方式更受学生的喜欢,在这个过程中也成功地发挥了学生的主动性,促进学生更好地思考,更积极地表达自我。人工智能时代下,游戏化教学可以为学生提供更加智能化的任务驱动,降低学习者主观上对学习任务的畏惧心理,能够有效减少学习者的挫败感,有利于学习者保持学习热情。

图 4-15　教师通过三思教育系统抽人答题

(三)借助多屏互动,完善及时反馈

在教学过程中教师结合教学中的重难点问题,利用智能交互白板布置相应的测试题。教师鼓励学生自主完成随堂测试,学生经过独立思考后进行作答,通过智能平板拍照上传自己的答案。通过屏幕共享功能,学生不仅可以上传自己的答案,也可以浏览其他同学的答案,相互学习借鉴一题的多种解法。教师也可以及时地查看学生的答题情况,了解学生当前的学习进度。

教师在开展课堂练习时借助学习系统实现了学习结果的快速收集,同时借助多屏互动功能,教师可以在智能白板上分享学生的真实答题情况,及时发现学生的问题。教师利用智能屏幕,选择具有代表性的问题进行回答,带领学生一起完成随堂试题批改工作(图 4-16)。学生在检查他人作业的同时也对自己的回答进行判断,检查自己在作答过程中出现的问题,这样的过程有助于帮助学生进行知识的回顾。教师会在课堂上对学生作答过程中产生的共性问题进行及时的反馈,并结合具体的问题进行深入讲解。

在技术的帮助下,教师在课堂上对全班的共性问题进行及时的反馈和指导,也帮助学生自主进行学习情况的诊断和检查。当前智能学习系统可以及时捕捉学生学习过程中产生的问题,并进行智能反馈,弥补教师反馈不及时的不足。

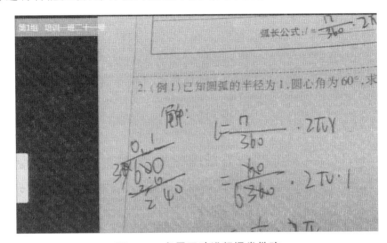

图 4-16　多屏互动进行课堂批改

第二节　中学数学教师信息技术应用微能力案例分享

一、案例背景

教师在智慧教育环境中借助洋葱视频、平板、三思教育互动课堂、PPT 等信息技术工具开展多种教学活动。课前通过洋葱视频、三思教育系统课前微课自学以及导学案练习帮助学生完成课前自主预习;课中通过三思教育互动课堂启发学生对知识的理解,进行课堂的互动,营造愉悦的学习氛围;课后通过三思教育系统及时了解学生的学习效果。

本节课"弧长和扇形面积"是人教版数学九年级上册第 24 章弧长和扇形面积的第 1 课时,本案例结合信息 2.0 翻转课堂,将教学内容进行问题化设计,通过小组合作讨论展示,让教学过程具有渐进性,在正确理解弧长与圆周长、扇形与圆的部分和整体的关系上,充分发挥学生的主观能动性和创造性,引导他们积极探索。课堂上既留有足够的时间让学生独立思考,又在学生学习困难时,通过问题串的设计,给予适时的启发和引导,帮助学生经历知识的发生发展过程。同时,课堂上采用抢答、小组抽人、拍照上传、学生互评等环节调动学生的学习积极性,取得了良好的效果。

二、教学设计

(一)教学目标

1. 理解弧长和扇形面积公式,并计算弧长、扇形面积

教师将本节课教学内容进行问题化设计,通过小组合作讨论及小组展示,给学生足够的时间让他们独立思考;在学生遇到问题时,通过问题串的设计,帮助他们经历知识的发生发展过程,有效突出重点,突破难点。

2. 强化学生类比思想,转化化归思想

教师巧妙运用跑操的情景,在弧长和扇形面积公式的推导过程中,发现弧长与圆周长、扇形面积与圆面积都是部分和整体的关系,从而将计算弧长和扇形面积的问题转化为求圆周长和圆面积的一部分来解决,让学生体会转化类比的数学思想。

(二)教学内容

本节课是人教版数学九年级上册第 24 章弧长和扇形面积的第 1 课时,弧长和扇形面积公式是与圆有关的计算中的两个常用公式。应用弧长扇形面积公式可以计算一些与圆有关的图形的周长和面积,也可以解决一些简单的实际问题。学习这两个公式也为圆锥侧面积公式的推导打下基础。弧长公式是在圆周长公式的基础上,借助部分与整体之间的联系推导出来的。运用相同的研究方法,可以在圆面积公式的基础上推导出扇形面积公式,进而通过弧长公式表示扇形面积。

(三)教学活动

借助 2.0 技术,采用创设情境,逐层进阶的方式,从学生的最近发展区出发,将教学分为"课前准备""情境导入""先学任务展评""梳理知识点及思维透视""先学任务检测""巩固提升""总结归纳"等环节,具体教学流程见图 4-17。

(1)课前准备:学生课下利用洋葱课堂自主预习,通过三思教育系统课前微课自学,导学案练习,储备一定的课堂知识,利于课堂理解。

(2)情境导入:教师以大课间跑操为例,通过 PPT 广播进行情境导入,提问圆周长和面积、弧长和扇形面积公式,激发学生学习兴趣。

(3)先学任务展评:教师引导并关注学生小组讨论,提供讨论内容。采取渐进性的问题设计,让学生正确理解弧长与圆周长、扇形与圆的部分和整体的关系,学生借助平板针对老师给的问题充分发挥主观能动性和创造性。

(4)梳理知识及思维透视:教师引导学生完成表格,小组抽人上台展示,教师利用 PPT 插件结合动态几何证明完成扇形面积的推导,让学生了解类比思想和极限思想。

(5)先学任务检测:学生通过三思教育互动课堂完成作业并拍照上传,且可以在平台上互评,鼓励学生积极探索,独立思考,进行交流。

(6)巩固提升:教师结合变式练习,引导学生发现规律,让学生学会知识迁移,思考并发

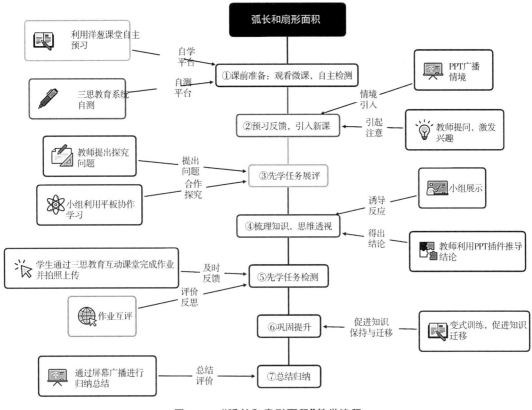

图 4-17　"弧长和扇形面积"教学流程

现新知。

(7)总结归纳：教师通过屏幕广播，展示知识点以及学生注意事项，让学生形成知识体系。

(四)教学评价

本节课教师采用定量评价，针对学生的课前、课中、课后的学习效果进行数据采集，教师基于三思教育系统平台利用拍照上传、提问、讨论、答题等方式对学生进行诊断性评价。

三、微能力点评

本课例中教师通过真实的情境引入教学，带领学生在真实的情境中进行问题解决。同时在教学过程中教师采用相关智能工具优化了教学中的互动环节，创新了智慧环境下的教学模式。本课例中主要体现的微能力点有以下两点。

(一)B2 创造真实学习情境

智能学习时代更加强调学习的实践性和情境性，本课例教师通过信息技术手段创设真实的学习情境，更加关注学生的参与和体验，鼓励学生在实践中学会知识。在本节课开始之前，教师利用洋葱视频 app 播放微课视频，帮助学生在课程开始之前创设学习情境，带领学生快速地融入课堂学习。教师结合本节课的学习内容从学生的生活出发,寻找生活中的数学问题作为课程的导入,选择校园操场作为研究对象让学生充满熟悉感,更愿意投入接下来的学习中。

在知识讲授的过程中,教师结合本节课的重难点为学生创设不同的问题解决情境,并鼓励学生通过协作的方式共同在智能学习环境中积极迎接具有挑战性的任务。学生在探索的过程中尝试借助信息技术工具去完成复杂的公式推演、原理分析等任务,在学习知识的同时提高问题解决能力。

智能技术的不断发展为教学情境的创设提供更多实现的途径,XR、数字孪生、元宇宙、5G网络等,为学生创设更加逼真、多样化的学习环境(图4-18)。通过智能学习环境的构建,在课堂中增强学生学习的积极性与投入度,学生的学习将更为沉浸。在数学、物理、化学等自然科学类课程中创设用 VR、AR 等技术开发的沉浸式学习环境更加有利于学生能力的提高。

图 4-18　虚拟教学情景创设

建议教师在创设情境时活跃学习交流的气氛,给学生更多交流对象的选择,帮助学生更好地发展社会基本技能。也可以借助信息技术工具打破时空限制,帮助学生在学习过程中整合多类型资源。通过信息技术工具创造的真实学习情境,更加有利于唤起学生已有的知识经验、生活经验,有利于学生主动参与到之后的学习活动中,促进学生对知识的深层次理解。

（二）A5 技术支持的课堂讲授

本课例中教师主要运用的技术工具有以下三种:洋葱视频、三思教育互动课堂、智能平板,教师在不同教学环节中结合不同工具的特点和优势开展多样的教学活动。

课前教师通过洋葱视频提前向学生分享优质的微课资源,利用微课视频进行课程导入。学生自主学习微课视频,唤醒已有的知识,为接下来新知识的学习做好准备,同时教师在微课中提出问题引发学生思考,促进学生主动建立新旧知识之间的关联。教师通过这样的预习活动帮助学生更好地进行学习准备,更加有利于学生之后的课堂学习。

课中教师借助三思教育互动课堂开展启发活动,鼓励学生自主进行知识的探索。教师制作思维引导图,带领学生从自己已有的知识出发,通过推理和演算找到问题的答案。在探究的过程中,为了更好地提高学生的综合能力,教师组织学生借助技术工具开展小组合作学习,学生在与他人不断地协作与交流过程中完成自身知识的建构。

课后教师善用智慧工具创设学习情境,引导学生积极主动参与到学习中,主动回答问题,进行成果汇报(图 4-19)。智能工具为学生的成果展示提供了便捷的通道,学生可以通过教室中的智能白板,在全班同学的面前公开展示自己的学习成果,并与同学和老师开展相关的交流和讨论。同时在线学习平台也为那些内向不善于表达的同学提供了一个新的分享渠道,学生可以在平台中随时发表自己的想法,也可以与他人进行交流。基于技术创造的交流空间,在一定程度上打破了时空限制,让课堂远远不止于一间教室。

图 4-19　学生学习成果展示

多样化的信息、新奇的智能工具、全新的学习环境也有可能带给学生一些额外的负担,学生可能会觉得陌生和迷茫。教师可以引导学生尽快适应和掌握智能学习。

教师可以提供相应的思维训练支架或者借助技术开展头脑风暴等学习活动,帮助学生明确学习任务,梳理学习思路,提供学习工具,启发学生自主思考和勇敢探索,培养学生的高阶思维能力。例如,教师可以通过多样化的思维支架为学生提供一种信息组织方式。通过绘制概念图的方式,帮助学生梳理知识之间的联系,推动学生进行系统的思考(图 4-20)。

开展头脑风暴活动,借助工具为学生提供更多交流的空间,让不同起点的学生都能参与到课堂活动中,增加学生在本节课中的体验感和互动性。

教师在信息技术工具的帮助下,尝试为不同学习风格、不同学习能力的学生提供不同类型的学习内容,尊重学生差异化特征,设计有针对性的讲授活动。针对技术支持的

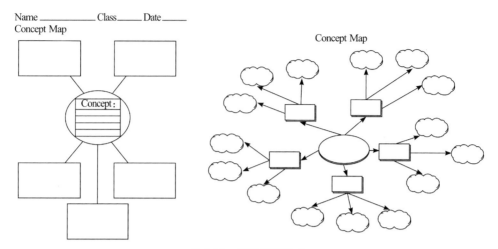

图 4-20 思维导图工具

课堂讲授这一能力点,要求教师要充分了解并掌握智慧教学环境中智能技术和相关教学工具。教师要根据自身教学的需要有意识地将信息技术工具融入自身教学中,应了解哪些信息技术适合支持哪一类讲授活动,使自身教学效果得以提高,学生的学习质量得以提高。

第三章　中学英语教师信息技术应用微能力训练及案例

第一节　中学英语教师信息技术应用微能力训练

(一)应用环境

深圳市某某中学某某教师开展的课例"9A Unit 8 The gifts"在智慧教学环境中展开,教师和学生人手一台 iPad 2。结合英语学科重视互动交流的学科特点,教师在授课过程中通过创而新学习平台随时与学生互动。为了提高课堂活跃度,教师在本节课中采用多种信息技术工具,组织学生进行随机提问、问题抢答、课堂倒计时挑战等多种教学活动(图4-21)。教师将智能工具融入课堂开展课堂教学活动,不仅提高学生的参与兴趣,也营造了积极活跃的课堂氛围。同时学生在参与各类活动的同时进一步感受到学习英语的快乐,不仅帮助学生巩固相应的知识内容,也帮助学生培养英语学习的爱好。

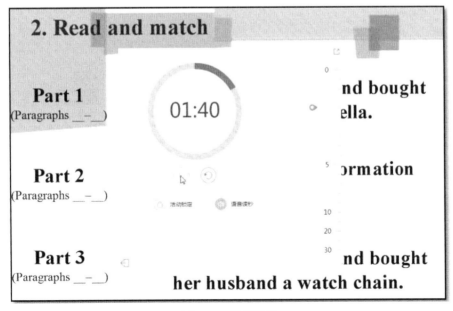

图 4-21　英语抢答

　　教师依靠学习平台充分了解学生学习情况,及时对学生的学习问题进行反馈和指导,帮助学生更好地掌握知识。学习平台为教师提供了多样的数据图表,帮助教师在不同维度对课堂数据进行更深入的解读和分析(图4-22)。通过这些数据,教师可以直观地发现学生对于每个知识点的具体掌握情况、班级内学生之间的学习差距,针对这些问题及时调整教学进度并有意识地向个别学习困难的同学提供及时的帮助与辅导。通过数据驱动的方式指导教师进行及时的教学决策,优化教师课堂教学。

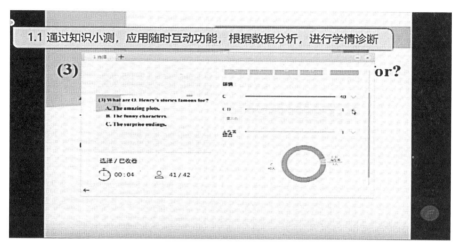

图 4-22　课堂数据分析

　　学生使用智能终端 iPad 2 进行学习也处于起步阶段,因此本课例中的教师为学生提供思维导图等可视化工具,帮助学生展示课文内容,引导学生自主进行知识探索(图4-23)。通过学习支架的介入,为学生开展智能学习提供帮助和引导,学生借助思维工具在智能学习终端上自主进行故事内容的梳理和课程内容总结,避免学生在接触智能终端学习初期的陌生感和迷失感,影响学习效果。

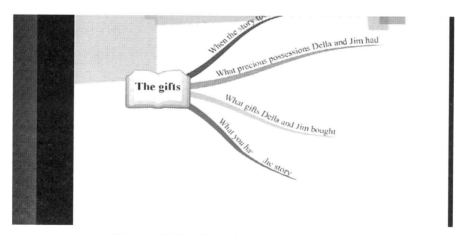

图 4-23　通过思维导图帮助学生进行内容总结

(二)体现微能力点

G4 基于数据分析的学情诊断。

(三)实施过程

基于数据分析的学情诊断见表 4-3。

表 4-3　基于数据分析的学情诊断

基于数据分析的学情诊断
活动过程	一、通过当堂检测数据,掌握学生知识准备情况 　　在课前预习阶段,教师针对本节课具体学习内容和学生英语听说读写基础能力在学习平台中提前发布课前测试题目,学生收到相应学习任务后,在指定时间内,登录在线学习平台自主完成测试题目。 　　在学生作答的过程中,平台会将学生的测试结果同步到学习平台的教师端,教师可以登录平台查看当前本班学生具体的作答情况。同时平台也会借助可视化的图表工具,将学生的整体作答情况以及每道题的作答情况进行展示,帮助教师在短时间内快速准确地了解学生对当前课程的知识准备情况。 　　基于数据支持教师可以在短时间掌握学生当堂课的知识准备情况,了解本班同学的学习能力,根据所了解的信息进一步调整教学内容和教学节奏,以便于达到更好的教学效果(图 4-24)。 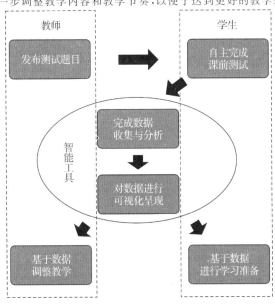 图 4-24　智能工具应用于课前 二、智能批改课堂练习,动态调整教学 　　教师熟练使用智能学习平台在课堂上开展线上线下的教学互动,在知识强化阶段,利用平台及时进行学习诊断。教师通过学习平台布置随堂检测试题,学生可以在班级学习空间中收到相应试题,在学生作答的过程中教师可以通过智慧教师系统将作答内容同步到教室屏幕上。在学生作答的过程中教师不断巡视,观察学生的作答情况,掌握学生的学习进度,同时对于存在困难的学生提供相应的帮助。 　　当学生作答完毕后,教师会选择具有代表性的回答通过智慧教师系统在全班范围内进行当场批改,针对学生真实的作答情况进行反馈,针对全班共性问题进行强调和纠正。 　　教师利用诊断结果动态调整教学内容,对学生掌握不好的知识点进行复盘,及时调整之后的教学节奏以便达到理想的教学效果。

续表

活动过程

三、借助可视化工具,展示数据情况

教学平台提供各种数据(图 4-25),并提供专业的数据分析功能,平台会自动完成数据收集、数据处理、数据可视化呈现等工作,同时也会针对不同使用人群提供不同的数据分析图表,帮助学校管理者、教师、学生等多主体快速了解学习情况。

班级数据
作业情况、课堂情况……

个人数据
作业情况、各科成绩、课堂参与度……

测试数据
正确率、答题时间、作答人数、易错题……

其他数据
学生兴趣、成长记录、健康状况……

图 4-25　平台数据类型

教师可以在平台中看到相关统计结果,可以快速了解当前班级内答题人数、未作答人数、得分情况、作答时间以及每道题的正确率等信息。

可视化工具不仅帮助教师了解学情,在学生端也会同步显示数据分析结果。学生可以自主查看本班级内的各项数据分析结果,学习平台也会针对每个学生统计他们各项学习数据。学生可以通过学习平台内的可视化信息了解自己最近的学习状态以及自己当前在班级内处于什么水平,督促学生自主进行反思和自我调节。

可视化工具帮助教师和学生直观地了解当前的学习情况,为教师进行针对性的指导提供参考,对学生也起到一定监督和提醒的作用,通过数据的驱动摆脱传统靠经验进行主观教学决策,提供更加客观科学的教学建议。

(四)应用效果

1. 收集多样化数据,系统全面了解学生

教师借助技术工具可以多种渠道收集学生多类型的数据,形成庞大的数据集,多种数据之间的补充可以帮助教师更加系统全面地了解学生,进而为学生提供更加优质的教学。

在课堂中针对学生的训练效果主要有主观数据(如文本回答等)和客观数据(选项、判断等),教师可以根据具体的信息类型自主选择相对应的数据收集工具在课堂中进行数据收集。

对客观数据,教师可以利用学习平台内提供的问卷发放工具,根据自身教学内容在平台中提前制作好测试问卷,在课堂中根据教学环节的需要实时推送给学生,平台会自动收集学生课堂测试中对客观题的回答并进行智能批改,平台根据学生的答题情况进一步绘制相关统计图表。课堂上教师可以直接查看最后的统计图,在第一时间了解针对不同知识点本班同学的掌握情况。

对主观数据,教师可以通过智能学习平台设置问答题目。例如本节课你学到了什么?你觉得这节课有收获吗?平台会自动收集学生的回复,并在班级空间内向教师和学生进行展示,教师在浏览学生回答的同时也可以在平台内针对学生的问题和作答情况进行反馈和互动。通过学习平台教师不仅可以收集学生主观题的答题情况,了解学生当前观点、看法以及学习态度等信息,也为教师和学生之间的互动提供了新的渠道。

在教学中,教师应结合学生在学习过程中对不同题型的答题情况,进行全面系统的分析,利用不同类型的数据挖掘数据背后所蕴藏的教育信息。通过对这些数据的分析和应用,教师可以更好地了解学生学习进度、学习努力程度以及该学生在班级所处的位置,从而掌握本班学生真实的学习情况。

2. 多角度解析数据,挖掘背后教育信息

在学习过程中会产生大量的学习数据,如何分析这些数据并挖掘数据背后所蕴藏的教育信息才真正体现教师的智慧。教师尝试通过多种智慧工具的结合,从不同角度进行数据的解读,更加全面地发掘数据背后隐藏的信息。本课例中,借助学习平台提供的数据可视化工具和智能数据分析工具,教师可以进行多种形式及多种方法的学习数据分析。

在课堂练习中,教师会向学生发布相关练习题,面对学生回答,教师会在系统中通过智能工具分别从班级和习题两个不同的角度进行分析。从班级回答角度来看,教师可以第一时间看到当前回答人数,知道哪些同学并没有参与到课堂活动中。从习题回答角度来看,教师可以看到学生对不同习题的正确率,发现本班学生的共性问题,及时进行教学的调整。

不同角度的数据解读可以给教师挖掘出新的教学信息,教师可以根据学习数据报告对班级学生的学习情况进行解读,多角度的数据挖掘也给智能环境下多类型学习数据的分析提供了可能性。可视化工具通过图表等方式展示数据分析结果更加直观更具冲击力,有助于教师在短时间内了解班级情况,大大提高教学效率。

3. 形成及时性学情诊断,有助于动态调整教学

智能工具可以针对某一知识点在最短的时间内自动完成数据收集、数据分析、数据可视化呈现等一系列工作,并及时推送给教师,帮助教师进行及时的学习诊断。教师根据平台内的统计图表可以发现当前班级内学生的学习偏好、学习进度、学习努力程度等重要信息,更好地了解当前本班学生的学习情况。当教师发现某些学生的学习数据出现异常时,可以通过其他数据的表现寻找答案。实时的数据分析工具极大化地利用了学习过程中不断产生的学习数据,辅助教师了解班级内学生的动态,及时进行学情诊断,更好地优化教学。

教师基于及时性的学情诊断结果,及时做出下一步的教学决策,灵活地调整接下来的教学内容、教学方式以及教学节奏等。在智慧学习环境中,教师可以摆脱传统教学中单凭经验下结论的状况,可以通过智能工具对教学过程中出现的问题找到更加科学的解释,同时也可以为自己的判断提供更加客观的依据。不仅如此,新时代的智慧教师应当有意识地结合教育数据分析结果对自己的教学效果进行评估,力求将教师的教和学生的学实现高度的统一和融合,达到理想的教学效果。

当前智能工具可以自主完成数据的收集、分析和可视化呈现等工作,但如何解读这些数据背后隐藏的信息,如何利用这些数据统计结果更好地开展教学是教师应该不断思考的问题。

第二节　中学英语教师信息技术应用微能力案例分享

一、案例背景

本案例中的教师基于创而新(北京)教育科技有限公司提供的"云、网、端"平台(以下简称"创而新"平台)、良好的教室网络以及教师与学生人手一台的专用智能终端,共同构成智慧教育教学环境,教师利用基于大数据分析的人工智能技术,实时掌控教学过程与结果,将课堂教学从经验驱动向数据驱动转化,实现信息技术与教育教学的深度融合。

本单元的话题是"意外的结局"主阅读篇章"The gifts",改编自欧亨利的代表作之一"The gift of the Magi",教师基于数据分析与智能反馈,分析学生对作者的了解。通过创造真实学习情境和跨学科学习活动,使学生体会人物的情感和小说主旨,培养学生的语言交流能力;基于数据的个别化指导,以学生为主体,强调学生的参与和体验,调动学生学习积极性;开展智慧教育环境下在线教育和教学模式创新,加深学生对欧亨利小说的认知和理解,学会通过人物对话和神态描写深度分析人物的心理,实现信息技术与教育教学的深度融合。

二、教学设计

(一)教学目标

(1)应用一般过去时讲述故事并能根据故事内容划分段落,总结段落大意。在本节课,教师运用任务型教学策略让学生完成三项任务实现教学目标,通过小组合作学习,让学生感受课文,理解课文,借助平板以及创而新(北京)教育科技有限公司提供的平台,培养学生在现实情境下应用英语进行交流的能力。

(2)借助思维导图,复述课文,应用信息技术学习和查找信息,并体会和感受"爱"。教师通过任务型教学策略、思维导图教学策略、情景式教学策略和小组合作教学策略,采用创而新平台和思维导图软件,应用随时互动、随机提问、抢答、倒计时、学生名录、学生投屏、书写批改、思维导图等学习工具,使学生能够正确应用一般过去时,借助思维导图讲述故事,教学突出重点,突破难点,平台支持学生创造性学习与表达,实现智慧教育环境下教学模式创新,打破课堂教学边界,重建课堂生态,重构师生关系。

(二)教学内容

本节课取材于上海教育出版社义务教育教科书英语九年级上册。

本单元的话题是"意外的结局"。主阅读篇章"The gifts"改编自欧亨利的代表作之一"The gift of the Magi"。故事讲述一对夫妇为了给对方买圣诞节礼物而卖掉自己心爱的东西,虽然黛拉和吉姆暂时无法用上对方所送的礼物,但他们收获了比任何礼物都宝贵的东西——爱。

（三）教学活动

通过任务型教学策略、思维导图教学策略、情景式教学策略和小组合作教学策略，采用创而新（北京）教育科技有限公司提供的平台和思维导图软件，从学生最近发展区出发将教学分为四个环节："Pre-reading""While-reading""Post-reading""Homework"。

整个教学流程见图 4-26。

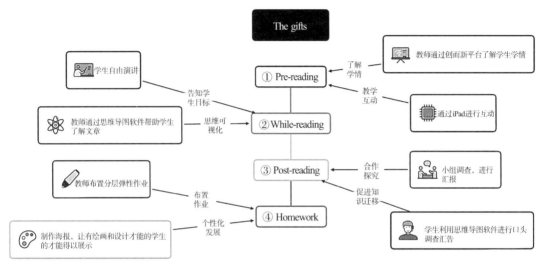

图 4-26　"The gifts"教学流程

（1）Pre-reading：教师提出问题，通过创而新平台以及 iPad 让学生随时互动、书写批改，了解学生对作者的了解，精准掌握学生学情，便于后续教学中调整和补充教学内容。

（2）While-reading：教师通过创而新平台进行自由演讲，引导学生学会观察，了解文章背景，总结文章要表达的思想内容。通过划分段落并匹配段落大意、细节性阅读并设计问题、补全句子等，同时利用思维导图软件将学生学习思维可视化，便于进行有效的学情分析诊断和个性化指导。

（3）Post-reading：教师通过创而新平台以及 iPad 让学生自主上网阅读一篇欧·亨利的短篇小说，然后进行小组调查并形成调查报告。学生应用思维导图进行口头报告，培养用英语进行交流的能力。

（4）Homework：教师通过创而新平台让学生制作海报，并实行分层作业和弹性作业，让有绘画和设计才能的学生得以展示才能，实现跨学科学习活动设计，支持学生创造性学习与表达。

（四）教学评价

本节课教师采用定量评价，针对学生的课前、课中、课后的学习效果进行数据采集。教师基于创而新平台、思维导图软件对学生进行诊断性评价，并将评价结果通过可视化图标的方式进行呈现。

三、微能力点评

本案例中教师充分利用智能教室中多样的信息技术工具开展了相关教学活动,体现的微能力点较为全面。该教师能够将智能工具有效地融入课堂中,并利用智能技术创新英语教学模式,带领学生开展跨学科学习活动。本次仅选案例中具有代表性的五个微能力点进行点评。

(一)G4 基于数据分析的学情诊断

教师通过相关信息技术工具,有意识留存教学过程中产生的过程性、结果性数据,采集学生的生理数据、行为数据、交互数据等,丰富原有信息获取方式。教师应选择适配的技术管理数据,保证数据能够安全储存,并尝试借助智能技术挖掘数据背后隐藏的教育信息,更好地利用这些宝贵的数据资源进行更加科学的教学决策。

本案例中教师在课堂上及时查看学生当下学习情况,以便于更好地了解学生的学习进度,给学生及时提供指导和干预。教师使用可视化图表工具将无序的学习数据转化成有价值的统计图,可以帮助教师第一时间了解班级当前的听课情况、答题情况以及知识掌握情况等重要教育信息。

数据结果的浏览对象不仅可以是老师也可以是学生,学生通过在电子屏幕上呈现的学情分析也能够快速了解自己当下在班级学习中所处的位置,结合自身情况调整自己的学习状态。

在之后的教学中建议教师借助智能技术精准掌握学习者群体中特殊个体的学习情况,精准定位每个学生个体的学习困难和学习需求,进而为个体学习者设定个性化的学习目标,切合学习者自身的最近发展区,助力学习者更好地实现个体发展。

(二)G5 基于智能反馈的学情分析

随着智能技术的不断发展,智能技术已经能够发挥认知辅助、学习适应、精准反馈的作用,如借助智能代理、智能导学等人工智能为教学提供智能反馈。本课例中教师在课前、课中、课后三个教学的不同阶段都进行了基于智能反馈的学情分析。

课前:教师通过创而新平台导入 Take a quiz 部分,应用即时互动的学习工具,智能工具会自动向教师推送数据分析报告,实时向教师呈现学生当前学习情况。通过该智能工具的辅助,教师在课前能充分了解学生对本节课的知识准备情况、班级学生的整体学习能力以及学生学习过程中的薄弱点和易错点。教师充分了解以上信息后,可以更加具有针对性地进行教学设计。

课中:在教学过程中教师可以通过智能学习平台现场针对学生客观题进行批改,对学生出现的学习问题进行及时纠正,并带领全班同学共同思考产生学习问题的原因,激发学生深度思考。同时教师也可以利用智能反馈信息进行灵活判断,根据学生当前的学习情况和学习过程中出现的问题及时修正和改进教学设计。

课后:教师课下利用智能反馈信息结合学生的学习成绩,进行教学反思,厘清影响教学效果的具体因素,诊断自身的教学问题,驱动教师在之后的工作中有针对性地提升自身教育素养。

(三)B1 跨学科学习活动设计

本课例中教师在作业部分设计了一项跨学科学习活动(图 4-27),学生通过小组协作利用互联网进行信息搜寻,设计一张介绍欧·亨利小说的海报,并在线提交。通过跨学科学习活动设计能使学生在教学过程中主动将课上所学知识进行实践运用,达到更高的认知层次。

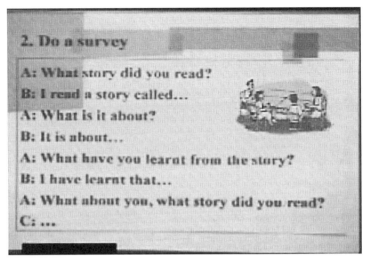

图 4-27　跨学科任务清单

在完成跨学科学习活动时,教师应尝试选择一个合适的主题,借助技术创设跨学科学习情境,带领学生融入跨学科的学习氛围。在完成跨学科学习任务时,学生需要能够融合多个学科的知识来进行复杂问题的解决,从而加强对不同学科间知识的联系。同时教师应具有较强的资源整合能力,将多学科资源设计到教学中,培养学生的跨学科意识及跨学科思维与能力。学生在进行英语海报设计的过程中,信息检索能力、艺术设计能力、团队协作能力、英文写作能力等都得到了相应的锻炼和发展,学生综合能力的提高体现了跨学科活动的实践意义。

教师在智慧教室中开展跨学科教学时,应将更多的时间留给学生进行协作探索,而教师则承担引导的角色。教师应借助智能工具启发学生进行跨学科知识的整合,例如教师可以为学生提供一些优秀的学习视频资源或是基于社交工具组织学生和不同的人群进行交流讨论。

(四)G6 智慧教学的方法与环境

教师将智慧环境中的信息技术工具有效融合到自己的教学环节中,辅助开展相关教学活动,创新课堂师生交互形式、小组活动形式,增加活动趣味性,帮助学生快速习得知识。

在智能教学环境中,教师要不断探索创新智慧教学模式,引导学生形成智慧学习模式,更好地推进智慧教育。

（五）A10 学习小组组织与管理

本课例中,教师通过小组学习的形式开展跨学科学习项目,不仅提高了学生的学习能力,也培养了学生的协作精神。同时本节课的任课教师充分利用智慧教室中的信息技术分别从小组管理、任务完成、成果展示等多方面给学生提供及时的指导和帮助。当小组协作分工遇到困难时,教师向学生提供可视化思维导图工具,帮助小组厘清思路,明确分工,借助可视化内容呈现功能完善小组合作机制。

教师利用智能学习平台实现学习资源共享,将协作任务、学习脚手架、成果提交窗口等内容上传到学习平台,可以在最快的时间覆盖到整个班级的所有学生。平台也可以高效地帮助教师收集各小组的协作成果,整合班级集体智慧。平台上的在线交流功能扩展了课堂上的交互形式,同时实现了师生互动、生生互动,有效提高了班级成员之间的交互水平,促进小组内产生深度交互。每个学习小组借助思维导图完善小组成果的展示,学生能更加清晰地理解内容,从而锻炼思维能力。

第四章 中学物理教师信息技术应用微能力训练及案例

第一节 中学物理教师信息技术应用微能力训练

一、应用环境

本课例中教师基于智慧教室开展教学活动,教师充分利用教室中的智慧工具辅助开展相应的教学活动。本节课中教师主要通过 UMU 学习互动平台和线上"物理实验室"app 辅助开展智慧教学。

教师在 UMU 学习互动平台上开展本节课的线上学习,该平台的使用主要集中在课前预习和课堂中的互动。课前教师根据本节课的学习任务在平台上提前发布学习资料、试题测验,及时掌握学生当前的知识准备情况,同时给学生的自主学习提供相应的学习资源,帮助学生更好地完成课前的预习和自学(图 4-28)。

图 4-28 UMU 学习互动平台预习

课堂中教师在 UMU 学习互动平台的帮助下实现线上线下融合教学,督促学生合理利用手机开展自主学习。教师通过平台发布学习任务,分享学习资源,学生通过智能手机登录 UMU 学习互动平台回答问题或者观看学习资源。同时借助校园网实现智慧教室中所有终端的连接,教室内部手机端、平板端、PC 端数据互通,即时反馈,有利于教师及时了解当前整个班级和个体的学习情况,更好地掌握学习进度(图 4-29)。

图 4-29   UMU 学习互动平台课堂学习

教师借助"物理实验室"app 开展物理虚拟仿真实验。教师借助虚拟仿真实验 app 中所提供的工具带领学生完成电路连接相关实验,在实验过程中,教师首先介绍 app 的使用方法并进行实验示范,此后将更多实验时间留给学生进行自主探索,教师在班级内进行巡视为学生提供个别化帮助。学生自主进行电路设计,教师制作相应微课资源为学生提供个性化的指导(图 4-30)。

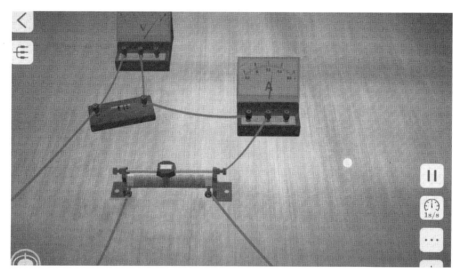

图 4-30   "物理实验室"app 开展仿真实验

二、体现微能力点

G8 智慧教育环境下的教学模式创新。

三、实施过程

智慧教育环境下的教学模式创新见表 4-4。

表 4-4　智慧教育环境下的教学模式创新

	智慧教育环境下的教学模式创新
活动过程	一、通过学习平台创新传统教学互动环节 以信息技术为支撑,智慧教室对传统课堂中的互动形式进行了革新。智能工具的介入很大程度上弥补了之前学生与老师课前课后由于空间分离造成的交流障碍,师生可在学习平台上开展更多的人机互动。 在课前,教师可以通过智能平台提前发布教学资料,向学生布置学习任务,督促学生完成课前的学习准备工作。学生提前登录智慧学习平台完成教师发布的学习任务,及时完成本节课的预习准备。 在课后,教师通过学习平台发布巩固测试,帮助学生强化课上学习的知识,及时了解学生本节课学习过后对知识的掌握情况。同时课后平台上的社交功能也为教师和学生之间的答疑解惑提供了便利,学生可以通过平台上的留言功能向老师提问,教师也可以及时针对学生的问题进行解答,帮助学生解决课后遇到的学习问题。 在课堂的面授时间内,教师通过希沃白板在传统的多媒体课件中开发交互试题,增加学生和多媒体课件之间的交互。课堂上教师邀请学生在希沃白板上完成小测试,帮助学生及时巩固相关知识点,这种课堂活动的开展不仅有助于学生的知识建构,同时也可以更好地活跃课堂氛围。 教师在教学重难点、教学总结等环节借助智慧教室中的智能工具加入师生互动、生生互动,针对相关学习内容开展相关交流分享活动,进行更加深刻的讨论和交流。 二、通过学习平台进行课堂前后统一管理 本课例中的教师合理使用信息技术工具,将技术与教学进行深度融合,在整个教学过程中,通过技术有效地将教学过程进行统一的管理和规划。 教师充分利用 UMU 教学平台,在平台上开展课前预习、课中互动、课后辅导等教学工作。在课前预习阶段,教师提前在学习平台上发布学习任务和讨论话题,组织学生在平台上开展课前讨论。在课中学习阶段,教师在平台中设置多样化的互动环节,为学生提供更多交流的机会,促使学生表达自己的想法。同时教师建立专属班级,通过平台强大的数据分析功能,时刻跟踪学生的学习,了解整体班级的学习情况,为教师提供教学决策的客观依据。教师不仅可以在平台内看到整个班级的学习数据,平台也会向教师展示每个学生的学习数据,为教师的个性化跟踪辅导提供数据支持。在课程内容结束后,教师可在平台上发布课后试题,通过平台查看学生的作答情况,并根据学生不同的学习情况开展个性化的指导,满足学生个性化学习的需要。 教师利用"物理实验室"app 自主开发本节课实验教学资源,带领学生使用多媒体资源,开展虚拟仿真实验。教师使用"物理实验室"app 中提供的在线实验元件结合本节课的教学内容搭建电路实验资源包,通过线上仿真解决了传统物理课堂上受实验器材所限无法让每个学生都能动手参与的教学问题。学生通过自己手中的智能终端参与线上实验,自主探索电路的连接方式,培养了问题解决能力和创新思维。 在整个课例实施的过程中教师合理使用资源,并借助智慧工具对整个教学过程进行统一管理。

续表

活动过程	**三、借助智能工具课上开展个性化辅导** 本课例中教师考虑到学生之间知识掌握的差距,在完成课程内容讲授后,借助智能工具向学生提供了三种不同形式的学习巩固任务,分别是 UMU 学习平台测试挑战、微课视频学习任务、"物理实验室"app 实验辅导(图 4-31),三种不同的学习任务帮助教师开展课后个性化辅导,有助于学生的个性发展。 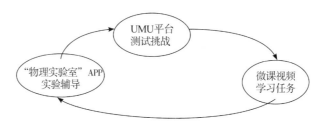 **图 4-31　三种不同形式的任务** UMU 学习平台测试挑战:教师根据本节课所学内容精心挑选具有代表性的典型试题发布到UMU 学习平台上,推送给本班学生,学生可以通过手中的智能学习终端自主在平台上完成在线作答。作答完毕后教师和学生都可以第一时间看到本次的作答情况,及时了解学习情况。 微课视频学习任务:教师借助多媒体视频制作工具,提前根据授课内容为学生制作课后拓展视频资源,学生通过自主收看微课完成知识的巩固和课后提高。 "物理实验室"app 实验辅导:教师在"物理实验室"app 中发布实验任务,由学生自主学习探索,在学生完成课后实验的过程中教师针对不同学生的问题进行指导。 教师在设置这三个不同的个性化学习任务时,也充分考虑到了三个任务之间的关联性以及彼此之间的相互辅助作用。例如学生在做模拟实验过程中遇到知识点记忆模糊时,可以通过自主观看微课视频的方式在视频中寻找问题的答案,再一次复习知识点。在实验过后学有余力的同学也可以再次通过测试答题检测自己的学习情况,在不断的挑战中逐步提高。

四、应用效果

(一)创新课堂互动方式,增加课堂趣味性

本课例中教师借助智能教室中的智能工具创新课程互动,主要体现在以下两个方面。

第一,扩充互动渠道。教师在 UMU 教学平台中建立本班级的专属学习空间,线上平台为异步的师生交流、生生交流提供新的交流渠道。学生可以通过线上留言的方式在学习空间中发表自己的学习心得、学习问题、对知识点的理解等内容,为学生打开交流的通道。

第二,增加互动形式。教师在当堂授课的过程中充分利用希沃白板展示教学互动试题,邀请学生站到讲台上与课件进行互动,学生通过问答、拖拽、判断等多种形式完成交互(图 4-32)。在过程中激发学生的学习兴趣,有利于建构轻松愉悦的课堂氛围,帮助学生在解决问题的过程中对所学知识进行内化和应用。教师通过游戏化的方式对教学重难点进行创新,帮助学生在游戏互动中进行知识的巩固和提升。

图 4-32 课堂互动

通过以上两种方式,教师成功地创新了智慧教室中的交互模式,为学生扩展了交互渠道,丰富了交互形式,使本节课在交互方面达到了理想的效果。此外,教师在教学的不同阶段也充分发挥了交互的功能,例如教师在课堂总结环节通过开展生生交流活动,促进学生之间的互帮互助,自主进行内容的总结。

(二)智慧工具实现课堂上的个性化辅导

教师在课例中将教学内容全部讲授结束之后,根据平台上学习数据跟踪学生学习记录,为下一步个性化跟踪辅导提供数据支持。在个性化指导环节,教师根据本节课的学习内容向学生发布三个不同的学习任务,分别是 UMU 学习平台测试挑战、微课视频学习任务、"物理实验室"app 实验辅导。在课后辅导过程中,教师针对学生的不同兴趣进行个性化的指导,更有助于学生的个性发展和能力提高(图 4-33)。

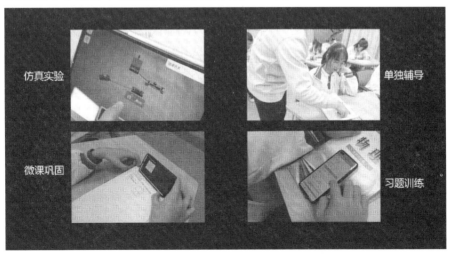

图 4-33 个性化辅导

在个性化学习过程中,教师辅助学生使用模拟实验的 app,通过 app 中提供的资源进行电路模拟,帮助学生在真实学习情境中进行知识的巩固和提高,学生在搭建电路过程中,应用课堂中学习的知识解决实验中遇到的问题,对所学知识进行巩固和内化。在学生进行模拟实验的过程中,教师对遇到问题的学生进行单独辅导,帮助学生及时补上知识漏洞。

教师提前制作好本节课相对应的微课,对学习内容不了解的同学可以选择在课后观看微课视频,快速复习当堂课堂内的知识点,对掌握不牢固的知识进行巩固(图 4-34)。

图 4-34 微课巩固

同时教师提前整理好相关习题,学生通过 UMU 平台考试功能,针对学习内容进行测试和巩固。通过测试帮助学生复习已经学习过的知识,同时发现自己当前掌握不好的知识点,提醒学生在课后及时进行查缺补漏。

(三)创新智慧教学模式,提高学生综合素质

本节课中教师针对教学内容通过智能工具完成了智慧教学环境中智慧教学模式的创新,帮助提高学生学习效果,培养学生综合素质。教师借助智能社交工具在课堂上开展多样化的教学互动活动,在线交流打破时间和空间的限制,弥补了之前下课后学生就没办法请教教师的弊端。同时智能学习平台中的可视化数据统计图表工具也为教师及时了解学情提供了便利条件,数据的驱动使教师更加准确和及时地调整教学决策,以达到最佳的教学效果。本节课中智能工具的介入,主要从课堂交互和个性化教学两个方面入手对教学模式进行了革新。

在教学课堂交互方面,课堂上教师充分利用希沃白板创新教学环节,在多媒体课件中融入更多游戏化元素,充分利用希沃白板支持触屏的优势,设计了模拟电路连接挑战、随堂测试等环节,增加课堂活动的形式,带领学生通过多样化的方式反复巩固所学知识。此外,课堂中教师利用希沃白板组织学生开展小组协作活动。针对教学重难点,教师采用小组学习的方式,学生可以借助学习平台所提供的社交功能,针对具体的问题展开充分的讨论,加深学生对相关知识点的理解。

在个性化教学方面,课前教师通过教学平台上的功能收集教学数据,使用离散柱状图

数据分析模型对相关学习数据进行分析,了解学生的学习情况。教师通过课前预习数据的可视化分析可以更好地把握本班学生的共性问题,在课堂上针对具体问题进行更加细致的讲解。课堂中教师也可以登录学习平台实时查看当前本班同学的学习进度,及时发现当前班级内是否存在"游离"的学生,对其进行督促和提醒。在课后,教师借助希沃课堂发布课后巩固试题,通过观察学生的作答情况,有针对性地进行辅导。在课前、课中、课后三个阶段,教师借助智能工具完成教学数据的收集和可视化分析,开展个性化辅导。

第二节　中学物理教师信息技术应用微能力案例分享

一、案例背景

本课程名为"多方案测量电表内阻",是粤教版高中物理必修三第三章"恒定电流"单元的拓展内容。教师在智慧教育环境下通过借助 UMU 平台进行混合式教学,是一节开放性较强的课。在课前学生通过 UMU 平台提前预习、完成作业及提出疑问,教师通过 Camtasia 视频制作工具制作微课视频,并参考 UMU 平台提供的数据进行二次备课;在课中教师通过希沃白板创造真实学习情境,让学生进行创造性学习与表达,同时教师进行学情诊断,开展过程性评价,通过"物理实验室"app、UMU 平台、微课等对学生进行个性化辅导。课后学生在 UMU 平台进行习题测试。

二、教学设计

(一)教学目标

1. 物理观念
(1)进一步复习巩固伏安法测量电阻,掌握替代法、电桥法、半偏法的电路原理;
(2)通过对电路的设计与分析进一步复习巩固串并联电路的特点。

2. 科学思维
(1)通过电路结构的特征,掌握"等效法"的科学思维;
(2)通过对误差的分析,掌握"理想化"的科学思维。

3. 科学探究
(1)通过实验方案的设计,培养学生设计实验的能力及利用所学知识解决问题的能力;
(2)通过指导学生设计多种方法测量电阻,锻炼学生的发散思维能力,增强创新意识,对研究物理问题的方法获得更深的认识。

4. 科学态度与责任
激发对科学的求知欲,培养探索与创新的意识;能主动与他人合作,敢于提出与别人不同的见解,也勇于放弃或修正自己的错误观点。

(二)教学内容

电阻的测量是粤教版高中物理必修三第三章"恒定电流"单元的内容,本节课的内容在教材中没有单独列出,课本给出的测量电阻的方案是"伏安法",但电路实验在高考中常以创新性方式考查,需要深刻掌握电路原理。通过常见方案让学生掌握方案背后的思想方法,领悟思想方法后再创新改良电路模型,感悟从"特殊"到"一般"再到"特殊"的过程。

(三)教学活动

主要采用探究策略、问题教学策略、归纳策略三种教学策略,通过线上线下教学融合的方式将教学分为九个环节,分别为"课前预习""课前数据分析""课上数据分析""原理讲解""即时训练""难点分析""小结归纳""拓展提升""课后练习"(图 4-35)。

1. 课前预习

学生课前在 UMU 平台上自主预习教师发布的学习资料,完成相应的学习任务并拍照上传,提出疑问。

2. 课前数据分析

教师在 UMU 平台查看学生上交作业情况,对学生反馈的数据进行分析,并根据学生学情,设计教学环节,制作针对性课件。

3. 课上数据分析

通过希沃白板展示 UMU 平台提供的数据,教师对学生的数据进行简要点评,让学生能够相互对比作业情况。

4. 原理讲解

教师提前在希沃白板中准备好电路图,让学生到讲台通过希沃白板进行原理讲解演示。学生可以通过希沃白板中的动画进行讲解,也可以利用希沃白板将电路元件放一边,使用克隆功能移动,并用画笔作导线使用,让学生进行创造性表达和人机互动。

5. 即时训练

学生通过 UMU 平台的"问卷"功能进行人机交互答题,教师能够通过 UMU 平台实时查看学生完成情况,学生的学情得到精准反馈。

6. 难点分析

学生利用 UMU 平台的讨论功能回答教师提出的问题,深度学习突破难点,检验学生的学习情况并促进学生对问题进行思考。

7. 小结归纳

学生相互讨论,再通过希沃白板的"课堂活动"将教师展示的四种测电阻的方法与其对应的思想方法进行匹配,以进一步巩固课堂学习的知识。

8. 拓展提升

教师提供新的电路场景,学生通过用纸笔阐述其中原理并拍照上传至 UMU 平台,让思维可视化,进行深度学习;学生还可以通过"物理实验室"app 进行虚拟实验电路构建,通过真实学习场景进一步巩固提升知识点;对学习内容不了解的同学还可以再次观看教师提前录制好的微课视频,进行个性化学习。

9. 课后练习

教师通过学科网进行资料收集整理并发布至 UMU 平台,学生在课后通过 UMU 平台

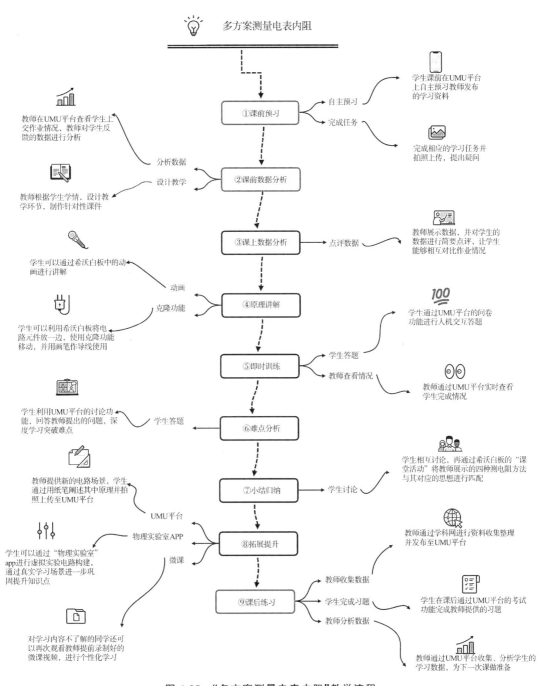

图 4-35 "多方案测量电表内阻"教学流程

的考试功能完成教师提供的习题,教师再通过 UMU 平台收集、分析学生的学习数据,为下一次课做准备。

（四）教学评价

本节课教师采用定量评价,针对学生的课前、课中、课后的学习效果进行数据采集。教师基于 UMU 平台采集学生评论、笔记、提问、测试等学习数据,并生成对应的数据分析模型和词云图。

三、微能力点评

本节课例中教师整体微能力表现良好,充分利用智慧教学环境开展教学。教师在教学各个环节中有意识地通过智慧工具进行教学模式的创新,同时利用智能工具开发微课视频资源、模拟仿真实验资源。本节课中教师突出的微能力有以下四点:

(一)A6 技术支持的总结提升

本课例中教师合理应用信息技术工具开展课堂总结与提升活动,与传统教学不同的是教师借助希沃白板投屏功能将课程总结留给了学生。在进行课堂小结时,学生通过小组协助,用不同的方式对本节课的内容进行了梳理,并通过希沃白板的投屏功能向全班展示自己本节课的收获。教师通过这样的方式,邀请学生共同回顾和总结课堂内容,让学生积极主动参与到学习内容的总结、提炼过程中,不仅帮助学生深化对本节课中教学内容的理解,也有助于学生综合能力的提高(图 4-36)。

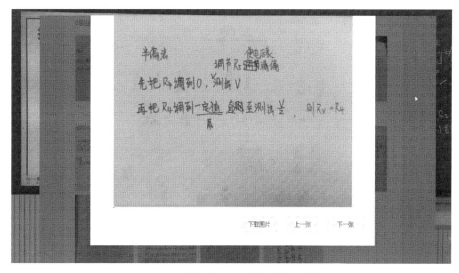

图 4-36　借助希沃白板开展课程总结

在教学过程中教师习惯使用教学平台上所提供的即时反馈、在线测试等工具进行课堂复习巩固,有效提高了教学效率。教师通过分析学生课堂上的答题情况,找到学生普遍出现问题的知识点,邀请学生阐述自己出现问题的原因。在了解清楚学生当前的具体问题后,教师便第一时间针对具体问题在全班范围内强调这一知识点并纠正学生普遍存在的问题(图 4-37)。

建议教师在日常教学中将时间多留给学生,鼓励学生借助智能工具进行自主探索,教师则更多起辅助和引导作用。例如在该案例中,教师将课程总结的机会留给学生这一做法值得效仿,同时教师可以适当地提供多样化的思维导图,鼓励学生将内容进行重新整合,以更加系统直观的方式进行表达。同一班级内学生之间的差异很大,当教师将更多的时间

图 4-37　进行课堂复习巩固

留给学生后,教师应当重点关注那些能力较弱的学生,及时帮助他们,防止他们游离在课堂之外。

同时可以结合技术更多地以小组的形式开展活动,鼓励学生借助在线协作编辑工具共同完成作品的创作,通过协同建构的方式完成个体知识体系建立。在这一过程中学生可以借助学习平台进行组间互动,丰富学生的思路,形成良好的班级氛围;教师也可以结合学习平台的分享功能向学生展示其他学习资源,帮助学生拓展知识,提高能力。例如教师可以向学生提供本节课的知识图谱或者向学生提供其他老师对本节课做的总结,通过对比、模仿等方式让学生感受到知识之间的内在联系,促进学生之间的交流。

(二)A7 技术支持的方法指导

本课例中教师在智慧环境中应用信息技术手段和相关信息技术资源来支持自己教学活动的开展。教师在教学过程中,基于技术创新的教学方法不仅帮助学生在学习过程中做到触类旁通、融会贯通,也让每一个学生成为"智慧"的学习者。

教师在面对教学中的重点内容时,有意识地借助多媒体工具为学习者创设学习情境,鼓励学生主动参与到课堂活动中,自主完成方法的探究。教师通过学习平台为学生提供更多交流互动的机会,学生可以在平台中提出自己所遇到的疑惑,同时也可以尝试回答其他同学所提出的问题,在不断的交流中促使学生对知识有新的理解和认识(图 4-38)。

图 4-38　基于 UMU 学习平台开展互动讨论

在教学分析方面,教师在教学过程中使用教学平台中的在线测试功能在课堂上开展随堂检测,在学生作答的过程中教师可以实时看到学生的作答情况。例如教师可以看到哪些学生已经完成练习、每道题的正确率、学生每道题的完成时间等数据,教师通过这些学习数据可以及时地了解当前学生整体的学习情况并关注到学习困难的学生个体。与此同时,教师应该及时对相关问题进行反馈(图 4-39),教师应针对共性问题在全班范围内进行强调和纠正,对个别性的问题教师应该及时向出现问题的学生提供个性化帮助。

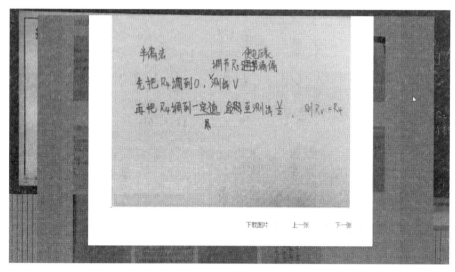

图 4-39　教师针对教学数据进行反馈

建议教师也可以结合具体的学习内容向学生更多地传授利用技术解决问题的方法,真正做到"授之以鱼不如授之以渔"。教师可以向学生介绍实用的小工具,帮助学生自主开展探究学习。例如,本节课教师可以向学生推荐优秀的物理科普资源或者向学生推荐一些好玩的物理小游戏。同时教师应将更多的目光放在原理分析方法和规律探究方法的指导上,帮助学生借助智能工具完成知识建构。

建议教师在教学中联系生活实际提出探索性问题,帮助学生在真实情境中主动发现问题,积极运用所学知识解决问题。通过这种方式帮助学生实现更好的知识迁移和运用,提高学生的核心素养。

在智慧学习环境中开展学习,对老师和学生都是全新的挑战,教师应在教学过程中,向学生提供适时的反馈和有针对性的指导,帮助学生尽快适应智慧环境,学会智慧学习。

(三)A11 技术支持的展示交流

本课例中教师通过 UMU 学习平台建立了班级的专属空间,并在课堂上充分利用学习空间开展课堂内外的讨论、辩论、成果展示等,提升学生的参与度与积极性(图 4-40)。在小组谈论后,教师利用希沃白板帮助学生展示成果,借助信息技术手段为学生的交流、分享提供更多的帮助。同时线上交流也扩宽了信息交流的形式,通过信息技术介入更好地帮助课堂交流与反馈。

教师应重视交流过程中学生所产生的文本数据,及时借助智能工具完整留存学生交流过程中产生的文本内容,并采用相关技术工具如词云图、社会网络分析等,进行相关数据的管理和最终的可视化呈现。教师应形成系统的数据管理流程,充分挖掘数据中所体现的教学问题,找到更多有效提高学生学习效果的教学方法。

图 4-40　UMU 学习平台内的讨论交流

(四)G3 多技术融合环境下教学模式创新

基于智能设备的介入,本课例使用技术创新的课堂模式,智慧课堂在传统教学模式的基础上依赖于智能工具实现了更多人与机器的互动,从而使教学模式变得更加复杂丰富。教师结合物理学科自身的学科特征,在教学过程中借助线上虚拟实验室带领学生在进行物理实验的同时,同步进行原理的分析,让学生对知识有更深的理解(图 4-41)。

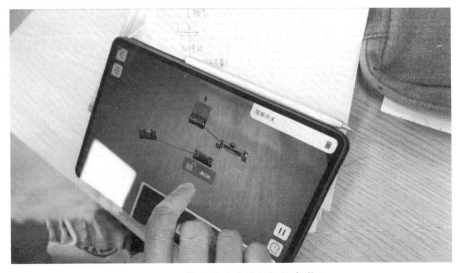

图 4-41　物理实验中进行知识点学习

在教学过程中,信息技术工具的融合为学生创造更加真实的学习情境,促进课堂多样化和趣味化,将原本枯燥的原理讲解课转换成实验原理探索课,将原理理解的学习目标转换成学生的探索任务,通过问题导向鼓励学生自主学习找到问题的答案。在这一过程中不仅让学生对相应的原理知识有了更加深刻的记忆,同时也提高了问题解决能力和创新能力。

在智能工具的帮助下,教师也创新了课堂中过程性数据的使用和分析,教师通过平台上的数据分析功能及时向学生提供反馈,针对学习内容进行更具有针对性的讲解。教师利用客观数据指导自己及时地调整教学节奏和教学内容,将自己讲的进度与学生学的进度紧密结合。针对学生普遍存在有困难的知识点,教师组织学生通过小组活动完成相应的学习任务,让学生在协作探究过程中主动进行充分的交流和知识建构。

建议教师充分利用智能工具对各个教学环节进行创新。例如,使用学习平台上的数据收集功能了解学生的个体特征进而形成学生画像;使用多元智能评价工具针对学生学习过程和学习结果进行客观评价;使用协作编辑以及社交工具帮助学生开展小组学习活动。

智慧教学创新模式的落地,关键在于教师,教师在这个过程中是连接技术、学生、教学的重要枢纽。教师的智能素养直接影响智慧教学的开展效果,因此应提高教师智能教学实践能力,提高教师智能技术应用的意识,提高教师分析、处理数据的能力,不断提高教师的智能教育素养。同时建议教师借助智慧教学环境积极开展群体研修活动,善于向大家展示和示范优秀的实践经验和理论成果。

第五章　中学化学教师信息技术应用微能力训练及案例

第一节　中学化学教师信息技术应用微能力训练

一、应用环境

江门台山市某某中学某某教师开展的课例"铁的重要化合物"应用于多媒体教学环境，该教师借助多媒体技术、手机 app 应用（B 站、抖音、剪映、百万工具箱、微信）和文献检索等工具和技术创设情境，将本节课学习的理论知识巧妙地融合在生活的真实情景中，激发学生的学习兴趣，提高学生的课堂参与度。

教师将本节课学习的理论知识巧妙地融合在生活的真实情景中，引导学生开动脑筋、敢于质疑、正确探究，教会学生实验探究的方法，让学生感受到化学知识是鲜活和有用的。在教学方法上，以学生为主体（采用自主学习合作探究、动手实验的学习方法），借助信息技术的力量，运用学生喜闻乐见的方法，如制作微课、播放相应的视频音频、采用小组合作探究等形式，帮助学生更好地掌握知识，提高学习效率，同时发展学生的化学学科核心素养。

二、体现微能力点

A2 数字教育资源管理、A4 探究型学习活动设计、B4 支持学生创造性学习与表达。

三、实施过程

数字教育资源管理见表 4-5。

表 4-5　数字教育资源管理

数字教育资源管理

活动过程	一、依据教学目标有效整合信息化教学资源，形成教学资源库 　　教师在备课的过程中，依据教学内容整理了"粤教翔云数字教材""学科网""智学网"微信公众号中的相关资源，充分将自己的教学思路和教学资源进行有效整合，使课堂更具实效性。 　　在管理教学资源的过程中，教师能够将整合好的各类资源按照一定的使用顺序放置在教学课件中，尽可能详细地呈现资源，帮助学生理解知识。

续表

活动过程	二、对信息化教学资源进行"二次加工",提高资源使用率 　　教师在整理教学资源的过程中,能够将各类教学资源按照一定的规则进行命名,并有序分类,在不同的环节中展示。如在导入环节,教师将学生身边随处可见的场景照片利用"剪映"app制作成小视频,将"粤教翔云数字教材"和"B站"的资源通过"剪映""百万工具箱"整合成方程式,生动直观,帮助学生更好地理解和掌握知识。

四、应用效果

(一)问题源于生活,有效吸引学生兴趣

　　本课例中教师在向学生布置探究任务之前采用微课视频进行问题的导入,在视频中展示生活中与铁元素相关的常识和普遍现象。基于真实案例,结合本节课的学习目标及学习内容的重难点提出探究问题,本节课的探究问题均来源于生活。例如补铁剂采用密封包装并用薄膜包裹药品的目的是什么? 这些探究主题与学生的生活具有高度相关性,因此可以极大地提高学生探索的欲望,激发学生持续参与探索的兴趣。同时借助微课视频可以快速调动起学生对相关知识的回忆,有利于他们对问题的理解和解决。

(二)整合微课资源,辅助学生开展自主学习

　　课例中教师利用"剪映"app、"百万工具箱"、"B站"等信息技术平台和工具自主开发了相关的微课资源。教师设计了课程导入的微课,在视频中展示了学生身边的铁化物,通过观看视频快速带领学生进入课堂学习氛围。在进行探究任务发布时,教师同样通过微课进行问题的发布。通过一个个关系紧密的微课帮助学生串联起不同的探究任务,一步步地推进学生对课程主题的探究。在进行实验操作时,教师同样利用微课视频资源帮助学生回顾实验步骤,给学生提供模仿的例子。本课例中教师使用的教学微课数据多,类型丰富,每个微课由于自身的特点不同也都承担着不同的功能。

(三)推进探究深度,促进学生知识迁移应用

　　本课例中的教师并不是在课堂上针对教学内容简单地开展单一的探究活动,而是根据教学重难点将教学内容拆分为多个探究问题。教师紧紧抓住本课内容的核心,围绕课程带领学生通过一个个探究任务逐步深入。同时在开展探究的过程中,学生面对新的化学问题除了积极讨论外,教师也会引导学生尝试通过实验寻求答案,在探究的过程中有效地提高了学生的动手实践能力。通过多个探究活动的逐层推进,帮助学生从理解知识转变为运用知识解决问题。

第二节 中学化学教师信息技术应用微能力案例分享

一、案例背景

本案例中,教师在多技术融合环境的支持下,通过图片、视频音频、实验操作等可视化形式呈现铁的三种氧化物的用途、铁元素不同价态之间的相互转化及检验等教学内容,同时采用了情境激学法、问题驱动法、实验探究法等教学方法组织学生完成自主学习、合作探究、动手实验等活动。

二、教学设计

(一)教学目标

1. 宏观辨识与微观探析维度

通过观看视频了解 FeO、Fe_2O_3、Fe_3O_4 的化学性质和用途,学会从物质类别和元素价态的视角认识含铁元素的几类常见物质。

2. 变化观念与平衡思想维度

通过实验探究学习 Fe^{2+}、Fe^{3+} 之间的相互转化,认识到铁元素不同价态之间的转化关系,了解复分解反应和氧化还原反应原理与一般规律。

3. 证据推理与模型认知维度

能用离子方程式或者化学方程式正确表示 Fe^{2+}、Fe^{3+} 的相关化学反应,并建立认识模型,丰富学生研究物质的思路和方法。

4. 科学探究与创新意识维度

通过对 Fe^{2+}、Fe^{3+} 检验原理的学习,设计实验进行初步验证,能分析、解释有关实验现象。

5. 科学精神与社会责任维度

结合应用实例将铁的氧化物、铁盐性质的知识应用于解决生产、生活中简单的化学问题,强化性质决定用途的观念,培养学生的科学精神和社会责任。

(二)教学内容

"铁的重要化合物"是高一年级化学人教版必修一的教学内容,课程标准要求了解铁及其化合物的主要性质,了解其在生产、生活中的应用,能从物质类别、元素价态的角度,依据复分解反应和氧化还原反应的原理,预测物质的性质和变化,设计实验进行初步验证,并能分析、解释有关实验现象,从物质类别和元素价态的视角说明物质的转化路径。本节课旨在引导学生从氧化还原及离子反应的视角,提升对铁及其化合物的认识,强化铁元素不同价态之间的转化关系,发展"宏观辨识与微观探析"的学科核心素养。同时运用来自生产或生活的素材创设真实情境,提高学生解决实际问题的能力。本节课的教学重点为:①Fe_3O_4与酸的反应;②Fe^{2+}与Fe^{3+}的检验方法;③Fe^{2+}与Fe^{3+}的相互转化。教学难点:Fe^{2+}与Fe^{3+}的相互转化。

(三)教学活动

借助2.0技术,采用创设情境、小组探究学习的方式,从学生的最近发展区出发,将教学分为五个环节:"新课导入""实验探究""课堂讲授""课堂小结""问题解决"(图4-42)。

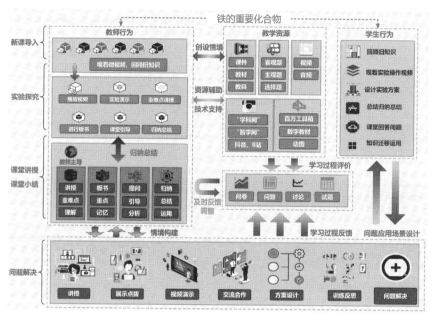

图4-42 "铁的重要化合物"教学流程

1. 新课导入

通过播放用"剪映"app制作的视频,回顾旧知识,了解铁氧化物的用途,归纳总结FeO、Fe_2O_3、Fe_3O_4的化学性质(图4-43)。

图4-43 通过视频回顾旧知识导入新课

2. 实验探究

通过"百万工具箱"制作动图,帮助学生记忆 Fe^{2+} 与 Fe^{3+} 的检验方法(图 4-44),播放由粤教翔云数字教材搜集到的实验操作微课视频,教师对知识点进行归纳总结,进行板书,并引导学生设计实验方案检验 Fe_3O_4 与浓盐酸反应产生的铁离子。

图 4-44　图片展示归纳总结 Fe^{2+}、Fe^{3+} 的检验方法

3. 课堂讲授

结合生活情境,播放"学科网"平台上《补铁的重要性》视频。用网络搜集到的图片展示补铁剂药品说明,引导学生设计实验方案,探究"久置的补铁药 $FeSO_4$ 是否已经变质"。进行"神奇的墨汁"趣味实验,解释为什么 Cu 能将 Fe^{3+} 还原为 Fe^{2+}。

4. 课堂小结

通过展示网络上搜集到的图片和 Fe 的价位图,对知识点进行归纳总结(图 4-45)。

图 4-45　教师课堂演示

5. 问题解决

利用"智学网"平台,根据本节课所学知识把教室门上的铁锈除掉。同时通过展示变色苹果汁的图片,引导学生思考苹果汁变色原因,帮助学生进行知识迁移(图 4-46)。

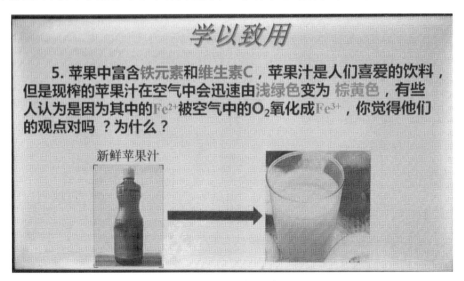

图 4-46　知识迁移

(四)教学评价

本节课教师采用定性和定量评价相结合的方式,针对学生的课堂表现进行评价。在定量评价方面,采集学生学习过程中的数据,运用技术工具如问卷、问题、讨论、试题等对学生进行诊断性评价。在定性评价方面,教师根据课程内容开发了相关的评价量表,由听课老师进行评价,形成最后的评价结果(指标包括教学设计、合作探究、展示点拨、训练反思、整体教学维度,评分均占 20%),并将评价结果通过可视化图表的方式进行呈现。

三、微能力点评

本课例中教师自主开发教学视频并在教学各个环节充分利用微课视频开展相关教学活动,帮助学生进行知识回顾、知识扩展、情境导入等,有利于学生学习效果的提高。本课例中主要突出的教学微能力点有以下三个。

(一)A2 数字教育资源管理

本课例中的教师基于本节课的教学内容自主开发了相关的教学资源,并能够按照教学需要在教学工作中合理地使用相关资源。教师利用"B 站""粤教翔云教学教材"等相关学习平台,寻找适合本节课的学习视频。同时教师能够根据内容、面向对象、探究任务等多个维度进行教育资源的整理,将收集的数字教育资源进行有机结合。本课例中的教师应该尽可能详细地标注信息化教学资源的属性,如课件资源命名需体现课件内容、学段、学科等相关信息。借助信息化手段做好收集、整理、归纳的工作,根据一定的规则有序分类存储教学资源。同时建议教师灵活运用云笔记、网盘等云存储工具进行数字教育资源管理,提高资源管理效率。通过对数字教育资源管理规范的完善和优化,提高教师在教学过程中对资源的使用效率。

(二)A4 探究型学习活动设计

本课例中教师通过微课视频拓展探究学习内容,将探究活动贯穿教学前后。本节课中教师在进行探究问题的选择时,能结合学生的日常生活实际,激发学生的探索兴趣,提高学生的实践能力。在探究活动中教师向学生提供信息化工具、数字化学习资源等帮助学生更好地完成探究任务,当学生在探究时遇到棘手的问题时教师也会采用合适的信息技术工具及时干预学生的探究过程,给予适当的帮助。在探究结束阶段,教师提供信息技术工具帮助学生展示探究成果,并在全班范围内进行展示。但本案例中教师没有充分利用信息技术工具针对学生探究过程进行跟踪,没有进行过程性数据的收集,没有及时把握学生在探究过程中的进度情况,没有做到对学生充分地了解和及时地反馈,这些方面还有待加强。

(三)B4 支持学生创造性学习与表达

本课例中教师基于多媒体融合的教学环境,在教学过程中不断创新表达方式。教师采用图片、视频、文字等多种方式向学生呈现授课内容,也鼓励学生尝试用不同的方式进行表达。同时在开展教学的过程中,教师采取合适的信息技术对探究活动进行主动观察,亲手实验,感受化学的魅力,为学生搭建线上交流平台,拓宽了学生交流的渠道,给学生营造了更多的学习空间。在教学中教师也引领学生以多种形式来外化自己的思考,利用相应工具实现抽象思考的可视化表达,优化成果的表现方式。教师通过探究学习活动的开展能更好地在学习过程中发展学生的创造性思维,激发学生创造潜能,帮助学生在新旧知识之间建立紧密的关联,将自身已经同化的知识进行相应的运用。

第六章　中学生物教师信息技术应用微能力训练及案例

第一节　中学生物教师信息技术应用微能力训练

一、应用环境

肇庆市某某中学的某某教师开展的"果酒和果醋的制作"应用于智慧教育环境,该教师利用大数据分析学生课前预习的情况,有针对性地对重难点部分进行精准讲解,体现了精准化教学。

本节课的教学对象为高二学生,在开始前先利用大数据分析学生课前预习的情况,有针对性地对学生存在疑惑的地方进行精准讲解,再对学生进行个性化的辅导。本节课以学生为主体,课堂上学生自主学习、合作学习、讨论交流,通过运用问卷星、班级优化大师、希沃白板、希沃授课助手等平台和工具,把果酒和果醋的制作过程直观地展示给学生,并对学生在自学过程中出现的问题进行统计后,有针对性地解答。除此之外,教师还设计了课堂活动,让学生体会学习的乐趣。

二、体现微能力点

G4 基于数据分析的学情诊断、B5 基于数据的个别化指导、G6 智慧教学的方法与环境、G8 智慧教育环境下的教学模式创新。

三、实施过程

智慧教学的方法与环境见表 4-6。

表 4-6　智慧教学的方法与环境

智慧教学的方法与环境	
活动过程	一、充分利用智能教学工具,实现个性化教学 　　在本节课的设计中,教师在课前通过问卷星分析学生的预习情况,统计学生的正答率和存在的问题,精准地针对学生存在问题的题目进行讲解,开展个性化辅导。 二、利用智能技术与工具,组织学生开展教学活动 　　在本节课的设计中,教师利用希沃授课助手平台的直播功能,将操作精准投放到大屏幕上,呈

续表

活动过程	现实验过程,加深学生的理解。同时,教师还利用希沃白板的"小组 PK"活动设计查缺补漏环节,及时反馈学生的错题,引导学生开展深入学习。 　　三、记录学生学习数据,展开实时评价 　　在本节课的设计中,教师利用班级优化大师实现参与度最大化,利用软件开展随机点名、学习记录、实时评价,将学生的学习行为数据都记录下来,方便教师开展测评。同时,针对部分学生掌握不了的知识内容,教师也能够及时发现,做出调整和反馈。

四、应用效果

(一)创造真实的学习情境,提高学生的学习兴趣

本课例中,在导入阶段,教师播放提前剪辑好的《舌尖上的中国》视频,再用希沃授课助手还原实验原型,创设真实的制作果酒的情境,引导学生在学习情境中开展创造性学习,进行表达,提高学生的学习参与度。

(二)利用平台开展精准测评,实施个性化教学

本课例中,教师通过问卷星分析学生课前预习的情况,统计学生的学习问题,精准地实现了重难点讲解。同时,针对个别学生出现的问题,教师进行个性化辅导。

(三)量化学生的课堂表现,实现过程性评价

在本课例中,教师通过班级优化大师实时对学生进行个性化点评,量化学生的课堂表现,更好地实现学生的过程性评价。

第二节　中学生物教师信息技术应用微能力案例分享

一、案例背景

本节课以学生为主体,课堂上体现学生自主学习、合作学习、讨论交流,通过运用问卷星、班级优化大师、希沃白板、希沃授课助手等平台和工具,把果酒和果醋的制作过程直观地展示给学生,并对学生在自学过程中出现的问题经过统计后,有针对性地解答。课前通过问卷星数据驱动课堂,先学后教精准落实。课中通过"希沃授课助手"还原实验原型,针对疑惑精准教学;通过"希沃白板"设计小组"PK"活动,实现个性化深度学习;通过"班级优化大师"实现参与度最大化,对学生表现实时评价。学生通过参与技术支持的课堂活动,激发了学习的积极性和学习兴趣。

二、教学设计

(一)教学目标

1. 知识与能力

(1)了解传统发酵技术在日常生活中的应用。

(2)掌握发酵作用的基本原理和方法。

2. 过程与方法

(1)掌握采集和处理实验材料以及制作葡萄酒的基本操作技能。

(2)能用准确的语言描述葡萄酒的制作流程,进行讨论交流。

3. 情感态度与价值观

(1)对现有装置进行改进,找出简单易行的制作葡萄酒的方法。

(2)关注生活,体验葡萄酒制作的乐趣,交流感受。

(二)教学内容

本节课是人教版高中生物选修1"生物技术实践"专题1"传统发酵技术的应用"课题1的内容,主要是以葡萄酒和葡萄醋为例介绍果酒和果醋的制作和检测方法。

学生在生物必修1中已经学习了细胞呼吸的相关知识,对于酵母菌有氧呼吸和无氧呼吸的原理也掌握得比较清楚,在此基础上,请学生尝试说明果酒和果醋的制作原理,并付诸实践,完成果酒和果醋的制作并掌握基本方法,培养探究意识,体会探索过程,激发民族自豪感。

(三)教学活动

采用创设情境、设置探究活动的方式,以学生为主体,将教学分为八个环节:"视频导入""基础知识讲授""演示制作过程""合作探究""合作归纳""练习讲解""查漏补缺""课后巩固"(图 4-47)。

1. 视频导入

教师提出问题,学生课上观看《舌尖上的中国》视频片段,将视频联系到即将学习的内容上来,带着疑问开启本节课的学习。教师通过视频创设学习情境,激发学生学习兴趣。

2. 基础知识讲授

教师通过图片展示并讲授果酒和果醋制作的原理(图 4-48),分析结果。学生阅读教材,填写学案,理解基础知识。

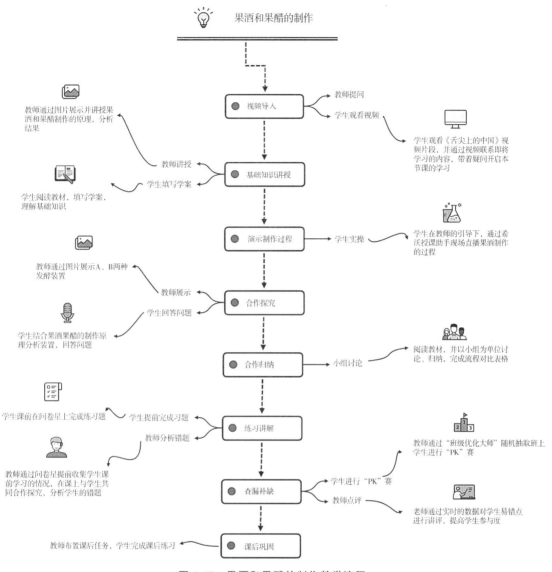

图 4-47　果酒和果醋的制作教学流程

图 4-48　图片展示

3. 演示制作过程

学生在教师的引导下,通过"希沃授课助手"现场展示果酒和果醋的制作过程,同时投屏到大屏幕,解决了部分学生因离讲台太远看不清实操过程的问题。

4. 合作探究

教师通过图片展示 A、B 两种发酵装置,学生结合果酒果醋的制作原理分析装置(图4-49),回答问题,加深对果酒果醋发酵过程的理解。

图 4-49　图片展示发酵装置

5. 合作归纳

阅读教材,并以小组为单位讨论、归纳,完成流程对比表格。学生在交流讨论中合作归纳,培养学生的理性思维。

6. 练习讲解

学生课前在问卷星上完成练习题,教师通过问卷星大数据提前收集学生课前学习情况(图 4-50),在课上与学生共同合作探究,分析学生的错题,巩固本节课内容。

图 4-50　通过问卷星收集学生课前学习情况

7. 查漏补缺

教师通过班级优化大师随机抽取班上同学进行"PK"（图 4-51），同时通过实时数据对学生易错点进行讲评，提高学生的参与度，让学生体会学习的乐趣。

图 4-51　学生进行"PK"

8. 课后巩固

教师布置课后任务，学生完成课后练习（图 4-52）。

图 4-52　教师布置课后任务

（四）教学评价

本节课教师采用了定量定性评价相结合的方式，针对学生的课前预习情况和课堂学习效果进行评价。利用问卷对学生进行诊断性评价，有针对性地进行授课；并利用测试和练习对学生进行过程性评价，量化学生的课堂表现。

三、微能力点评

(一)G4 基于数据分析的学情诊断

基于数据分析的学情诊断,应用于智慧教育模式下的学情分析,主要目的是掌握学生学习行为数据获取和分析的方法,能够根据学生行为数据调整教学设计的内容,实现差异化教学。本课例中,教师运用了多种技术手段进行数据的统计与分析:在课前通过问卷星调查学生预习的情况,统计学生的正答率和存在的问题,对学生学习中的难点进行精准定位,从而让教学做到有的放矢;在课中,教师通过班级优化大师开展教学活动,通过随机点名、参与点评等活动收集学生的课堂行为数据,更好地掌握学生的学习情况。

(二)B5 基于数据的个别化辅导

基于数据的个别化辅导,应用于智慧教育模式下的学业评价,主要目的是利用信息技术采集和分析数据,针对问题实施针对性、差异化的指导。在本课例中,教师利用问卷星、班级优化大师布置选择题等考查内容,收集学生的学习行为数据,学生参与课堂活动后,也能够利用数据对自己/他人的表现进行评价。这些数据帮助教师分析学生的学习现状,能够更好地针对学生的学习情况开展个别化的辅导。

(三)G6 智慧教学的方法与环境

在本课例中,教师能够根据数据反映的学习问题合理配置技术及资源,为学生提供个性化的教学策略并进行科学的学习绩效评测。在教学过程中,教师利用问卷星、希沃白板和班级优化大师等几个平台开展教学,创设了一体化的学习情境,激发了学生的学习兴趣,让学生通过多种多媒体手段掌握学科知识,巩固学习内容,体会到学习的乐趣。

(四)G8 智慧教育环境下教学模式创新

在本课例中,教师利用智慧教学工具展开了智慧教学模式下的教学创新,利用问卷星、希沃白板等资源,主动探索优质教学资源的设计与开发,创新智慧教育环境下的教学模式,实现了个性化学习的有效尝试。

第七章　中学历史教师信息技术应用微能力训练及案例

第一节　中学历史教师信息技术应用微能力训练

一、应用环境

清远市某某中学某某教师开展的"马克思主义的诞生与传播"应用于多技术融合环境，该教师借助希沃白板平台辅助教学，整合了大量的音频、视频等多媒体素材，开展了以学生为中心的评价量规设计与应用微能力训练。

二、体现微能力点

A13 评价量规设计与应用。

三、实施过程

评价量规设计与应用见表 4-7。

表 4-7　评价量规设计与应用

	评价量规设计与应用
实施过程	一、设计小组合作学习技能量表，支持学生开展自评和互评活动 教师在小组探究环节设计了"PK"游戏，利用量规评价学生的探究活动，从多个方面详细描述了合作学习的技能目标要求，引导学生开展自评和互评活动。 二、帮助学生准确理解学习目标和评价要求 在探究活动开始前，教师公布合作学习的要求，引导学生按合作学习技能的要求开展活动。 三、引导学生调整学习过程和学习策略，促进学生开展学习反思 教师在课程中全面采集学生的过程性数据，运用电子表格整理学生的学习相关情况，如回答问题的次数等，促使学生调整学习过程和策略，积极开展反思。 四、提高学生在学习过程中的参与度和积极性 教师在课程中充分利用希沃白板设计课堂游戏活动来活跃课堂气氛，如抽奖活动、分类游戏、判断对错游戏等，强化分组竞争的意识，提高学生的参与度和学习积极性。

四、应用效果

(1)应用多种信息技术手段,提高学生的课堂参与度。在本课例中,教师充分利用希沃白板展开小组探究活动,并以游戏的形式开展竞争比赛,提高学生的参与度。

(2)应用多种评价方式,引导学生开展自我反思。在本课例中,教师制定了小组合作学习评价量表,利用学生自评、组内互评和教师评价三种方式对学生的小组合作能力进行评价,并将结果以可视化图表的形式进行呈现,促进学生开展自我反思。

第二节 中学历史教师信息技术应用微能力案例分享

一、案例背景

教师在多技术融合环境的支持下,借助希沃白板平台来辅助教学,同时整合了网络平台上大量的音频、视频等多媒体资源。教师采取游戏教学法、问题驱动法等教学方法,充分利用希沃白板设计课堂游戏活动来活跃课堂气氛(如抽奖活动、分类游戏、判断对错游戏等),提高学生的参与度和学习积极性,让学生在轻松的课堂氛围中深入思考,深化对知识的理解。同时通过课堂游戏活动及时反馈学生的学习效果,以便教师对下一教学阶段进行调整。

二、教学设计

(一)教学目标

1. 时空观念、史料实证、历史解释

(1)通过课堂上观看马克思主义诞生背景的史料和相关视频,理解工业革命的推进在促进社会发展的同时也引发一系列问题,如贫富分化加剧、阶级矛盾尖锐等。

(2)通过史料阅读和分析,概述马克思主义诞生的条件。

2. 唯物史观

(1)结合《共产党宣言》的主要内容,了解《共产党宣言》的发表标志着马克思主义的诞生。

(2)通过对分析归纳、课堂讨论,培养辩证、全面看问题的能力,形成对马克思主义诞生全面的认识,理解马克思主义产生的世界意义。

(3)通过马克思主义与空想社会主义的比较(采用希沃白板的小游戏形式),形成对马克思主义是科学的社会主义这一理论的深刻认识。

3. 家国情怀

通过时间轴,梳理马克思主义诞生以来改变世界的史实,结合社会现状正确理解马克思主义的实践性、创新性,理解马克思主义对世界的重要意义,增强学生的社会责任感和使命感。

(二)教学内容

"马克思主义的诞生与传播"是《中外历史纲要》下册第五单元第 11 课的教学内容,主要包括三个子目:"早期工人运动与社会主义思想的萌发""马克思主义的诞生""国际工人运动的发展"。三个子目之间的逻辑关系是:遵循历史思维,围绕马克思主义诞生的背景、主要内容和世界意义展开论述,介绍必要的历史知识,让学生认识到马克思主义的出现是历史的必然,同时深刻认识马克思主义产生的世界意义。本节课教学重点是理解《共产党宣言》的发表标志着马克思主义的诞生,教学难点是理解马克思主义产生的世界意义。

(三)教学活动

在多技术融合的环境支持下,采用游戏法、小组探究的方式,从身心发展情况和教学内容出发,将教学分为六个环节:"课堂导入""课堂讲授""小组探究""梳理史实""课堂评价""课后抽奖",具体教学流程见图 4-53。

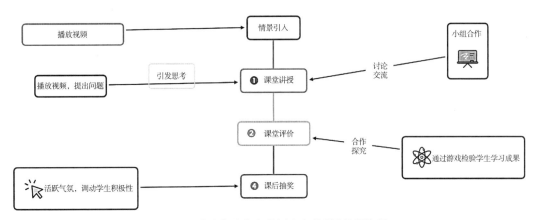

图 4-53　"马克思主义的诞生与传播"教学流程

1. 课堂导入

利用希沃白板播放音频《马克思是个"90"后》,激发学生兴趣,同时引导学生在音乐中思考描述马克思形象的歌词的意义,导入本课,服务于主题。

2. 课堂讲授

通过播放网络平台上搜集到的有关马克思主义诞生背景的视频,让学生更直观形象地感受工业革命给社会带来的影响,同时以此引发学生思考(图 5-54)。

图 5-54 通过视频直观展示

3. 小组探究

小组研读《共产党宣言》,探究马克思主义和空想社会主义的区别,同时利用希沃白板上的小组"PK"小游戏,活跃课堂气氛,深化对知识的理解(图 4-55)。

图 4-55 利用希沃白板小游戏深化对知识的理解

4. 梳理史实

学生通过希沃白板上的分类游戏将小组总结归纳的巴黎公社运动的相关史实进行呈现。在合作中梳理整合知识,理解马克思主义产生的世界意义。

5. 课堂评价

通过希沃白板上判断对错的竞答小游戏及时反馈学生的学习效果,以便教师进行下一阶段教学的调整。

(四)教学评价

本节课教师采用了定量评价的方式,运用电子表格记录和整理学生的学习相关情况(如课堂回答问题的次数、课后作业的上交情况等),并根据小组合作学习的技能要求制定适当的评价量表,通过学生自评、组内互评和教师评价三种方式对学生的小组合作能力进行评价,最后通过可视化图表的形式对每位学生的评价结果进行呈现。

三、微能力点评

本节课教师突出的微能力点是 A13 评价量规设计与应用。

评价量规设计与应用属于多媒体教学环境中学业评价的环节,主要针对教学评价工具的设计展开,引导学生明确教学评价设计,促进教师和学生进行教学反思,提高学生参与度和积极性。在本课例中,教师设计了小组合作学习技能量表,支持学生开展自评和互评活动,从多个方面详细描述了合作学习的技能目标要求,引导学生开展自评和互评活动。

同时,在评价过程中,教师全面采集学生的过程性数据,运用电子表格整理学生的学习相关情况,如回答问题的次数等,促使学生调整学习过程和策略,提高学生在学习过程中的参与度和积极性。

第八章　中学地理教师信息技术应用微能力训练及案例

第一节　中学地理教师信息技术应用微能力训练

一、应用环境

珠海市某某中学某某教师开展的"探究海洋潮汐中的规律"课例应用于多技术融合环境,该教师以探究海洋潮汐中的规律为例,让学生学习并经历运用数学建模与数据可视化表达的方法解决现实问题的过程。师生通过共创微课《复活节岛的兴衰》、在线竞答游戏开展探究活动,提高学生分析问题、解决问题的能力。

本案例基于智慧教室互动系统的应用,打破单向教学模式,实现双向互动式教学,在增强教学展示效果的同时,赋能学习效果的及时反馈与教学过程的动态生成,让学生积极主动、高效地参与到课堂中,真正实现以学生为主体的智慧教学与智慧学习。教师融合数学、地理、信息技术等多个学科,引导学生经历数学建模和数据可视化表达过程,并将知识建构、技能培养与思维发展融入运用数字化工具解决问题和完成任务的过程中,培养学科核心素养,完成项目学习目标。

二、体现微能力点

A8 学生信息素养培养、A9 技术支持的发现与解决问题、A14 自评与互评活动的组织。

三、实施过程

技术支持的发现与解决问题见表 4-8。

表 4-8　技术支持的发现与解决问题

技术支持的发现与解决问题	
活动过程	一、借助技术来创设真实问题情境,提出问题 　　在情境引入阶段,老师通过播放一则时政新闻视频引入教学内容,并利用视频将教学内容转化为抽象数学问题,明确课堂任务。 二、利用技术将问题解决过程可视化 　　在学生解决问题的过程中,教师选择了合适的技术工具,展示学生的程序运行过程,并利用平板与学生展开互动,利用分屏呈现正弦函数的数学模型,通过技术支持学生探索解决问题的方法与路径。

续表

活动过程	三、利用技术记录学生问题解决的过程 　　在问题解决的过程中,老师组织学生分组展开讨论,记录学生问题解决的过程数据,形成解决问题的方案,并逐一点评,帮助学生发展逻辑推理能力、批判思考能力以及自主构建能力。

四、应用效果

（1）融入 STEAM 跨学科理念,培养学生的核心素养。本案例中,教师融合数学、地理、信息技术等多个学科,引导学生运用数学建模、数据可视化表达、编程技术和地理学科等知识,解决真实生活问题,将知识建构、技能培养与思维发展融入运用数字化工具解决问题和完成任务的过程中,培养学科核心素养。

（2）以问题为中心,提高学生解决问题的能力。本课例的问题提炼科学合理,以"探究海洋潮汐中的规律"为主题,选取真实问题,以数学建模和数据可视化表达为方法,开展以学生为主体的跨学科项目式学习下的探究活动。整节课以提出问题—分析问题—解决问题为主线,让学生经历数学中"抽象问题—建立模型—检验模型"的数学建模过程,信息技术中"数据采集—数据散点可视化—数据曲线可视化"的数据可视化表达过程,以及地理学科"现象呈现—原理解析—规律发现"的科学探究过程,提高学生的参与度。

第二节　中学地理教师信息技术应用微能力案例分享

一、案例背景

"探究海洋潮汐中的规律"是以"数学建模与数据可视化表达"为主题的学科融合项目学习下的一次探究活动。教学对象是高一年级学生群体。项目基于 2017 版普通高中课程标准,使用国家 2017 年版课标下的普通高中学科教材,探索运用智慧教室互动系统开展跨学科项目学习,培养学生学科核心素养。本案例中,教师融合数学、地理、信息技术等多个学科,引导学生经历运用数学建模和数据可视化表达并结合地理等学科知识解决生活问题的过程,并将知识建构、技能培养与思维发展融入运用数字化工具解决问题和完成任务的过程中,培养学科核心素养,完成项目学习目标。

二、教学设计

(一)教学目标

1. 知识与技能
(1)理解潮汐现象形成的原因和变化规律,理解数据可视化的作用。
(2)理解数学模型在数学应用中的作用。

2. 过程与方法
(1)掌握运用受力分析处理地理现象。
(2)掌握 Python 绘制散点图和拟合曲线的方法,通过数学建模过程掌握模型化方法。

3. 情感态度价值观
通过分析潮汐现象感受涨潮、落潮自然现象,通过数据可视化的过程感受信息化在生活中应用,通过数学建模的过程体验数学的简洁美。

(二)教学内容

本节课是以"数学建模与数据可视化表达"为主题的学科融合项目学习下的一次探究活动——"探究海洋潮汐中的规律",学生在探究学习活动中综合应用数学建模与数据可视化表达的学科方法,结合地理等学科知识,运用数学抽象、数学运算、逻辑推理、计算思维等思维方法解释自然现象,参与社会活动,解决生活问题。通过探究活动,帮助学生更好地开展相关选题下的项目活动。

(三)教学活动

本节课教学流程见图 4-56。

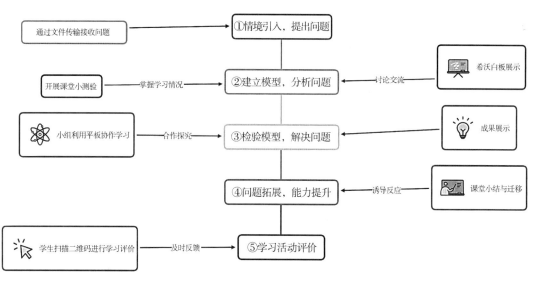

图 4-56 "探究海洋潮汐中的规律"教学流程

1. 情境引入,提出问题

从一则新闻引出的问题:关注祖国领海钓鱼岛,如何预测附近潮高?通过国家海洋信息中心海事服务网的数据将问题具体化为:已知钓鱼岛 4 月 9 日的潮汐表,能否得到潮时和潮高间的变化规律并尝试预测 4 月 10 日 21 时的潮高?

2. 建立模型,分析问题

组织学生分组展开讨论,各小组形成问题的解决方案,挑选具有代表性的小组方案进行逐一点评。提出可将 4 月 9 日钓鱼岛潮汐数据进行可视化,演示运行 Python 程序的绘图命令,绘制出求解问题中样本点的散点图,让学生们将散点图与自己的方案进行对比,进而分析方案的合理性(图 4-57)。

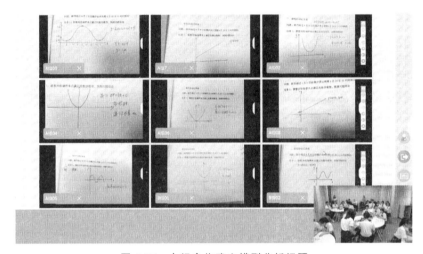

图 4-57　小组合作建立模型分析问题

3. 问题拓展,能力提升

教师对整个教学过程进行回溯,提炼出运用数学建模方法、数据可视化方法,并结合科学知识解决日常生活问题的基本过程,同时强调本节课研究的潮汐问题在实际情况下还会受地理环境、海岸位置、洋流运动等诸多因素的制约,面对真实问题,在建立模型时,还要考虑更多的参数,做到尊重科学,实际问题实际分析。同时进行情感升华,明确"中国一点都不能少",将爱国主义教育融入课堂。

(四)教学评价

本节课教师采取了量规的形式开展评价,通过学生自评、组内互评和教师评价三种方式对学生的团队合作能力、成果质量、解决问题的能力进行评价,最后通过可视化图表的形式对每位学生的评价结果进行呈现。

三、微能力点评

(一)A8 学生信息素养培养

学生信息素养培养是指教师在日常教学中注重对学生信息意识、计算思维、数字化学习与创新以及信息社会责任的培养。在本课例中,教师通过创造问题情境,提出探究任务,学生根据教师提供的技术工具,以小组为单位展开探究,培养学生的问题解决能力,提升数字素养。

(二)A9 技术支持的发现与解决问题

在本课例中,教师利用信息技术采集和分析数据,为学生提供了合适的技术工具;利用互动系统的文件传输功能共享数据,与学生展开互动,使学习小组进入问题解决的过程,探索解决问题的方法与路径。同时,在问题解决的过程中,老师组织学生分组讨论,记录学生问题解决的过程数据,形成解决问题的方案,并逐一点评,帮助学生发展逻辑推理能力、批判思考能力以及自主构建知识的能力。

(三)A14 自评与互评活动的组织

自评与互评是有益的学习体验,是学会学习的重要内容,可以帮助学习者不断调整学习过程与学习策略,提高学习能力。在本课例中,教师针对学生的团队合作能力、问题解决能力、小组成果展示等内容展开评价,下发量表让学生完成自评与互评,并利用图形、图像等可视化形式呈现评价结果,反映出学生在问题解决过程中的能力变化,有助于学生及时开展反思,调整学习策略。

拓展一　中小学教师信息技术能力标准

　　虽然我国中小学教师在不同程度上也接受了信息技术相关的培训(如办公自动化培训、教育技术培训等),但在信息技术教学应用能力方面仍有很大提升空间。为了落实《国家中长期教育改革和发展规划纲要(2010—2020年)》,构建教师队伍建设标准体系,全面提升中小学教师的信息技术应用能力,促进信息技术和教育教学深度融合,2014年5月27日,教育部颁布了《中小学教师信息技术应用能力标准(试行)》(以下简称《能力标准》)。《能力标准》是规范与引领中小学教师在教育教学和专业发展中有效应用信息技术的准则,是各地开展教师信息技术应用能力培养、培训和测评等工作的基本依据。

　　《能力标准》根据我国中小学校信息技术实际条件的不同、师生信息技术应用情境的差异,对教师在教育教学和专业发展中应用信息技术提出了基本要求和发展性要求。其中,"Ⅰ.应用信息技术优化课堂教学的能力"为基本要求,主要包括教师利用信息技术进行讲解、启发、示范、指导、评价等教学活动应具备的能力;"Ⅱ.应用信息技术转变学习方式的能力"为发展性要求,主要针对教师在学生具备网络学习环境或相应设备的条件下,利用信息技术支持学生开展自主、合作、探究等学习活动所应具有的能力。本标准根据教师教育教学工作与专业发展主线,将信息技术应用能力区分为技术素养、计划与准备、组织与管理、评估与诊断、学习与发展五个维度。具体内容如下:

维度	Ⅰ.应用信息技术优化课堂教学的能力	Ⅱ.应用信息技术转变学习方式的能力
技术素养	1. 理解信息技术对改进课堂教学的作用,具有主动运用信息技术优化课堂教学的意识。	1. 了解信息时代对人才培养的新要求,具有主动探索和运用信息技术变革学生学习方式的意识。
	2. 了解多媒体教学环境的类型与功能,熟练操作常用设备。	2. 掌握互联网、移动设备及其他新技术的常用操作,了解其对教育教学的支持作用。
	3. 了解与教学相关的通用软件及学科软件的功能及特点,并能熟练应用。	3. 探索使用支持学生自主、合作、探究学习的网络教学平台等技术资源。
	4. 通过多种途径获取数字教育资源,掌握加工、制作和管理数字教育资源的工具与方法。	4. 利用技术手段整合多方资源,实现学校、家庭、社会相连接,拓展学生的学习空间。
	5. 具备信息道德与信息安全意识,能够以身示范。	5. 帮助学生树立信息道德与信息安全意识,培养学生良好行为习惯。

续表

维度	I.应用信息技术优化课堂教学的能力	II.应用信息技术转变学习方式的能力
计划与准备	6. 依据课程标准、学习目标、学生特征和技术条件,选择适当的教学方法,找准运用信息技术解决教学问题的契合点。	6. 依据课程标准、学习目标、学生特征和技术条件,选择适当的教学方法,确定运用信息技术培养学生综合能力的契合点。
	7. 设计有效实现学习目标的信息化教学过程。	7. 设计有助于学生进行自主合作、探究学习的信息化教学过程与学习活动。
	8. 根据教学需要,合理选择与使用技术资源。	8. 合理选择与使用技术资源,为学生提供丰富的学习机会和个性化的学习体验。
	9. 加工制作有效支持课堂教学的数字教育资源。	9. 设计学习指导策略与方法,促进学生的合作、交流、探索、反思与创造。
	10. 确保相关设备与技术资源在课堂教学环境中正常使用。	10. 确保学生便捷、安全地访问网络和利用资源。
	11. 预见信息技术应用过程中可能出现的问题,制定应对方案。	11. 预见学生在信息化环境中进行自主、合作、探究学习可能遇到的问题,制定应对方案。
组织与管理	12. 利用技术支持,改进教学方式,有效实施课堂教学。	12. 利用技术支持,转变学习方式,有效开展学生自主、合作、探究学习。
	13. 让每个学生平等地接触技术资源,激发学生学习兴趣,保持学生学习注意力。	13. 让学生在集体、小组和个别学习中平等获得技术资源和参与学习活动的机会。
	14. 在信息化教学过程中,观察和收集学生的课堂反馈,对教学行为进行有效调整。	14. 有效使用技术工具收集学生学习反馈,对学习活动进行及时指导和适当干预。
	15. 灵活处置课堂教学中因技术故障引发的意外状况。	15. 灵活处置学生在信息化环境中开展学习活动发生的意外状况。
	16. 鼓励学生参与教学过程,引导学生提升技术素养并发挥其技术优势。	16. 支持学生积极探索使用新的技术资源,创造性地开展学习活动。
评估与诊断	17. 根据学习目标科学设计并实施信息化教学评价方案。	17. 根据学习目标科学设计并实施信息化教学评价方案,并合理选取或加工利用评价工具。
	18. 尝试利用技术工具收集学生学习过程信息,并能整理与分析,发现教学问题,提出改进措施。	18. 综合利用技术手段进行学情分析,为促进学生的个性化学习提供依据。
	19. 尝试利用技术工具开展测验、练习等工作,提高评价工作效率。	19. 引导学生利用评价工具开展自评与互评,做好过程性和终结性评价。
	20. 尝试建立学生学习电子档案,为学生综合素质评价提供支持。	20. 利用技术手段持续收集学生学习过程及结果的关键信息,建立学生学习电子档案,为学生综合素质评价提供支持。

续表

维度	Ⅰ.应用信息技术优化课堂教学的能力	Ⅱ.应用信息技术转变学习方式的能力
学习与发展	21. 理解信息技术对教师专业发展的作用,具备主动运用信息技术促进自我反思与发展的意识。 22. 利用教师网络研修社区,积极参与技术支持的专业发展活动,养成网络学习的习惯,不断提升教育教学能力。 23. 利用信息技术与专家和同行建立并保持业务联系,依托学习共同体,促进自身专业成长。 24. 掌握专业发展所需的技术手段和方法,提升信息技术环境下的自主学习能力。	

拓展二　信息科技学科核心素养解读

2014 年 3 月 30 日,教育部发布《关于全面深化课程改革落实立德树人根本任务的意见》,提出要发展各学段学生的核心素养体系,明确学生应具备的适应终身发展和社会发展需要的必备品格和关键能力。2016 年 9 月 13 日,核心素养研究课题组在北京师范大学正式发布中国学生发展核心素养研究成果,明确了以培养"全面发展的人"为核心的培养框架,将核心素养分为文化基础、自主发展、社会参与三个方面,综合表现为人文底蕴、科学精神、学会学习、健康生活、责任担当、实践创新六大素养,具体细化为国家认同等 18 个基本要点。各素养之间相互联系、互相补充、相互促进,在不同情境中整体发挥作用。

中国学生发展核心素养

核心素养旨在勾勒新时代人才的形象,规约学校教育的方向、内容与方法,是新时代期许的新人形象所勾勒的一幅"蓝图",各门学科是支撑这幅蓝图得以实现的"构件",它们各自拥有其固有的本质特征及基本概念与技能。因此,在"核心素养"的前提下强调"学科素养"是理所应当的。

不同学科群聚焦的学科素养有所不同。信息科技课程旨在全面提高学生的信息素养,培养优秀的数字创新人才。义务教育信息科技学科核心素养围绕"人与技术""人、技术、问题解决""人、技术、社会"的关系而展开,由信息意识、计算思维、数字化学习与创新、信息社会责任四个核心要素组成。四个核心要素既相互区别,又相互联系,统一于学科核心素养发展过程始终,共同促进学生数字素养与技能的提升。

一、信息意识

信息意识是指个体对信息的敏感度和对信息价值的判断力。具备信息意识的学生,具有一定的信息感知力,熟悉信息及其呈现与传递方式,善于利用信息科技交流和分享信息,开展协同创新;能根据解决问题的需要,评估数据来源,辨别数据的可靠性和时效性,具有较强的数据安全意识;具有寻找有效数字平台与资源解决问题的意愿,能合理利用信息真诚友善地进行表达;崇尚科学精神、原创精神,具有将创新理念融入自身学习、生活的意识;具有自主动手解决问题、掌握核心技术的意识;能有意识地保护个人及他人隐私。

二、计算思维

计算思维是指个体运用计算机科学领域的思想方法,在问题解决过程中涉及的抽象、分解、建模、算法设计等思维活动。具备计算思维的学生,能对问题进行抽象、分解、建模,并通过设计算法形成解决方案;能尝试模拟、仿真、验证解决问题的过程,反思、优化解决问题的方案,并将其迁移运用于解决其他问题。

三、数字化学习与创新

数字化学习与创新是指个体在日常学习和生活中通过选用合适的数字设备、平台和资源,有效地管理学习过程与学习资源,开展探究性学习,创造性地解决问题。具备数字化学习与创新的学生,能认识到原始创新对国家可持续发展的重要性,养成利用信息科技开展数字化学习与交流的行为习惯;能根据学习需求,利用信息科技获取、加工、管理、评价、交流学习资源,开展自主学习和合作探究;在日常学习与生活中,具有创新创造活力,能积极主动运用信息科技高效地解决问题,并进行创新活动。

四、信息社会责任

信息社会责任是指个体在信息社会中的文化修养、道德规范和行为自律等方面应承担的责任。具备信息社会责任的学生,能理解信息科技给人们学习、生活和工作带来的各种影响,具有自我保护意识和能力;乐于帮助他人开展信息活动,负责任地共享信息和资源,尊重他人的知识产权;能理解网络空间是人们活动空间的有机组成部分,遵照网络法律法规和伦理道德规范使用互联网;能认识到网络空间秩序的重要性,知道自主可控技术对国家安全的重要意义;自觉遵守信息科技领域的价值观念、道德责任和行为准则,形成良好的信息道德。

一方面,四个素养要素内涵不同、表现有差,关注不同维度的素养发展需求;信息意识与计算思维是学生个体文化素养方面的基本表现;数字化学习与创新关注人与技术的关系,注重数字化环境、资源的运用,体现技术对学生学习发展的促进作用,满足数字化环境下的学生发展需求;信息社会责任是超越学科界限的素养要素,是高中生发展社会化的普遍性要求,是个体参与社会生活所应必备的社会性品质,满足人的社会性需求。另一方面,四个素养要素相互依存,相互贯通,互为联系,共同发展;信息意识是其他三个要素发展的前提,亦随着其他要素发展而发展,由低级状态向高级状态转变,逐渐由"感性"阶段向"理性"阶段演变,其发展的理性阶段又体现系统的整体水平;计算思维是学科核心素养系统的核心及关键要素,影响其他三个要素发展的质和量,一定程度上决定学科核心素养的优劣;

数字化学习与创新基于信息意识、计算思维、信息社会责任而发展,是其他素养要素在学习、创新方面的直接行为表现,也是学生解决问题、进行创新创造的能力体现;信息社会责任是其他三个要素健康发展的保障,而对信息社会责任的认识能力及担当能力又受其他三要素发展水平的影响。

参考文献

［1］教育部.教育部发布《教育信息化十年发展规划（2011—2020 年）》［EB/OL］.（2012-03-13）［2023-05-01］. http：//www. moe. gov. cn/srcsite/A16/s3342/201203/t20120313 _ 133322.html.

［2］新华社.刘延东出席全国教育信息化工作电视电话会议［EB/OL］.（2012-09-05）［2023-05-01］.http：//www. moe.gov. cn/jyb_ xwfb/gzdt_gzdt/201209/t20120905 _ 141670. html.

［3］教育部.教育部关于印发《教育信息化"十三五"规划》的通知［EB/OL］.（2016-06-07)［2023-05-01］.http：//www.moe.gov.cn/srcsite/A16/s3342/201606/t20160622_269367. html.

［4］余胜泉.美国国家教育技术计划（2010）及其启示［J］.中国教育信息化,2010(16)：17.

［5］何克抗.如何实现信息技术与学科教学的"深度融合"［J］.教育研究,2017,38(10)：88-92.

［6］翟小铭,项华,穆明.基于 S-WebQuest 的主题探究模式教学实践研究:例谈信息技术与物理学科教学深度融合［J］.中国电化教育,2015(05)：130-134.

［7］詹泽慧,李晓华.混合学习:定义、策略、现状与发展趋势:与美国印第安纳大学柯蒂斯·邦克教授的对话［J］.中国电化教育,2009(12)：1-5.

［8］李克东,赵建华.混合学习的原理与应用模式［J］. 电化教育研究,2004(07)：1-6.

［9］易素萍.中小学教师信息化教学能力评价指标建构研究［D］.南京:南京师范大学,2021.

［10］教育部办公厅.关于实施全国中小学教师信息技术应用能力提升工程的意见［EB/OL］.（2019-04-27）［2023-05-01］. http：//www. moe. gov. cn/jyb _ xwfb/s5147/201904/ t20190403_376571.html.

［11］魏非,闫寒冰,李树培,等.基于教育设计研究的微认证体系构建:以教师信息技术应用能力为例［J］. 开放教育研究,2019,25(02)：97-104.

［12］闫寒冰,苗冬玲,单俊豪,等."互联网＋"时代教师信息技术能力培训的方向与路径［J］.中国远程教育,2019(1)：1-8.

［13］祝智庭,闫寒冰.《中小学教师信息技术应用能力标准（试行）》解读［J］.电化教育研究,2015,36(9)：5-10.

［14］中华人民共和国教育部.中小学教师信息技术应用能力标准（试行）.［EB/OL］.（2014-05-28）［2023-05-01］. http：//www. moe. gov. cn/srcsite/A10/s6991/201405/t20140528_ 170123.html.

[15]中华人民共和国教育部.《3～6 岁儿童学习与发展指南》[EB/OL].(2012-12-09)[2023-05-01].http://www.moe.gov.cn/srcsite/A06/s3327/201210/t20121009_143254.html.

[16]詹泽慧,季瑜,赖雨彤.新课标导向下跨学科主题学习如何开展:基本思路与操作模型[J].现代远程教育研究,2023,35(01):49-58.

[17]张春兰,李子运.创客空间支持的深度学习设计[J].现代教育技术,2015(1):25-31.

[18]郑旭东,马云飞,范小雨.协作问题解决:人工智能时代必备的高阶能力[J].现代教育技术,2021,31(3):12-19.

[19]张景璐,于海波,许海阳.ATC21S 项目中"协作问题解决"能力评价指标体系及启示[J].教育理论与实践,2017,37(14):13-16.

[20]鞠馥宇.中小学课堂教学评价存在的问题及其应对[J].教学与管理,2019,(16):76-78.